Barbara Cárdenas (Hrsg.)

Mit Pfiffigunde arbeiten

Kindgerecht überprüfen und fördern in Kindergarten, Schule und Freier Praxis

Barbara Cárdenas (Hrsg.)

Mit Pfiffigunde arbeiten

Kindgerecht überprüfen und fördern in Kindergarten, Schule und Freier Praxis

borgmann

© 1999 *borgmann publishing*, 44139 Dortmund

Gesamtherstellung: Löer Druck GmbH, Dortmund

Bestell-Nr. 8553   ISBN 3-86145-170-0

Inhalt

Vorwort

Seit der ersten Auflage (1992) der *'Diagnostik mit Pfiffigunde'* [1] hat meine Idee, Kinder auf eine kindgerechte Art und dennoch in objektiver, intersubjektiv nachvollziehbarer Form zu ‚testen', viele Freundinnen[2] und Nachahmerinnen gefunden. Dies zeigt sich zum einen daran, daß das Buch jedes Jahr neu aufgelegt werden konnte, zum anderen an der Resonanz, die ich durch Briefe, Anfragen nach Fortbildung, dem Demonstrationsvideo oder den Materialkästen erfahren habe.

Ich bin darüber sehr glücklich, hat es mich doch immer geärgert, wenn zwischen ‚objektiv' und ‚ganzheitlich/kindgerecht' ein unaufhebbarer Widerspruch postuliert wurde. Einige Bundesländer tun m. E. genau dies, indem sie wünschen, daß Lehrerinnen ihrer Feststellung von besonderem und/oder sonderpädagogischem Förderbedarf keine standardisierten Testverfahren mehr zugrundelegen.

Für mich heißt das, das Kind mit dem Bade auszuschütten[3]: Ich weiß, daß eine Diagnostik, würde sie sich *nur* auf objektive Verfahren stützen, diesen Namen nicht verdient. Ich weiß ebenso, daß Pädagoginnen oder auch Sonderpädagoginnen oft nicht ausreichend ausgebildet sind für die qualifizierte Durchführung, Auswertung und Interpretation von standardisierten Testverfahren, – denke aber, daß dies für die Diagnostik insgesamt gilt: Eine Lehrerin, der man die qualifizierte Anwendung standardisierter Testverfahren nicht zutraut, wäre vermutlich ebenso überfordert in der kritischen Hinterfragung ihres eigenen Lehrerurteils, wenn es aufgrund einer unstrukturierten Beobachtung von Schülerverhalten zustande kam. Wie Kleber 1982 feststellte, ist „an der Genese eines Lehrerurteils (...) eine Attributionstendenz beteiligt, die Erfolge des Schülers am ehesten auf sich selbst (die Lehrerin[4], d. Verf.) und die Begabung des Schülers erklärend bezieht, – Mißerfolge des Schülers, aber auch eigene Mißerfolge fast ausschließlich dem Schüler und dessen außerschulischen Lernbedingungen zuschreibt. In der Regel kann diese Zuschreibungstendenz nicht auf alle Schüler angewandt werden, sondern v.a. auf die schulleistungsschwachen; somit entstehen für diese ausgesprochen ungünstige Beurteilungsvoraussetzungen, und zwar umso mehr, wenn ihr Lehrer unter Schwierigkeiten im Unterricht und unter eigenem Mißerfolg leidet. Der Zirkel schließt

---

[1] Das Buch erschien 1998 in der 6. verbesserten Auflage und ist Grundlage der in diesem Reader vorgestellten Modifikationen und Ergänzungen.

[2] Aus Vereinfachungsgründen habe ich durchgängig die weibliche Form gewählt.

[3] ... wobei das Kind die Qualität der Diagnostik symbolisiert und das Badewasser die standardisierten Testverfahren.

[4] ... und damit steht die Berufsgruppe der Lehrerinnen sicher nicht allein...

sich, da das so belastete Lehrerurteil als Fremdattribution von den Schülern als relativ objektives Urteil akzeptiert wird und die Selbstattribuierung davon erheblich beeinflußt wird" (Kleber 1982, 607[5]).

Ich plädiere nicht für ein Ausschalten des ‚subjektiven Faktors‘, um diese Zuschreibungstendenzen zu minimieren – damit würde ich ebenso den Rigorismus predigen –, aber ich halte es mit Wöhrl/Klammer/Dijkstra: „Zwischen Objektivität und Subjektivität der Beurteilungen kann ein Spannungsverhältnis postuliert werden. Eine völlig objektivierte Urteilsbildung ist aufgrund der Unzulänglichkeiten aller Verfahren nicht möglich. (...) Sie wäre zutiefst inhuman und würde Besonderheiten von Personen, die sich nicht durch objektive Verfahren bestimmen lassen, nicht gerecht werden. Andererseits kann eine rein subjektive Urteilsbildung willkürlich und auch leichtfertig sein. Insofern kontrolliert die Subjektivität bei der Urteilsbildung das Umschlagen von Objektivität in Rigidität und die Objektivität das Umschlagen von Subjektivität in Willkür und Beliebigkeit" (Wöhrl/Klammer/Dijkstra 1987, 95[6]).

Ich denke, daß die ‚*Diagnostik mit Pfiffigunde*‘ genau diese wechselseitige Kontrolle von Subjektivität und Objektivität ermöglicht:

Der Individualität des Kindes Raum geben, auf die Stärken des Kindes aufmerksam werden, Begegnung zwischen Spielleiterin und Kind ermöglichen, dies ist die eine, die subjektive Seite; Vergleichbarkeit herstellen durch standardisierte Durchführungsbedingungen, standardisierte Instruktionen und Bewertungskriterien, mithilfe des Videofilms die eigenen Bewertungen überprüfen können und ggf. von anderen hinterfragen lassen, dies ist die andere, die objektive Seite des Verfahrens. Beide sind unverzichtbar und ich habe in meinen Supervisionen immer wieder erlebt, daß das Pendel mal zur einen, mal zur anderen Seite ausschlug:

Mal war die Spielleiterin so sehr auf das genaue Beachten von Durchführungsbedingungen, Instruktion etc. bedacht, daß den Kindern, die generell sehr sensibel auf Tonfall, Korrekturen etc. reagieren, alle Lust am ‚Spielen‘ verging, – mal verließen die Kinder das Spiel ganz verschwitzt, aufgeregt und glücklich, weil die SL sehr mitgegangen war und den Kindern viel Raum gegeben hatte, – allerdings waren die Videoaufnahmen bzgl. der Bewertungskriterien nicht auswertbar und die Qualität der Bewertung (bzw. eines späteren Gutachtens) lag in der Nähe eines ‚Eindrucks‘ von den Fähigkeiten des Kindes.

---

[5] Kleber, E.W.: Probleme des Lehrerurteils. In: Klauer, K.J. (Hg.): Handbuch der pädagogischen Diagnostik, Bd. 2, Düsseldorf 1982, 589-617.

[6] Wöhrl, H.G., Klammer, W.; Dijkstra, J.: Berufsfindung und Arbeitserprobung für behinderte Jugendliche. Herausgegeben vom Bundesminister für Arbeit und Sozialordnung, Bonn 1987.

Ich denke, daß mit den Beiträgen des vorliegenden Readers folgendes deutlich wird:

- die ‚*Diagnostik mit Pfiffigunde*' ist kein Verfahren, das man mal so ‚en passant' anwendet (dafür macht es viel zu viel Arbeit *Stöhn!!*). Es ist ein Verfahren, das erst dann in seinen Möglichkeiten für Kinder und Diagnostikerin ausgeschöpft werden kann, wenn seine Anwenderin auf beiden Feldern heimisch geworden ist, auf dem **objektiven** und dem **subjektiven**. Das erfordert für die meisten von uns allerdings die Bereitschaft zum Dazu-Lernen...
- die ‚*Diagnostik mit Pfiffigunde*' war und ist ein **lebendiges** Verfahren, in dem unterschiedliche Akzente gesetzt werden je nach Vorgeschichte der Anwenderin, der Fragestellung, der Kinder, des Einsatzortes etc., – dafür gibt es auch in diesem Reader viele Beispiele
- die ‚*Diagnostik mit Pfiffigunde*' ist – über das einzelne Verfahren hinaus spätestens mit Vorlage dieses Readers – zu einer Art ‚**Gattung** von diagnostischen Verfahren' geworden.

  Die einzelnen, von verschiedenen Autorinnen neu entwickelten oder veränderten Verfahrensideen **eint** über den Namen der Hauptspielfigur ‚Pfiffigunde' hinaus die gemeinsame Grundidee einer sinnhaften und kindgerechten Förderdiagnostik. Sie **unterscheiden** sich allerdings auch in wichtigen Punkten: Die Videographierung hat einen unterschiedlichen Stellenwert, sie wurden auf unterschiedliche Zwecke (z.B. Ermittlung des so.päd. Förderbedarfs oder der Elternarbeit) und unterschiedliche Adressatengruppen (z.B. für lern- oder geistig behinderte Kinder, für Kinder von 3-6 Jahren) speziell zugeschnitten und erprobt, sie werden für die unterschiedlichsten Settings benötigt (in Kindergärten, von niedergelassenen Therapeuten, in Vorklassen und Sonderschulen, bei einzelnen Kindern, Kleingruppen oder aber ganzen Klassen etc.).

Unterschiede und Gemeinsamkeiten wurden auch bei unserem Autorentreffen im Juli '98 deutlich:

11 Personen (einige Autorinnen waren leider verhindert) trafen sich in privater Atmosphäre bei gutem Wetter und brachten ihre Entwürfe für die Artikel in dem Buch ‚Arbeiten mit Pfiffigunde' mit. Die Atmosphäre war locker und dicht zugleich, sie war arbeitsintensiv, aber auch persönlich, und zum Lachen und Staunen gab es viel Anlaß.

Was unterschied uns?
- Der Grad an Sicherheit in der Anwendung der ‚*Diagnostik mit Pfiffigunde*'
- Das Alter (von 20 bis 55 Jahre)
- Die Grundausbildung und die jeweiligen Arbeitsfelder

Was verband uns?

- Das Geschlecht[7] (es bot Anlaß zu vielen gutmütigen Witzchen, aber auch ernsthaften Spekulationen)
- die Begeisterung über die Erfahrungen mit dieser ‚anderen Diagnostik‘ (was sie z.B. bei den Kindern bewirkte, auslöste etc.)
- die Bereitschaft, trotz vieler anderer Verpflichtungen (auch das war uns gemeinsam) Zeit und Kraft dafür aufzuwenden, die gemachten Erfahrungen für andere zu dokumentieren und sich damit auch angreifbar zu machen[8]
- der Wunsch, die Chancengleichheit von Kindern in der Diagnostik zu verbessern, seien es ausländische oder sozial benachteiligte Kinder, die z. B. überproportional häufig in Schulen für Lernhilfe unterrichtet werden. Dadurch, daß die ‚Diagnostik mit Pfiffigunde‘ nur in geringem Maße die Beherrschung der Kulturtechniken erfordert (die Kinder zeigen ihre Leistungsfähigkeit v. a. in konkretem Handeln) und zudem die verbalen Instruktionen immer auch durch ‚Vormachen‘ der SL ergänzt oder ersetzt werden können, sind Benachteiligungen weniger wahrscheinlich.

Mit diesem Reader werden nun erstmals fremdsprachige Instruktionen vorgelegt (in russisch, arabisch, spanisch und türkisch), die sicherstellen sollen, daß möglichst viele ausländische Kinder das Märchen verfolgen und die Instruktionen verstehen können. Der anteilige Erlös aus dem Verkauf dieses Buches, z. T. auch die Übersetzerhonorare, geht zweckgebunden unter ‚Übersetzungsprojekt...‘ an den ‚Förderverein der Regionalen Arbeitsstelle (RAA) zur Förderung ausländischer Kinder und Jugendlicher des Kreises Düren e.V.‘.

Ich wünsche auch diesem Buch viele Leserinnen und Anwenderinnen.

Barbara Cárdenas

---

[7] Tatsächlich sind auch die Anwenderinnen der ‚*Diagnostik mit Pfiffigunde*‘ überwiegend Frauen, was sicherlich v.a. mit der geschlechtsspezifischen Repräsentation in den entsprechenden Arbeitsfeldern zusammen hängt. Darüber hinaus kann ich aus meinen Erfahrungen in Fortbildungen etc. die Klischeevorstellung über die typische Arbeitsteilung im Großen und Ganzen bestätigen: Bei gemischten Teams übernehmen Männer eher die Rolle des Kameramanns, welcher für den qualifizierten Blick durch das Objektiv ein ‚technisches Händchen‘ und ein Verständnis für die Bedeutung ‚objektiver Dokumentation des individuellen kindlichen Verhaltens‘ benötigt. Die Frauen übernehmen dagegen eher die Rolle der Spielleitung, die v. a. ein persönliches Sich-Einlassen und Kreativität erfordert. Aus dem jeweilig sicheren Terrain heraus fällt es dann leichter, sich an ein unbekanntes Verfahren heran zu wagen.

[8] Damit Sie sich mit Anregungen, Kritik o.ä. an die Autorinnen wenden können, sind unsere Anschriften beim Verlag zu erfragen.

Hilfen für die Praxis:
Wie nutze ich die
'Diagnostik mit Pfiffigunde'

Barbera Cárdenas

Tips zur Durchführung und Auswertung

Allgemein ist zu beachten:

a) Das notwendige Material sollte aufgeteilt werden: ein Teil kommt in eine Umhängetasche für die SL,[1, 2] aus der sie sich während des Märchenspiels bedient, das restliche Material wird vorher im Raum aufgebaut. Außerdem muß die Kamerafrau die drei Holzscheiben mit den farbigen Punkten auf der Rückseite bei sich tragen.

b) Die SL sollte sich daran gewöhnen, ausreichend laut und prononciert zu reden (die Kamera kann das Bild zoomen, aber nicht den Ton). Dadurch reden auch die Kinder lauter. Ideal ist darüber hinaus natürlich ein Richtmikrofon.

c) Am Ende jeder Beobachtungssituation das nicht weiter benötigte Material kurz an die Seite räumen, – es lenkt sonst ab und stört die nächsten Beobachtungssituationen.

d) Material, das die Ritter erobert haben (Dosen mit Geld, Seile, Stoffe, Spielzeuge, Ausweise, Plätzchen) bewahrt die SL in ihrer Umhängetasche auf, bis die Ritter es benötigen.

e) Die KF[3] sollte die Aufnahme jeder Beobachtungssituation jeweils spätestens mit der vorgelesenen/gesprochenen Instruktion durch die SL beginnen, damit später ausgeschlossen werden kann, daß die nicht-korrekte Durchführung einer Beobachtungssituation durch ein Kind auf eine falsche Instruktion zurückzuführen ist.[4]

f) Bei allen Beobachtungssituationen, in denen die Kinder gleichzeitig agieren und die KF die Gesamtzeit aufteilen muß, ist es empfehlenswert, die Kamera anfangs auf ein Kind zu richten, dann aber mit den eigenen Augen neben der Kamera herzuschauen, um sehen zu können, ob ein anderes Kind besonders schnell arbeitet, besondere Probleme hat etc. In diesem Fall kann die Kamera dann auf dieses Kind gerichtet werden (Beobachtungssituationen 1, 7, 13, 23, 27, 29).

g) Grundsätzlich gilt: Jeder Ritter ist bei jeder Beobachtungssituation erfolgreich, d.h. daß jedem Ritter, auch wenn ihr eine Aufgabe nicht gelingen will, ermöglicht werden muß, die Aufgabe zuende zu führen und damit die entsprechenden Utensilien zu erhalten. (Also: Bei dem über den Baumstamm-Balancieren die Hand anbieten, beim Zauberspruch

---

[1] Aus Vereinfachungsgründen habe ich durchgängig die weibliche Form gewählt.
[2] SL = Spielleiterin, Spielleiter
[3] KF = Kamerafrau, Kameramann
[4] Nimmt man durchgängig auf, bekommt man viel Material, was ggf. wichtig ist für die Einschätzung weiterer Stärken und Schwächen, allerdings benötigt man mehr Zeit für das Anschauen und Auswerten der Aufzeichnung.

als Fee die nicht-gekonnten Silben laut mitsprechen, das richtige Zauberseil trotzdem noch herausziehen lassen etc.)

h) Um festzustellen, ob die Ritter weiter motiviert sind oder aber inzwischen müde, unlustig, unter Leistungsstreß, ängstlich o.ä., stelle ich in gewissen Abständen (ca. alle 3-4 Beobachtungssituationen) die Frage: „Wer möchte anfangen?" Gibt es hier nicht bei allen spontane Meldungen, so muß ich mich fragen, was ich falsch gemacht bzw. nicht beachtet habe. Benötigen die Kinder eine Pause? Habe ich Versagensängste Einzelner nicht adäquat aufgegriffen? Fühlt sich jemand ungerecht behandelt, z.B. weil andere immer zuerst 'drankommen'? Etc.

Folgende Beobachtungssituationen sind unbedingt vorher <u>mehrfach</u> in der korrekten Durchführung zu <u>proben</u> (genauere Darstellung unbedingt im Originaltext anschauen):

Nr. 5 Zauberspruch: rhythmisch, ohne Betonung vortragen, evtl. an Sprechgeschwindigkeit des Kindes anpassen

Nr. 6 Zauberstab bewegen, dabei in die Augen des Kindes schauen und Geschwindigkeit anpassen

Nr. 8 Das Legen der Seile sollte vorher ein paar Male geübt werden: – Sie müssen für alle drei Ritter gleich schwierig zu verfolgen sein, – sie sollen auf einer so großen Grundfläche ausgelegt werden, daß die Tücher gerade nach darüber passen, – die Seile sollen nicht eng nebeneinander hergeführt werden, sondern deutlich voneinander unterschieden werden können.

Nr. 14 Da diese Beobachtungssituation sehr komplex ist, bitte ebenfalls vorher ein paar Mal durchspielen. Wenn Sie als SL diese Beobachtungssituation nicht zügig durchspielen können, bekommen die Ritter lange Arme! Außerdem muß die SL ihr eigenes dominantes Auge kennen, um die Durchführung von Beobachtungssituation 14 vornehmen zu können. Dafür schaut sie selbst ein paar Mal durch die Zauberlandkarte in das Kameraauge. Sie kann dann selbst auf dem Film sehen (bzw. die Kamerafrau kann ihr sagen), welches ihr führendes Auge ist.

Nr. 21 Es ist unbedingt erforderlich, vorher mit einer normal-hörenden Partnerin unter Testbedingungen (also im gleichen Raum, z.B. Turnhalle und mit dem normalen Hintergrund-Geräuschpegel) mehrmals aus einem Abstand von 5-6 Metern die entsprechenden Wörter geflüstert zu haben und die Rückmeldung zu bekommen, wann es gerade noch zu hören ist. Diese Lautstärke muß gespeichert und willentlich wieder reproduziert werden können.

Tips zur Durchführung und Auswertung einzelner Beobachtungssituationen[1]

Beobachtung-ssituation	Tip
1	**Durchführung** * bei Ankündigung der Testung die Kinder bitten, eine kurze Turn- oder Badehose anzuziehen * Die SL bindet die Armbänder den Kindern um, die Fußbänder sollen sich die Kinder selbst anlegen (mit einem Knoten binden) **Auswertung** In erster Linie das Ausziehen (v.a. von Hose und Schuhen) beurteilen
2	**Durchführung** Die Kinder sollten den Langsitz beibehalten, während Prinzessin Pfiffigunde von ihren Sorgen erzählt (mind. 30 Sek.!)
3	**Durchführung** Nach dem Einsammeln der Goldstücke werden die Dosen in die Umhängetasche der SL gelegt (für Beobachtungssituation 28)
4	**Durchführung** Die Auswahl des richtigen Papiers ist wichtig: Ich nehme Kopier- oder Umweltpapier (80g), da es etwas weicher ist. Bitte kein quadratisches buntes Bastelpapier, da es zu leicht zusammen zu knüllen ist und an die feinmotorische Koordination der Finger- und Handmuskulatur zu wenig Anforderungen stellt. (Am besten vorher mit Kindern ausprobieren.)
5	**Durchführung** vorher üben (s.o.) * Das Tempo des Vorsprechens etwas dem Sprechrhythmus des Kindes anpassen! (Durchschnitt: 2 Silben pro Sekunde) * Es ist sinnvoll, daß die KF über die Schulter der SL hinweg filmt. So kann später auch kontrolliert werden, ob die SL ihren Mund verdeckt gehalten hatte.

---

[1] Viele dieser Tips, die z.T. auch von anderen Anwenderinnen und Autorinnen angeregt wurden, wurden als Veränderungen in die 6. Auflage aufgenommen.

6	**Durchführung**

Durchführung

vorher üben (s.o.)

* Ich spreche mir beim Bewegen des Zauberstabs <u>innerlich</u> den Spruch „Dies ist das Haus vom Nikolaus" vor, der eine bestimmte Reihenfolge von Richtungen vorgibt. Ich schließe ab mit einem großen Kreis.
(Zeichnung s. Ende des Artikels)

* Beim in-die-Luft-zeichnen schaue ich in die Augen des Kindes, um Hinweise darauf zu bekommen, wie weit ich den Zauberstab führen muß/darf, um bis in die Endstellungen der Augäpfel, aber nicht darüber hinaus, zu gehen.

* Bei Brillenträgerinnen rege ich an, die Brille abzusetzen und frage dann nach, in welcher Entfernung die Spitze des senkrecht gehaltenen Zauberstabs am besten zu erkennen ist. Wollen die Kinder die Brille aufbehalten, so sind die 'Endstellungen' der Augen in diesem Fall gleichbedeutend mit den Brillenrändern, über die ich nicht hinausgehe.

* Kann ein Kind seinen Kopf trotz Aufforderung nicht ruhig halten, biete ich an, den Kopf aufzustützen (Tisch o.ä.), oder den Kopf durch meine Hand unter dem Kinn des Kindes zu fixieren, damit die Kraft auch richtig in die Augen des Ritters gelangen kann.

* Die Geschwindigkeit, mit der ich den Zauberstab bewege, mache ich von der Geschwindigkeit abhängig, mit der die Augen des Kindes gut folgen können, – dies ist bei einem Kind langsamer, bei dem anderen schneller.

Auswertung

* Ich halte in der Auswertung fest, an welchen Stellen die Auffälligkeiten auftraten, also z.B. in der Waagerechten, der Senkrechten, der Diagonalen, beim Überqueren der Körpermittellinie, oben, unten, links, rechts etc.

Die beobachteten Probleme korrespondieren dann evtl. damit, daß das Blatt in Beobachtungssituation 7 oder 20 gedreht wird, um entsprechende Augenbewegungen zu vermeiden. Auch Lese- und Rechenprobleme können resultieren: Diagonalsprünge vom Ende der letzten zum Anfang der neuen Zeile gelingen

	nicht, Verlesungen in der Waagerechten, schriftliche Additionen und Subtraktionen im Päckchen, die untereinander, also in der Senkrechten vorgenommen werden, machen Schwierigkeiten u.a.m. * Viele Kinder haben bei dem <u>fremdbewegten Stab</u> weniger Probleme, als wenn sie den Stab selbst halten. Ich denke, daß dies u.a. mit der Komplexität der Anforderungen zusammenhängt: Der Ritter soll den Kopf ruhig halten, Augen und Hand aber synchron bewegen, – dabei setzt sie sich womöglich noch unter den Streß, genau die Bewegungen des Zauberstabs wiederholen zu wollen, die die SL ausführte. Man sollte deutlich machen, daß es egal ist, wohin sie den Stab bewegt, – Hauptsache, sie schaut die Spitze dabei an. * Bei sichtbaren Problemen sollten Augenfehler durch den Augenarzt ausgeschlossen werden, allerdings gehört die Überprüfung der Augenbeweglichkeit nicht regelhaft zu der Diagnostik des Augenarztes (nachfragen). Empfehlenswert kann ein Augenmotoriktraining sein (angeboten in vielen Sehschulen oder bei einem Optometristen).
7	**Durchführung** Bei Teppichboden für eine feste Unterlage zum Malen sorgen.
8	**Durchführung** * vorher üben (s.o.) * Bei falscher Lösung die Aufgabe unter erleichterten Bedingungen (nur noch 2 Seile) wiederholen lassen. Dabei bei impulsivem Lösungsstil Instruktion ergänzen: „Laß' Dir Zeit! ... Bist Du Dir sicher? Schau noch einmal genau... Gut, dann zieh' es heraus!" Der zu erwartende Erfolg soll das Kind bestärken, einen reflexiveren Arbeitsstil beizubehalten (dennoch Bewertung 2). * Manchmal, v.a. wenn ich beim Ausziehen ein dyspraktisches Verhalten beobachtet habe, lasse ich am Ende die Tücher von den Rittern zusammenfalten. Dabei läßt sich die Vermutung einer Dyspraxie recht gut erhärten oder verwerfen.

9	**Durchführung** * Die Langbank sollte nicht zu kurz sein (wie oft in Vorschuleinrichtungen) * Als SL zur Sicherheit immer neben dem Ritter hergehen!
10	**Durchführung** Im Interesse der Märchenlogik: Nachdem wir alle so lange auf der Stelle geschwommen sind, daß eine Bewertung vorgenommen werden kann (etwa 10 Züge), lasse ich die Ritter dann schwimmend vorwärts gehen und so den See überqueren. Die Qualität des simultanen Bewegungsmusters in den Armen nimmt bei vielen rapide ab wegen der alternierenden Bewegungen der Beine.
11	**Durchführung** * Beim langsamen Vormachen halte ich die Hand so, daß die Fingerspitzen zu den Rittern zeigen. Ich schaue dabei die Kinder an, um zu sehen, ob sie auch aufmerksam sind. Sie sollen so lange nur zuschauen, bis ich sie auffordere, mitzumachen. Ich mache den Finger-Daumen-Versuch selbst so lange weiter, bis alle Ritter eine bewertbare Leistung zeigen (also mind. 5 Mal hin und her <u>vor</u> Beginn der Bewertung) * Die Kamera muß hier i.d.R. auf jedes Kind zoomen, zumal Kinder oft ihre Finger dabei anschauen, also ihre Fingerspitzen von der Kamera weg zeigen werden.
12	**Durchführung** Da das Zauberseil 1,50m lang ist, winden viele pfiffige Ritter das Seil erst ein paar Mal um den Leib des Krokodils, bevor sie eine Schleife oder einen Knoten versuchen. Dies kann die SL den anderen Kindern ebenfalls als Tip geben. **Auswertung** Bei Kindern, die einen Knoten wählen, kann die Beobachtungssituation 1 (Bänder um die Füße knoten) als Kontrollsituation genommen werden.
13	**Durchführung** Erst, wenn die Ritter sich hinter den Tastboxen befinden, die Stoffstücke in den Tastboxen verteilen. Oder

	dies vor Beginn der Überprüfung tun, in dem Fall die Boxen mit einem großen Tuch zudecken. (Für visuell orientierte Kinder wäre es eine große Hilfe und würde daher das Ergebnis verfälschen, wenn sie die Stoffstücke vorher sehen konnten.)
14	**Durchführung** Vorher üben und eigene Äugigkeit bestimmen. (s.o.)
15-18	-
19	**Durchführung** Die SL sollte den Rittern die Körperhaltung vormachen: auf Zehenspitzen, Beine durchgedrückt, Oberkörper gestrafft, <u>Arme am Körper herunterhängend.</u>
20	**Durchführung** Um Kindern mit Wahrnehmungsstörungen die Aufgaben zu erleichtern, kann man sie längs auseinanderschneiden und nacheinander darreichen, am besten die Fische als das einfachste Zeichen zuerst.
21	**Durchführung** vorher üben (s.o.) * Ich suche Spielzeuge heraus, die man mit 3silbigen Wörtern kennzeichnen kann (z.B. erstes Ohr: *Luftballon*, zweites Ohr: *mit Gesicht*) * Das Kind sollte das Ohr nur locker oder gar nicht zuhalten, da beim Druck auf das abgewandte Ohr die dadurch evtl. entstehenden Ohrgeräusche das Horchen des zugewandten Ohres erschweren können.
22, 23	-
24	**Durchführung** Den Teil der Instruktion, der sich auf das Drehen bezieht, dem Ritter geben, während sie rückwärts geht. Noch während des Drehens dann die Anweisung geben, weiter rückwärts zu gehen: Eine Bewegungsform soll in die andere übergehen, damit vestibuläre Irritationen deutlich zu sehen sind.
26	**Durchführung** Es ist mir leider nur selten gelungen, auf dem vorgeschlagenen Wege genau <u>die</u> Körperhaltungen des Kindes zu erzeugen, die für eine qualifizierte Beurtei-

lung des STNR und des ATNR notwendig sind. So drücken die Kinder z.B. am Ende des Krabbelweges ihre Arme durch, so daß der ATNR nicht zu beobachten ist. Oder das Kind läßt das Plätzchen fallen (es ist ja giftig), ohne den Kopf zu beugen etc., etc. Ich denke inzwischen, daß für eine Überprüfung, ob diese Reflexe integriert sind, es notwendig ist, die entsprechenden Ausgangs-Körperhaltungen aktiv beim Kind herbeizuführen, – eine Vorgehensweise, die mit einer Märchenlogik nur schwerlich zu vereinbaren ist. Ergibt sich aufgrund der Ergebnisse in der *'Diagnostik mit Pfiffigunde'* die Vermutung, daß die Hirnreifung verzögert ist und will man daher die Reflexantworten (STNR und ATNR) gezielt überprüfen, so sollte dies m.E. außerhalb der *'Diagnostik mit Pfiffigunde'* geschehen.

Aus diesem Grunde[2] lasse <u>ich</u> die Ritter wie bisher zur Hexe krabbeln, die die Drachenplätzchen für das Drachenkind neben sich liegen hat. Die Hexe ist etwas eingenickt, so daß die Ritter ihr je ein rotes und ein weißes Plätzchen wegnehmen können. Selbst wenn sie aufwacht, wird sie denken, daß das Drachenkind sie besucht, da die Ritter ja krabbeln wie ein Drache. Dies wird auch den SL'n entgegen kommen, die nicht möchten, daß das Kind die Plätzchen in den Mund nimmt (Übertragung von Krankheiten etc.)

27	-
28	**Durchführung** * Halten Sie sich an die Instruktion! Vermeiden Sie, den Richtungswechsel als solchen anzukündigen. * Führen Sie die Kreise (Durchmesser ca. 30 cm) aus dem Schultergelenk, die Handgelenke bleiben starr. Schauen Sie die Kinder an, wenn Sie „und jetzt..." sagen. Erst wenn alle Kinder zu Ihnen schauen, führen Sie die Richtungsänderung ein.

---

[2] Ich höre aber auch immer wieder von ‚Anwenderinnen‘, daß sie diese Beobachtungssituation sehr wertvoll und aussagekräftig finden.

29	**Durchführung**
	Hier gelingt es manchmal nicht, das Schlafmuster hervorzurufen. Ein Tip: Evtl. hilft es, wenn Sie die Ritter bitten, den Kopf mal auf die eine, mal auf die andere Seite zu legen. In diesen Momenten wird oft das gesichtsseitige Bein zumindest kurz angebeugt.
30	-
31	**Durchführung**
	* Meiner Erfahrung nach ist das Durchgehen die leichteste Aufgabe, das seitliche Durchschlüpfen die schwerste. Entsprechend biete ich dem jüngsten Kind die leichteste an, dem ältesten die schwerste. * Die Ritter sollen nicht *zeigen (mit der Hand)*, wie hoch (breit) das Tor gemacht werden soll, sondern sie sollen (aus ca. 2 m Entfernung) entsprechende verbale Anweisungen geben, also: „höher... höher... so ist es gut", oder „weiter... nein, jetzt enger... so!" etc.

Beobachtungssituation Nr. 6

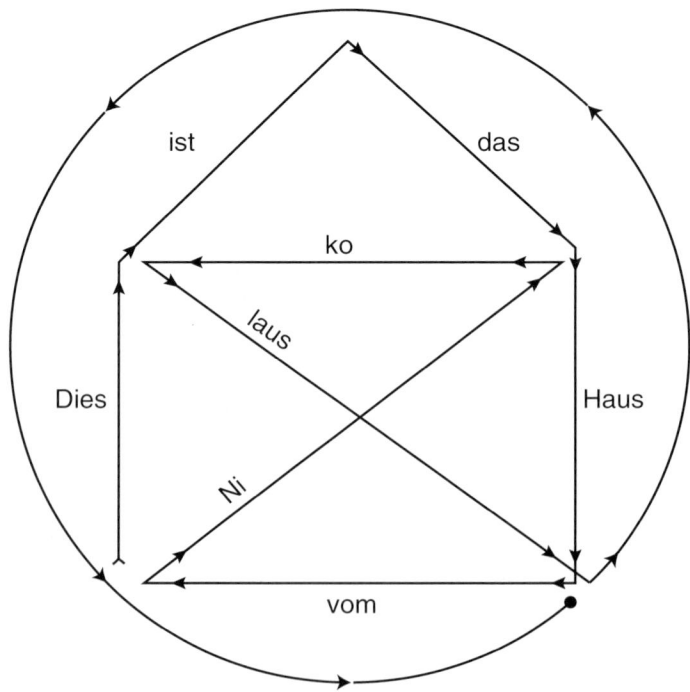

Barbara Cárdenas

Weitere wichtige Kategorien für die Ermittlung der Stärken und Schwächen

Wie wäre ein Gutachten aufzubauen?

Es sollte enthalten:
1. *Präzisierung der* für die Diagnostikerin relevanten *Fragestellung*
2. *Anamnestische Daten* (vor der *'Diagnostik mit Pfiffigunde'* erhoben) (Alter, Nationalität, Beherrschung der deutschen Sprache, Familiensituation, Schul- oder Kindergartensituation, körperliche Befunde etc.)
3. *Befindlichkeit des Kindes zu Beginn der Testung* (Kontaktaufnahme der SL[2] mit dem Kind, KF[3] stellt sich und ihre Kamera vor, erstes Gespräch i. S. von 'Eisbrecher', Gespräch evtl. mit der Kamera aufnehmen)
4. Ergebnisse der *'Diagnostik mit Pfiffigunde'*, Profilauswertung
5. *Weitere diagnostisch wichtige Kategorien* (dafür Video auswerten), s.u.
6. *Gesamteinschätzung* und *Empfehlungen* (Förderung/Therapie, Förderorte, ggf. ergänzende Diagnostik).

zu 5.: Weitere diagnostisch wichtige Kategorien

Die *'Diagnostik mit Pfiffigunde'* gibt uns eine Menge von Informationen über die Stärken und Schwächen des Kindes, die über die standardisierte Bewertung bestimmter im Profilbogen enthaltener Items hinausgehen und im folgenden dargestellt werden.

Anmerkungen: 1 ist die schlechteste Wertung, 4 die beste, 2 und 3 müssen ergänzt werden und liegen zwischen dem unter 1 oder 4 gezeigten Verhalten. 2 ist also schwächer als 1, tendiert aber noch zu 1, 3 ist schlechter als 4, tendiert aber eher zu 4. Das Alter des Kindes muß bei der Einschätzung berücksichtigt werden. Ebenso wie das Verfahren durchgeführt wurde: Mit wieviel Kindern? An einem oder mehreren Tagen? Pausen: wann und wie lang?

Instruktionsverständnis (bei ausreichenden Deutschkenntnissen) ❏

1 Das Kind hat verbal gegebene Instruktionen i.d.R. nicht verstanden und war darauf angewiesen, das gewünschte Verhalten erst beobachten zu können.

4 Das Kind hat die verbal gegebenen Instruktionen immer sofort verstanden und konnte sie entsprechend in Handeln umsetzen.

---

[1] Aus Vereinfachungsgründen habe ich durchgängig die weibliche Form gewählt.

[2] SL = Spielleiterin, Spielleiter

[3] KF = Kamerafrau, Kameramann

Arbeitshaltung/Motivation/Einstellung ❑

1 Das Kind mußte immer neu von außen motiviert werden, darüber kurzfristig aufgebautes Interesse erlahmte schnell wieder.

4 Das Kind war von sich aus hoch motiviert und anstrengungsbereit,
Prinzessin Pfiffigunde zu helfen.

Sozialverhalten, Verhalten in der Gruppe ❑

1 Das Kind wollte ständig im Mittelpunkt stehen, konnte nicht warten,
zeigte keine Rücksichtnahme <u>oder</u>
Das Kind war sehr schüchtern und nahm von sich aus keinen Kontakt zu
den anderen Kindern auf, versuchte nicht, seine Interessen einzubringen

4 Das Kind zeigte unaufgefordert ein gutes Sozial- und Gruppenverhalten
(unterstützte die anderen, konnte auch zurückstehen, war am Voran-
kommen der Gesamtgruppe interessiert).

Verbales Verhalten, Verbalisierungsfähigkeit (bei ausreichenden

Deutschkenntnissen) ❑

1 Das Kind konnte seine Anliegen nicht verbal artikulieren

4 Das Kind konnte sich und seine Anliegen gut verständlich machen und
auf Nachfragen differenziert antworten

Daueraufmerksamkeit, Ausdauer, Belastbarkeit ❑

1 Das Kind war leicht ablenkbar und hat trotz ausreichender Motivation
nur kurzzeitig die nötige Aufmerksamkeit aufbringen können. Es mußte
oft wieder zentriert werden und war mit der gegebenen Zeitspanne
sichtlich überfordert.

4 Das Kind hat – unterstützt durch die Geschichte – die volle Aufmerksamkeit über die gesamte Zeitspanne geben können.

Kreativität, eigene Mitgestaltung des Spielverlaufs ❑

1 Das Kind hat keine eigenen Impulse in das Spiel eingebracht und sich
immer widerspruchslos und ohne Fragen dem vorgegebenen Spielverlauf angepaßt.

4 Das Kind hat eigene, evtl. auch überraschende, (Lösungs-)Ideen für
bestimmte Beobachtungssituationen entwickelt. Es hat evtl. den vorgegebenen Handlungsverlauf kritisch hinterfragt.

Selbstsicherheit, Selbständigkeit ❑

1 Das Kind hat sich nicht zugetraut, bei 'gefährlichen' Beobachtungssituationen als Erstes voranzugehen. Es hat sich sehr an den anderen
Rittern orientiert, keine eigenständige Rolle spielen wollen.

4 Das Kind hat – evtl. nach anfänglicher Zurückhaltung – das Spiel
selbstsicher mitgestaltet, sich von der Kamera und den Erwachsenen

nicht irritieren lassen und seine eigene Meinung auch ggü. den anderen Rittern selbstbewußt vertreten. Es war immer bereit, eine Beobachtungssituation als Erstes durchzuführen.

Frustrationstoleranz   ❏

1 Gelang dem Kind eine Aufgabe nicht oder nicht gut, konnte es sich damit nicht abfinden. Es kasperte längere Zeit herum <u>oder</u> strafte die anderen Ritter <u>oder</u> zog sich zurück und verweigerte die weitere Mitarbeit

4 Das Kind konnte nach Mißerfolgen schnell wieder zur Aufgabe zurückkehren und erneut Anstrengungsbereitschaft und Leistungsmotivation zeigen.

Verständnis des Spielverlaufs, v.a. sichtbar in der letzten Phase   ❏

1 Das Kind hat dem Spielverlauf nur ungenügend folgen können. Bei der Konfrontation mit den Drachen konnte es als Ritter der Prinzessin Pfiffigunde deren Interessen bzw. die ihres Landes nicht vertreten. Der 'rote Faden' wurde nicht sichtbar.

4 Das Kind hat den Verlauf des Märchens sehr gut verfolgt. Am Ende wußte es genau, worum es bei den Drachen verhandeln will und welche Mittel es einsetzen kann.

Barbara Cárdenas

Die Durchführung ohne Kamerafrau[1]

Vorbemerkung:

Immer wieder schrieben mir Mitarbeiterinnen aus Freien (z.B. heilpädago-gischen) Praxen, aber auch Lehrerinnen aus Grundschulen sowie Vorklas-senleiterinnen, daß sie von der neuen Art, Diagnostik von kindlicher Wahr-nehmung und Bewegung in märchenhafter Form durchzuführen, begeistert seien, aber die angegebenen Bedingungen für die Durchführung (1 SL[2], KF[3]) nicht gewährleisten könnten. Sie fragten an, ob die *'Diagnostik mit Pfiffigunde'* auch durchführbar sei ohne eine zweite Person.

Ich denke weiterhin (wie auch in der *'Diagnostik mit Pfiffigunde'* darge-stellt), daß es aus fachlichen Gründen nicht sinnvoll ist, die Durchführung des Märchens <u>und</u> die Bewertung der Leistungen der Kinder zur gleichen Zeit von einer Person vorzunehmen. Zum einen, weil die SL durch das Notieren der Beobachtungen immer wieder aus der Märchenlogik aussteigen muß und dies der Spiellust der Kinder sehr abträglich ist, zum anderen, weil die Erfahrung zeigt, daß man ohne objektivierende, weil außen-stehende Kraft (zweite Person mit oder ohne Kamera) doch vorrangig das sieht, was man beim Kind kennt und zu sehen erwartet. So würde sich Diagnostik reduzieren auf eine Bestätigung vorangegangener Vermutun-gen, ohne daß neue Aspekte eingebracht werden, die das Bild vom Kind verändern könnten (vgl. hierzu auch mein Vorwort), – ein Punkt, der auch von mehreren Autorinnen dieses Buches als positiv benannt und wichtig eingeschätzt wird.

Ich empfahl und empfehle daher, die *'Diagnostik mit Pfiffigunde'* zu zweit durchzuführen, wobei die eine Person die Spielleitung hat, also v.a. für die den Kindern zugewandte Seite – das Märchen – zuständig ist, während die zweite, die der Fachfrau zugewandte Seite – die Diagnostik – verant-wortet, also dafür sorgt, daß die relevanten Szenen in einer auswertbaren Form auf Video gebannt sind. Die Bewertung soll erst im Anschluß anhand der aufgenommenen Szenen erfolgen. Ich räumte ein, daß es auch mög-lich sei, die Bewertung ohne Kamera gleich in der Situation von der zwei-ten Person vornehmen zu lassen, allerdings mit den dort vermerkten Ein-schränkungen.

Hier versuche ich nun, einen anderen Weg zu gehen und den o.g. Wün-schen entgegenzukommen, indem ich das Märchen so umgestellt habe,

---

[1] Aus Vereinfachungsgründen habe ich durchgängig die weibliche Form gewählt.

[2] SL = Spielleiterin, Spielleiter

[3] KF = Kamerafrau, Kameramann

daß es ohne zweite Person von einer feststehenden Kamera (auf einem Stativ) aufgenommen wird. Die SL ist insofern entlastet, als sie die Bewertung erst im Anschluß anhand der Aufnahmen vornimmt, auf der anderen Seite muß sie in der Spielsituation Teilfunktionen der KF mit übernehmen: Sie muß sich vergewissern, daß die Kamera läuft und auf Totale vs. Nahaufnahme eingestellt ist und sie muß die Kinder in ihren Bewegungen entsprechend dirigieren, damit die Kamera sie aufnehmen kann.

Es war notwendig, das Märchen neu zusammenzusetzen, damit die Kamera möglicht wenig neu eingestellt werden muß. Ebenso mußte in Teilen eine neue Märchenlogik gefunden werden.

Erprobung des neuen Settings I:

Ich habe das neue Setting mit 3 Kindern einer Vorklasse von Beobachtungssituation 1 bis 31 durchgespielt. Die Durchführung ‚in einem Rutsch' (mit einer kleineren Pause) dauerte gut 90 Minuten und fand in einem Raum, einer kleineren Turnhalle, statt. Mein Fazit: Es erscheint mir unmöglich, das ganze Märchen an einem Stück in nur einem Raum regelgerecht allein mit 3 Kindern durchzuführen. In den Situationen, in denen ich die Kamera kontrollierte oder neu einstellte, hatten die Ritter bereits unter Tüchern versteckte Beobachtungssituationen 'entdeckt' (im wahrsten Sinne des Wortes) sowie das Drachenschloß erobert.
Ich denke daher, daß es für ein 'Solo' notwendig ist, das Märchen in 3 Sequenzen und 2 verschiedenen Räumen durchzuführen. Mein Vorschlag wird im folgenden ausführlich dargestellt (die genaue Durchführung der einzelnen Beobachtungssituationen muß im Originalbuch ‚*Diagnostik mit Pfiffigunde*', 6. Auflage, nachgeschaut werden).

Neues Setting II:

Zu den Räumen und ihrer Vorbereitung:

a) In dem kleineren Raum mit einem Tisch in der Mitte können die **Sequenzen A und C** durchgeführt werden, dieser Raum sollte allerdings – bis auf die benötigten Materialien – möglichst leer sein. Der *Standort* des Stativs und seine notwendige *Höheneinstellung* (um von einer guten Höhe das Geschehen auf der Tischplatte zu filmen) sollten markiert werden, ebenso die Stelle auf dem Tisch, von der die Kamera die beste Großaufnahme ohne erneutes Einstellen macht, mit *P(unkt)1* im Spickzettel (S. 29) bezeichnet. Die *Grenzen* des Bereichs, die von der Kamera auf der rechten und linken Seite noch erfaßt werden, müssen mit Kreppband oder Punkten auf dem Boden markiert werden.

b) **Sequenz B** kann in einem großen leeren Raum, z.B. einer kleineren Turnhalle oder notfalls auch in einem gut beleuchteten langen, nicht zu schmalen und ruhigen Flur durchgeführt werden.

– Auch hier den *Standort* der Kamera und den *Bereich* des Raumes, der von der Kamera bei dieser Ferneinstellung (*Totale*) erfaßt wird, mit Kreppband oder Reihen von bunten Punkten markieren.

– Außerdem ist der Raum noch in 3 *Querabschnitte* einzuteilen und mit Kreppband zu markieren. Abschnitt 3 ist am weitesten von der Kamera entfernt, dort spielen sich die Beobachtungssituationen ab, die nicht unbedingt ein großes Bild der Ritter erfordern. Im Spickzettel wurde in der Spalte Ab. (Abschnitt) vermerkt, welche Abschnitte ich für welche Beobachtungssituationen vorschlage bzw. von welchem zu welchem Abschnitt eine Bewegungssituation laufen sollte. **2>1** in der neuen Beobachtungssituation 15 heißt z.B., daß der Baumstamm (die umgedrehte Langbank) von Abschnitt 2 zu Abschnitt 1 reicht und die Ritter entsprechend in Abschnitt 2 auf den Baumstamm aufsteigen, auf diesem der Kamera entgegen balancieren und in Abschnitt 1 den Baumstamm wieder verlassen. **1+2** in der neuen Beobachtungssituation 13 heißt z. B., daß die Matten für den Langsitz, die ja versetzt liegen sollen, so gelegt werden, daß sie in Abschnitt 1und 2 liegen werden.

– In den Raumabschnitten gibt es mittig jeweils einen auf dem Boden markierten großen Punkt (*P1, P2* und *P3*), auf den sich jeweils der Ritter stellt, der gerade bestimmte Beobachtungssituationen durchführt. Dies ist die Stelle, von der die Kamera die beste Großaufnahme ohne erneutes Einstellen macht.

Man kann das oben dargestellte Verfahren ***entweder an einem Tag oder an 3 Tagen*** durchführen.
1. Wenn Sie es **in einem Rutsch** (mit einer Pause von 15 bis 30 Minuten) durchführen wollen, sollte in beiden Räumen ein Stativ stehen, auf welches die Kamera leicht umgesteckt werden kann.
Dies Vorgehen sähe folgendermaßen aus:
Nach Sequenz A im kleinen Raum gehen SL und Ritter in den größeren Raum und beginnen mit Sequenz B. Irgendwo in der Mitte gibt es dann eine Pause, die man flexibel setzen kann (z.B. wenn auch die anderen Kinder der Gruppe oder Klasse Bewegungs- oder Frühstückspause haben). In dieser Zeit räumt die SL die Materialien in beiden Räumen auf, arrangiert die neuen Beobachtungssituationen und regeneriert sich selbst ein bißchen.
Nach der Pause beginnt das Verfahren wieder in dem größeren Raum/ Turnhalle mit Beobachtungssituation 4 (alte Numerierung) und wird dann

dort weiter geführt, wo es vor der Pause unterbrochen wurde. Nachdem die Sequenz B zuende ist, geht man zurück zum kleinen Raum und führt die Sequenz C durch. Dort wird auch das Ende des Märchen gespielt.

Wichtig für ein Arbeiten ohne Kamerafrau (besonders bei der Durchführung ‚in einem Rutsch'):
Erst die Vorbereitung der Räume incl. des Anbringens der Markierungen schafft die Voraussetzung für ein streßfreies Arbeiten.

2. Wenn Sie es an **drei oder vier Tagen** durchführen wollen:
Sequenz A (6 Beobachtungssituationen) wird vermutlich die kürzeste Sequenz sein und könnte zum Vertraut-Werden der Kinder mit der Situation genutzt werden: Prinzessin Pfiffigunde kann erlauben, daß die Ritter alle die Kamera kennenlernen, sie kann sich selbst ausreichend Zeit nehmen, um ihre Probleme dazustellen und so für ausreichend Motivation bei allen Kindern sorgen, sie kann sich auf ängstliche oder ‚testgeschädigte' Kinder einlassen, – kurz: Sie kann die Anfangssituation aufgrund des mangelnden Zeitdrucks so gestalten, daß für die weiteren Sequenzen optimale Bedingungen gesetzt sind.
Sequenz B hat 21 Beobachtungssituationen, die v.a. grobmotorische Aktionen der Ritter erfordern. Sie ist sehr lang und sollte daher entweder mit einer Pause von ca. 1/4 bis 1/2 Stunde oder einem ganzen bzw. mehreren Tagen mit Beobachtungssituation 4 (alte Numerierung) weitergeführt werden. Man sollte zwischendurch alle Materialien vorheriger Beobachtungssituationen wegräumen und diejenigen für die folgenden Situationen aufbauen. Dadurch kann man den Raum insgesamt besser nutzen und die Ritter werden nicht so stark abgelenkt.
Sequenz C kann an einem weiteren Tag wieder in dem kleineren Raum mit dem Tisch durchgeführt werden, dort wird diesmal auch das Drachenschloß aufgebaut. Die Drachen befinden sich in einem Kasten/Karton oder hinter einem zweiten Vorhang, an dem der zugehörige Schlüssel mit der Aufgabe Beobachtungssituation 20 (alte Numerierung) befestigt ist.

Egal, für welches Vorgehen Sie sich entscheiden, es hat ggü. der Version mit Kamera und KF folgende **Nachteile**:

* Die *grobmotorischen* Beobachtungssituationen in *Sequenz B*, in denen die Kamera die Totale des Raumes aufnimmt, werden je nach Größe des Raumes nur sehr grob ausfallen können, so daß z.B. Mitbewegungen evtl. nicht mehr beobachtbar sein werden.
* Das spontane *Zoomen* auf kleine, aber wichtige Einzelheiten muß entfallen.
* Die Durchführung in einer *Kleingruppe* erhöht die notwendige Zeit: Aufnahmen von Beobachtungssituationen, in denen die Ritter bisher aus

Zeitersparnisgründen gleichzeitig agierten, die Gesamtzeit aber von der KF für Nahaufnahmen aufgeteilt wurde, müssen nun nacheinander ausgeführt werden: Die Ritter müssen nacheinander auf dem gleichen Platz (P1 bis P3), für den die Kamera die besten Einstellungen hat, die Aufgaben erfüllen. Am einfachsten wird es daher, wenn man nur ein Kind überprüfen muß. In diesem Fall ist am ehesten zu gewährleisten, daß die *'Diagnostik mit Pfiffigunde'* regelgerecht und auswertbar durchgeführt werden kann. Allerdings muß die SL sich in diesem Fall darum bemühen, dem Ritter als Prinzessin Pfiffigunde in einer gewandelten Rolle zu begegnen, nämlich v.a. als Weggefährtin und Freundin, – so ein gefahrvoller Weg erfordert einfach Unterstützung. Hier kann es sich anbieten, keine Handpuppe zu nehmen, sondern selbst, ausgestattet mit einer Krone auf dem Kopf (und ggf. sonstigen Insignien, über die eine Prinzessin üblicherweise verfügt) die große Prinzessin Pfiffigunde zu spielen. Ist man dann die Hexe oder der Riese, nimmt man die Krone ab und die entsprechende Puppe auf die Hand.

Wie bei der Einteilung des Gesamtmärchens in drei Teile (vgl. *'Diagnostik mit Pfiffigunde'*, Kap. 6.2), wo jeder Teil mit dem Erobern eines Geschenkes für einen der Drachen endete, schließen die Ritter auch hier jede Sequenz mit einem **sichtbaren Ergebnis** ab:

– In *Sequenz A*, wo Aufgaben am Tisch erledigt werden, die den Weg ins Drachenland vorbereiten, bekommen die Ritter am Ende die Stoffe für die Drachenmama, die Prinzessin Pfiffigunde bis zur nächsten Sequenz für sie aufbewahren kann.

– In *Sequenz B*, wo v. a. die Bewegungsaufgaben vorgenommen werden, werden dem Riesen die Geschenke für das Drachenkind 'abgeluchst'. Falls diese Sequenz nicht nur von einer kurzen Pause unterbrochen wird, sollten die Ritter z. B. ein Band, das sie als Pfiffigundes Ritter ausweist, mit nach Hause nehmen können.

– In *Sequenz C* schließlich werden die Geschenke für den Drachenvater verschönert und die Ausweise gezeichnet. Die Drachen sind hinter dem inneren Tor, das mit einem Rätsel-Codeschloß gesichert ist. Um dies zu knacken, müssen die Ritter die richtigen Zeichen markieren, die an dem Schlüssel hängen (20), dann endlich stehen sie den Drachen gegenüber.

Eine abschließende Bemerkung:

Die Durchführung ohne KF ist und bleibt immer 'zweite Wahl', solange die Kameratechnik nicht soweit ist, daß 1. die abnehmbare Fernbedienung einen kleinen Monitor enthält, der mir als SL auch von Ferne eine Kontrolle der Aufnahme ermöglicht, daß 2. ich während des Auswertens (nach Beendigung der *'Diagnostik mit Pfiffigunde'*) Ausschnitte einer in der Totale aufgenommenen Szene heranzoomen kann und daß 3. die 'intelligente' Kamera den Nahbereich selbst so wählt, daß die vorher eingescannten Ritter das gesamte Bild ausfüllen. Natürlich muß das Ganze bezahlbar bleiben. Ich hoffe und warte ...

Im folgenden die Übersicht zum Ablauf mit feststehender Kamera. Unbedingt erst ein paar Mal unterstützt durch die Originalanweisungen (‚*Diagnostik mit Pfiffigunde*', am besten 6. Aufl.) sowie mit den Tips aus diesem Arbeitsbuch ("Tips zur Durchführung...") üben.

Spickzettel für die SL (evtl. hochkopieren)

Beo. neu	a/n	Stichworte	Beo. alt	Puppe	Vorgehen	Ab.
A		*Vorbereitungen*	am	Tisch	**Kamera Nahaufnahme (Tisch)**	
1	n	Gold mitnehmen	3	Pfiffi	vor Tisch stehend: „mit 1 Hand, einz., an 1 Seite anfangen"	P1
2	a	Wie wilde Tiere einschläfern?=> Jetzt üben!	11	Pfiffi	alle um Tisch herum stellen: „Schaut erst her", „Jetzt macht nach" bei Wende: „und jetzt...", Ritter mind. 8x hin + her	1
3	n	Zauberspruch	5	Pfiffi	Soll Fee stärker zaubern? Ritter steht vor Tisch: jeder ruft mit eig. Spruch , Vorlage vor den Mund , ohne Betonung, 2 Silben/Sek.	P1
4	n	Zauberstab	6	*Fee*	Ritter sitzt, Kopf in Hände aufgestützt, Haus vom Nikolaus (s.Tips)	P1
5	a	Üben für richtiges Seil	7	*Fee*	stehend am Tisch, Stifte: Farben? Armbänder anlegen. Vorlagen am Ende vor die Kamera halten	1
6	n	Geschenk: Stoffe	13	*Fee*	Box auf den Tisch stellen, weggenommene Stoffe für den nächsten Ritter ergänzen. **Tisch + Material wegräumen**	P1
B		*Weg zu den Drachen*			**Kamera Totale (Raum)**	
7	n	Zauberlandkarte	14	*Fee*	2x, „jetzt", Scheibe merken! (Farbe des Ritters vor Kamera halten)	2+1
8	a	Scheibe erkennen	15	Pfiffi	aufheben, *Farbe* zeigen + nennen (paßt? Welche sonst?)	2
9	a	Scheibe schieben	16	Pfiffi	schieben, nicht festhalten, Karte?	2-1
10	n	Zauberschnüre	8	Pfiffi	eigenes Seil für das Krokodil erwerben	2+3
11	n	Kroko fesseln	12	*Kroko*	Drumwinden, Ende: Schleife, sonst Knoten	1
12	a	Ausziehen, (Rüstungen liegen unter Matten)	1	*Kroko*	Kroko: „weiterer Weg Vulkane: Rüstungen"	1+2
13	a	Langsitz auf Matten	2	*Kroko*	Ganz gerade!! Geschenke? Weg: (über Sumpf balancieren, v.Berg springen, auf 1 Bein hüpfen)	1+2
14	n	Brustschwimmen	10	Pfiffi	Weg Riese: falls Baumstamm ins Wasser sinkt	2
15	n	Baumstamm	9	Pfiffi	über Baumstamm balancieren	2-1
16	n	hüpfen zum Berg	17	Pfiffi	auf einem Bein (*merken, welches!!*) hüpfen	1-3
17	n	vom Berg springen	18	Pfiffi	vom Berg springen	3
18	a	große Runde hüpfen	17	Pfiffi	*anderes Bein (*weiter Weg zum Riesen)	2-1-2-3
19	n	Zehengang	19	Pfiffi	für Riese groß (vormachen!), Du hast gestohlen!	3-2
20	n	flüstern	21	*Riese*	Schämt sich, welches Ohr am liebsten?	P 1
21	n	verbundene Augen	22	*Riese*	Körperhaltung! Grummel... was war es? Geben, Weg weiter sagen	P 2
22	n	Weg weiter: rückwärts	24	Pfiffi	wenn 'Halt', dann drehen + weiter rückwärts	2-3
23	n	krabbeln	25	Pfiffi	in Runde zu Hexe	3-2
24	a	Hexe: Zauberkreise	28	Pf/He	Hexe einschläfern, Plätzchen stehlen, Gold um Hexe ausstreuen	(2)3
25	a	Nacht: schlafen	29	Pfiffi	Nacht, Pf. weckt früh, räkeln/bequem	(2)3
26	a	Geld, Münder	30	Pfiffi	Drachen fressen ?	1(2)
27	n	Tor	31	Pfiffi	Menschengeruch, gehen, kriechen, seitlich	3

Nach der Pause in B

?	n	Papier zerknüllen	4	Pfiffi	besorgt: nach Pause noch stark genug?	P 2

C		*Vorbereitungen weiter am Tisch*			**Kamera Nahaufnahme (Tisch)**	
28	a	Plätzchen schöner	27	Pfiffi	stehend am Tisch: Kunst für Drachenvater	1
29	a	Ausweis zeichnen	23	Pfiffi	Pf nicht mit. Sicherheit! Kamera zeigen	1
30	a/n	Code-Schloß	20	Pfiffi	Schreck! richtige markieren!	3-1

a = alle Ritter zusammen   n = nacheinander

Märchenlogik:

Sequenz A: Nahaufnahmen, die Kinder stehen um den Tisch herum. (Die Ziffern in den Klammern bezeichnen die Nummern der neuen, dann der alten Beobachtungssituationen).

Prinzessin Pfiffigunde (SL steht mit dem Rücken zur Kamera, aber so, daß sie die Ritter nicht verdeckt) erzählt von ihren Problemen. Wenn die Kinder helfen und ihre Ritter werden wollen, müssen sie sich auf alle Eventualitäten vorbereiten, bevor sie ins Reich von Pfiffigunde gehen und die Drachen besänftigen können.

Die Kinder stehen um den Tisch herum. Jedes bekommt von Prinzessin Pfiffigunde Goldstücke mit (1/3). Prinzessin Pfiffigunde zeigt ihnen auch, wie man im Notfall wilde Tiere einschläfern kann (2/11), damit sie sich mit Zauberseilen fesseln lassen. Die Ritter rufen jetzt die **Fee** mit einem Zauberspruch zu Hilfe (3/5). Diese hat einen Zauberstab, aus dem Kraft in die Ritter übergehen kann. Sie zaubert jeden Ritter stärker, während er sitzend bei aufgestützten Ellenbogen, den Kopf in die Hände legt (4/6). Damit die Ritter später auch das richtige Zauberseil herausfinden, üben sie erst einmal auf einem Papier, das die Fee ihnen gibt (5/7). Dafür wählen sie blind einen Stift aus, dessen Farbe sie während des ganzen weiteren Abenteuers begleiten wird (Farbkenntnis?). Dann erzählt die Fee ihnen, daß alle Drachen sich immer über Geschenke freuen und läßt jeden Ritter Stoffe erfühlen, aus denen sich die Drachenmama Handschule nähen könnte (6/13). Damit sind die Vorbereitungen abgeschlossen und die erste Sequenz beendet.

Sequenz B: Fernaufnahmen Totale

Die **Fee** hat auch eine Zauberlandkarte, durch die sie den Rittern ein Zeichen zeigt (7/14), das sie auf den richtigen Weg bringen soll. Danach verabschiedet sie sich, da jetzt all ihre Zaubermöglichkeiten erschöpft sind. Von **Prinzessin Pfiffigunde** werden sie weiter begleitet. Die Ritter schauen sich um und sehen Scheiben, auf denen sie diejenigen Zeichen wiedererkennen, die sie vorher durch die Zauberlandkarte gesehen haben (8/15). Auf den Rückseiten sind Markierungen in den Farben der Ritter, die diese der Kamera zeigen. Sie schieben ,ihre' Scheibe auf dem Strich bis zu den Kärtchen, die am Ende liegen (9/16). Aus den Wegbeschreibungen auf den Kärtchen erfahren sie, daß das **Krokodil** ihnen weiterhelfen könnte und daß sie es fesseln müssen, damit es ihnen alles verrät. Jeder Ritter erwirbt sich eine Zauberschnur (10/8), mit der er anschließend das Krokodil fesselt (11/12), während es durch die vorher eingeübten Bewegungen der anderen Ritter eingeschläfert wird. Gefesselt verrät es ihnen, daß sie für den weiteren Weg, der auch durch Feuersümpfe geht, Hosen, Schuhe und Strümpfe ausziehen und feuerfeste Rüstungen anlegen müssen. Dies tun die Ritter (12/1). Das Krokodil verlangt dann, daß sie sich ganz gerade und ruhig hinsetzen (13/2), während es überlegt, über welche Geschenke sich der Drachenvater und das Kind freuen würden: Es erinnert sich, daß der Riese vor Jahren ein paar Spielsachen des Drachenkindes gestohlen hatte, die es bestimmt gern wieder hätte und der Drachenvater würde sich vielleicht über Kunstgemälde freuen, er ist ein Kunstliebhaber. Es erzählt ihnen auch vom komplizierten Weg zum Riesen: Zuerst müssen sie über einen Baumstamm über den Sumpf balancieren, dann von einem Berg springen, schließlich zu einer Stelle hüpfen, von wo aus der Riese sie schon sehen kann. Deshalb müssen sie sich dort so groß wie möglich machen, wenn sie dann zu ihm gehen.

Es geht los: **Prinzessin Pfiffigunde** überprüft für alle Fälle ihr Brustschwimmen (14/10). Dann balancieren sie über einen Baumstamm (15/9), hüpfen zu einem Berg (Merken: welches Bein?) (16/17) und springen von ihm herunter (17/18). Auf dem weiteren Weg müssen sie erst auf dem anderen Bein (Prinzessin Pfiffigunde kann ihnen sagen, welches das ist) zurückhüpfen zum Ende des Baumstamms (18/17). Das letzte Stück machen sie sich auf einen Tip von Prinzessin Pfiffigunde hin ganz groß und gehen auf Zehenspitzen, damit der Riese sie auch für ganz groß hält (19/19).

Der **Riese** begrüßt die Ritter, die dem Riesen direkt ins Gesicht sagen, daß er dem Drachenkind etwas gestohlen hat. Da schämt sich der Riese und will ihnen nur von weit entfernt zuflüstern, was er genommen hat (20/21). Die Ritter müssen danach mit verbundenen Augen warten, bis der Riese die Spielzeuge aus seinem Versteck geholt und ihnen in die Hände gelegt hat (21/22). Der Riese verabschiedet sich, sagt ihnen aber vorher noch, wie sie weiter laufen müssen.

Zusammen mit **Pfiffigunde** kommen sie an einen Pfad, auf dem sie rückwärts gehen und sich drehen müssen (22/24), dann krabbeln (23/25) sie in einer großen Runde auf das Drachenschloß zu. Das Drachenschloß wird bewacht von der blinden **Hexe**, die aber einsam ist und sich freut, wenn sie spürt, daß der kleine Drache in der Nähe herumkrabbelt. Die Ritter schläfern die Hexe mit Zauberkreisen ein (24/28) und stehlen die Drachenplätzchen, die neben ihr liegen. Zur Sicherheit schütten sie um die Hexe herum die Goldstücke aus, die Pfiffigunde noch in ihrem Beutel hatte, damit die Hexe, falls sie wach werden sollte, abgelenkt wird. Inzwischen ist Nacht. Da die Drachen nur im Hellen zu bezwingen sind, legen sich die Ritter selbst bequem zum Schlafen hin (25/29), Prinzessin Pfiffigunde wird sie rechtzeitig wecken.

Am frühen Morgen zeigt ihnen **Prinzessin Pfiffigunde**, wie sie den Drachen zeigen können, daß sie keine Furcht haben (26/30). Dann müssen sie durch das Außentor, das sie nur ganz wenig aufmachen dürfen, damit kein Menschengeruch hereindringt (27/31). Ende von Sequenz B.

Vor der Pause, die innerhalb der Sequenz B stattfand: Jeder Ritter darf in die Pause ein Arm- oder Fußband mitnehmen, damit er nicht vergißt, was für ein Ritter er ist.
Direkt im Anschluß an die Pause: Prinzessin Pfiffigunde sorgt sich, ob der Zauber der Fee noch wirkt: Jeder Ritter muß zeigen, ob er auch noch stark genug ist (alte Beobachtungssituation 4).

Sequenz C: Nahaufnahmen am Tisch

Prinzessin Pfiffigunde hilft den Rittern, die Geschenke auf dem Tisch zurecht zu legen. Sie haben Geschenke für das Drachenkind und die Drachenmama. Wie Prinzessin Pfiffigunde ihnen zeigt, ist in den Plätzchen der Hexe Kunst versteckt, die sie als Geschenk für den Drachenvater nehmen können, wenn sie sie etwas verschönern (29/27). Prinzessin Pfiffigunde fällt ein, daß die Ritter sich noch Ausweise malen müssen (30/23), die sie als Passagierschein benötigen könnten, um aus dem Drachenschloß wieder herausgelassen zu werden.

Wenden sich die Ritter dann zum Schloß, in dem die Drachen hausen (Kasten oder bemalter Karton), so finden sie dort einen Schlüssel, an dem bestimmte Aufgaben hängen (Beobachtungssituation 20, alte Numerierung), die sie, zum Tisch zurückgekehrt, erst richtig ankreuzen und dann wieder an das Drachenschloß hängen müssen, damit es sich schließlich aufgrund der richtigen Codes hochhebt und die Drachen zum Vorschein kommen. Damit ist der Überprüfungsteil vorbei und das Märchen kann im Sinne von ‚Ende offen' nach den Vorstellungen der Ritter beendet werden.

Sigrid Bergsch, Barbara Cárdenas

Was tun bei Kindern, die nicht deutsch sprechen und verstehen?[1]

Vorbemerkungen (Barbara Cárdenas)

Als Frau Bergsch und ich uns zum ersten Mal trafen und sie mir neben der Verwendung der ‚*Diagnostik mit Pfiffigunde*‘ in der Schule für Geistig Behinderte auch von ihrer Idee erzählte, die Instruktionen der *Pfiffigunde* ins türkische und ins arabische übersetzen zu lassen, war ich begeistert. Ich hatte selbst schon darüber nachgedacht, wie es zu bewerkstelligen sei, Kinder, die die deutsche Sprache weder aktiv noch passiv ausreichend beherrschen, regelgerecht mit der ‚*Diagnostik mit Pfiffigunde*‘ zu überprüfen. Ich hatte mir bisher damit geholfen, daß ich selbst im Zweifelsfall die Beobachtungssituationen vormachte oder ein anderes Kind zuerst ‚dran‘ nahm, so daß das fremdsprachige Kind einen Eindruck bekam von dem, was es tun sollte. Dies war aber aus mehrfacher Hinsicht nicht immer befriedigend:

- Wenn <u>ich</u> etwas vormachte, störte das die Märchenlogik.
  Man stelle sich nur einmal vor: B. Cárdenas spielt eigentlich jetzt die blinde Hexe (und hat sie gerade auf der Hand), aber läßt sich auf den Boden und krabbelt ein paar Meter, um dem Ritter zu zeigen, daß er, um die Hexe zu täuschen, die einen kleinen Drachen erwartet, krabbeln soll wie ein Drache. Dann steht sie auf und setzt sich als Hexe in die Ecke.
  Die anderen Kinder hatten zwar meistens Verständnis, aber der Märchenfluß war halt unterbrochen, was bei mehrmaligen Unterbrechungen Unkonzentriertheiten der Kinder zur Folge hatte.
- Wenn ich <u>ein anderes Kind</u> zuerst ‚drannahm‘, konnte es mir passieren, daß etwas falsches vor- und auch nachgemacht wurde.
- Ich bekam keinen Eindruck vom (verbalen) Instruktionsverständnis des Kindes.
- Last, not least: Das Kind konnte sich aus der Handlung nur Bruchstücke vom Märchen erschließen, so konnte keine Sinnentnahme stattfinden und kaum intrinsische Motivation aufgebaut werden.

Zwar ist die Pfiffigunde besser als viele andere diagnostische Verfahren in der Lage, die Fähigkeiten nicht-deutsch-verstehender und -sprechender Kinder deutlich werden zu lassen, da die Handlungsebene immer eine große Rolle spielt. Dennoch ist mit der im folgenden dargestellten Lösung

---

[1] Die Einnahmen aus diesem Artikel, z. T. auch die Übersetzerhonorare, gehen zweckgebunden unter ‚Übersetzungsprojekt...‘ an den ‚Förderverein der Regionalen Arbeitsstelle (RAA) zur Förderung ausländischer Kinder und Jugendlicher des Kreises Düren e.V.‘.

– zumindest für die Kinder, deren Muttersprache arabisch, türkisch, russisch oder spanisch ist – ein großer Schritt nach vorn getan: Kinder verstehen, <u>wozu</u> sie etwas tun sollen, es verbindet sie ein gemeinsames Ziel mit den anderen Kindern, sie werden in ihrer Muttersprache angesprochen, – ein Vorgang, der für sie bedeutet, daß man sich um sie bemüht, sich an ihre Bedürfnisse und Fähigkeiten anpaßt, anstatt nur Anpassung von ihrer Seite zu fordern.

Frau Bergsch hat sich die Umsetzung folgendermaßen gedacht:
Sie versuchen, eine Person zu finden, die die Sprache ‚Ihres‘ Kindes spricht, wie z. B. einen Lehrer aus dem muttersprachlichen Unterricht. Diesem geben Sie in der Überprüfungssituation einen der auf den folgenden Seiten abgedruckten fremdsprachlichen Texte. Da diese Person vermutlich selbst die deutsche Sprache beherrscht[2], kann sie auf Ihr Zeichen hin die jeweilige Instruktion und nötige Märchenlogik vorlesen. Sie werden am Stirnrunzeln bzw. dem in allen Kulturen gleichen fragenden Blick oder aber am Aufleuchten der Augen und Nicken des Kopfes, also an der Mimik des Kindes, selbst ablesen können, ob es die Instruktion verstanden hat. Falls nötig, können Sie darüber hinaus erst die anderen Kinder die Beobachtungssituation durchführen lassen, – zusammen mit der evtl. wiederholten Instruktion wird in der Mehrzahl der Fälle ein ausreichendes Verständnis zu erreichen sein (hierzu vgl. auch Bergsch auf den folgenden Seiten).

Für alle interessierten Personen, die keine übersetzenden Personen finden können oder wollen[3], habe ich noch an etwas anderes gedacht:
Ich suche z. Zt. Personen, die bereit und in der Lage sind, die fremdsprachigen Texte in einer ‚märchenhaften‘ Tonlage auf Band zu sprechen. Meine Vorstellung ist, diese gesprochenen Texte auf CD's so aufbrennen zu lassen, daß der Text zu jeder Beobachtungssituation (bis auf die Hörprüfung) einzeln anspielbar ist. Damit wäre es möglich, dem Kind auch ohne Kenntnis der fremden Sprache die jeweilige Märchenlogik und Instruktion gezielt vorzuspielen. [4]

Noch eine Bitte: Bisher haben wir mit dieser Art, Kinder in ihrer Muttersprache zu instruieren, kaum oder keine Erfahrungen sammeln können. Wir wären daher sehr daran interessiert, von Ihnen zu erfahren, wie Sie es umsetzen konnten. Auch über weitere Anregungen wären wir dankbar.

---

[2] Selbst wenn nicht, können Sie auf die zu der Beobachtungssituation gehörigen Ziffern (1 bis 31) zeigen, worauf sie dann den entsprechenden Ausschnitt vorliest.

[3] Ich würde z. B. davon abraten, Bekannte, Eltern oder Geschwister des Kindes damit zu betrauen, - zu groß ist m. E. die Gefahr, daß dem Kind Verhaltensmaßregeln mit auf den Weg gegeben werden oder das Kind auf andere Weise verunsichert wird, ohne daß Sie darauf Einfluß haben.

[4] Bei Interesse an der CD-Version setzen Sie sich bitte mit mir in Verbindung.

Chancengleichheit für ausländische Mitschüler (Sigrid Bergsch)

Hintergrund:

Die Idee für eine Übersetzung der Instruktionen Pfiffigundes kam mir bei meiner Arbeit in der Sonderschule für geistig Behinderte: Ein Praktikant hatte bei unserem türkischen Schüler Mustafa im Muttersprachlichen Ergänzungsunterricht hospitiert und begeistert erzählt, wie lebhaft Mustafa sich dort verhalte. In der Klasse ist Mustafa ein ruhiger, zurückhaltender Schüler, der einige kurz formulierte Sätze des täglichen Gebrauchs verstehen und umsetzen kann und selbst nur wenige deutsche Worte spricht. Ein Schüler wie Mustafa würde evtl. bei einer Durchführung der ‚Diagnostik mit Pfiffigunde‘ wesentlich andere Ergebnisse erzielen, wenn die Instruktionen in seiner Muttersprache gegeben würden.

Kausale Zusammenhänge

Als Fachkraft für den sonderpädagogischen Bereich bin ich stundenweise zur RAA – Kreis Düren abgeordnet. Regionale Arbeitsstellen für ausländische Kinder und Jugendliche (RAA) sind in allen Städten mit überdurchschnittlich hohem Ausländeranteil eingerichtet. Hier arbeiten Sozialpädagogen und Lehrer der verschiedenen Schulformen zusammen, u. a. zu den Aufgabenschwerpunkten

– Beratung und Unterstützung von Kindern und Jugendlichen aus Zuwandererfamilien sowie deren Eltern bei der Wahl von Bildungs- und Ausbildungswegen, Vermittlung von weiterer Beratung;

– Unterstützung und verantwortliche Mitarbeit bei der Beratung von Seiteneinsteigern; Hilfen bei den Übergängen vom Elementar- in den Primarbereich sowie zwischen Schulformen und Schulstufen...

– Entwicklung und Erprobung von Spiel-, Lehr- und Lernmaterialien; ...[5]

In meinem Arbeitsbereich fand ich einige ‚Fälle‘, die bezeichnend sind für die allgemeine Situation ausländischer Schüler im Sonderschulbereich:
Hauptschulen und Sonderschulen weisen die höchste Zahl ausländischer Mitschüler auf. Die höchsten prozentualen Anteile von SchülerInnen, die zur Sonderschule gehen, liegen nach der Statistik bei den MarokkanerInnen, die zweite überproportional große Gruppe ist die der TürkInnen, bei beiden Gruppen kommen die SchülerInnen überwiegend aus ländlichen Gebieten ihres Heimatlandes.[6]
Pädagogische und bildungspolitische Debatten um die überdurchschnittliche Repräsentanz ausländischer Kinder und Jugendlicher in den deutschen Sonderschulen für Lernbehinderte und Verhaltensauffällige werden

---

[5] Vgl.: Ministerialblatt für das Land NRW – Nr. 16 vom 05. März 1998, S. 203

[6] Vgl.: Tagungseröffnung der Fachtagung zur Feststellung des sonderpädagogischen Förderbedarfs bei ausländischen Kindern vom 08. – 10. Mai in Soest, von MR Leckebusch

gerne mit dem Appell verbunden, ausländische Kinder nicht leichtfertig aus der Regelschule ‚abzuschieben'.

Die an Sonderschulaufnahmeverfahren beteiligten Lehrkräfte der Regel- wie der Sonderschulen haben seit Beginn der ersten Sonderschulkarrieren in Deutschland ein gemeinsames Problem, das trotz aller diesbezüglichen Bemühungen noch nicht als gelöst betrachtet werden kann: Sie können nicht auf diagnostische Verfahren zurückgreifen, die sprachfrei und kulturfair sind (s. auch Kornmann, 1987)[7].

Die Diagnostik ist problematisch, aber laut BASS (Bereinigte Amtliche Sammlung der Schulvorschriften) ist es unzulässig, ein Kind zur Sonderschule zu melden, weil es über mangelnde deutsche Sprachkenntnisse verfügt.

Zur Ermittlung des sonderpädagogischen Förderbedarfs soll eine Lehrkraft für Muttersprachlichen Ergänzungsunterricht oder ein sprachkundiger Vermittler hinzugezogen werden, wodurch eine Benachteiligung zumindest reduziert ist.

In der Praxis mußte ich allerdings erleben, daß dies nicht die Regel war.

Die Praxis

Für Elterngespräche bzgl. der Feststellung des sonderpädagogischen Förderbedarfs war kein Übersetzer hinzugezogen worden, so daß die Eltern erst nach einer gewissen Schulzeit verstanden, an welcher Schulform ihr Kind beschult wurde.

Einige Schüler waren aufgrund fehlender oder falscher Diagnostik einer Schulform zugewiesen, die nicht ihrem tatsächlichen Leistungsniveau entsprach.

Allerdings ist es ein Problem, ausländische Kinder mit geringen oder fehlenden deutschen Sprachkenntnissen diagnostisch richtig einzuschätzen.

Sommer-Stumpenhorst schreibt zur Feststellung des sonderpädagogischen Förderbedarfs in den Bereichen Verhalten und Sprache: „Für die sonderpädagogische Diagnose des Verhaltens und der Sprache brauchen wir ... in der Regel keine standardisierten Verfahren; was wir brauchen, sind gute Funktionsproben und eine gute Beobachtung. Sie vermitteln uns viele relevante Hinweise auf die Förderung. Das gilt für die deutschen Kinder genauso wie für die Kinder aus anderen Herkunftsländern."[8].

---

[7] vgl.: ‚Ausländische Kinder: Ein Fall für die Sonderschule?' von Prof. Dr. E. Glumpler in: Feststellung des sonderpädagogischen Förderbedarfs bei ausländischen Kindern, Landesinstitut für Schule und Weiterbildung

[8] N. Sommer-Stumpenhorst: 'Standardisierte Verfahren zur Feststellung des sonderpädagogischen Förderbedarfs in den Bereichen Verhalten und Sprache' in 'Feststellung des sonderpädagogischen Förderbedarfs bei ausländischen Kindern' - Dokumentation einer Fachtagung vom 08. - 10. Mai 1995 in Soest, herausgegeben vom LANDESINSTITUT FÜR SCHULE UND WEITERBILDUNG; S. 97

Optimal wäre hier eine Diagnostik, die Förderbedarf anhand von nonverbaler Ausdrucksweise ermittelt – wie die ,Diagnostik mit Pfiffigunde' – und zudem durch die Videoaufnahmen die Beobachtung erleichtert. Zugleich wäre eine Chancengleichheit gewährleistet, wenn die Instruktionen in der jeweiligen Muttersprache des Kindes gegeben würden. In der Durchführung wäre es dann sicher günstig, zunächst deutsche Kinder zur Ausführung aufzufordern, weil das Verständnis für die Ausführung den ausländischen Kindern durch die Nachahmungsmöglichkeit noch erleichtert wird.

In meiner Dienststelle, der Christophorusschule, Sonderschule für geistig Behinderte, wären im Fall einer Diagnostik mit Mustafa eine türkische Kollegin oder ÜbersetzerInnen, vermittelt durch die RAA – Kreis Düren, die Ansprechpartner.
Der/Die ÜbersetzerIn müßte bei den Instruktionen an die Kinder lediglich die Übersetzung in der jeweiligen Sprache ablesen und müßte nicht in die gesamte Diagnostik eingearbeitet werden. Da sicher nicht immer die Möglichkeit für die Übersetzung durch einen fachspezifischen Mitarbeiter gegeben ist, ist durch diese Alternative die Auswahl an ÜbersetzerInnen größer (z. B. durch Eltern der gleichen Nationalität).
Der Arbeitsaufwand für die übersetzende Person bleibt hierdurch relativ gering und eine Einheitlichkeit ist gewährleistet.

Anmerkung zu den Instruktionen auf den folgenden Seiten:

a = alle Ritter führen die Aufgabe zugleich aus, bzw. hören die Instruktion zusammen

e = einzeln und nacheinander führen die Ritter die Aufgabe aus

Deutsche Instruktionen der *Diagnostik mit Pfiffigunde*

Vorgeschichte:

Heute will uns die Prinzessin Pfiffigunde besuchen. In dem Land ihres Vaters gibt es eine Drachenfamilie, die die königlichen Gärten verwüstet, die Blumen frißt und die kleinen Kinder erschreckt. Meint Ihr, Ihr könntet der Prinzessin helfen, einmal mit den Drachen zu reden, damit sie wieder mit dem Unsinn aufhören? Wenn Ihr Ritter werden möchtet, um mit Pfiffigunde die Drachen zu suchen, dann nickt bitte mit dem Kopf. ...

Bevor die Prinzessin zu uns kommt, legen wir erst einmal unsere Ritterrüstungen an. Sie müssen feuerfest sein und leicht und durchsichtig, weil es in dem Drachenland sehr heiß ist.

Rüstung

1   (a) Jetzt legt mal eine dieser Rüstungen an, ich helfe Euch dabei. Dafür müßt Ihr Euch Hose oder Rock oder Kleid, sowie Schuhe und Strümpfe ausziehen.

Langsitz

2.1   (a) Setzt Euch bitte auf die Teppichfliesen, und zwar in einer besonderen Weise: Weil Pfiffigunde eine Prinzessin ist, möchte ich Euch jetzt bitten, daß Ihr Euch <u>ganz gerade</u> hinsetzt: Rücken gerade, Beine lang, Hände auf die Beine.

2.2   (a) Sitzt ihr jetzt alle gerade?

Gold

3.1   (a) Die Goldstücke brauchen wir auf unserer Reise.

3.2   (e) Lege die Goldstücke <u>eins nach dem anderen</u> mit <u>einer</u> Hand in die Dose. Fang an <u>einer</u> Seite an.

stark?

4.1   (a) Ich möchte gerne wissen, ob meine Ritter stark genug sind, um es mit den Drachen aufnehmen zu können. Stellt Euch bitte alle nebeneinander, hebt Euren <u>stärkeren</u> Arm hoch.

4.2   (a) Ich gebe Euch jetzt ein Blatt in die Hand, das Ihr mit <u>ausgestrecktem Arm</u> zerknüllen sollt.

4.3   (a) Und jetzt noch ein Blatt für die andere Hand.

Spruch

5.1   (a) Jetzt kann uns die Fee weiterhelfen. Wir werden sie mit einem Zauberspruch herbeirufen. Stellt Euch nebeneinander, dann sage ich jedem einzeln seinen Zauberspruch.

5.2   (e) Ich lese Deinen Zauberspruch Stück für Stück vor und Du sprichst ihn mir nach, o.k.?

Stab

6.1   (a) Ich zeige Euch jetzt einen Trick, damit Ihr noch stärker werdet.

6.2	(e) Die Zauberkraft aus diesem Zauberstab fließt heraus, wenn Du die Spitze ganz fest anschaust, ohne den Kopf zu bewegen.
6.3	(e) Nicht den Kopf bewegen!
6.4	(e) Jetzt nimm ihn doch einmal selbst in die Hand und schau seine Spitze an. Streck´ den Arm aus und bewege den Stab, wie ich es vorgemacht habe, aber halte den Kopf ruhig.
6.5	(e) Spürst Du die Kraft?

Linien

7.1	(a) Wir werden unterwegs auf ein Krokodil treffen, das wir mit einem Zauberseil fesseln müssen. Um ein Zauberseil zu finden, müssen wir erst auf dem Papier üben.
7.2	(a) Schaut einmal auf dieses Blatt: Ihr seht Drachen, deren Schnüre ineinander verwickelt sind. Kreist mit Eurem Stift einen Drachen ein.
7.3	(a) Und jetzt malt die Drachenschnur nach, von Eurem Drachen aus, also von oben nach unten. Mal sehen, wo Ihr ankommt.
7.4	(a) Legt die andere Hand auf das Blatt, damit es nicht wegrutscht.

Seile

| 8.1 | (e) Stell´ Dich hier ´mal aufrecht vor die verschlungenen Seile. Du sollst das Seil mit Deiner Kugel am Ende herausziehen. |
| 8.2 | (e) An welchem Seil hier unten mußt Du ziehen? Können Deine Augen das alleine herausfinden? |

Baum

9.1	(a) Auf dem Weg zum Krokodil müssen wir durch einen Sumpf.
9.2	(e) Willst Du einmal versuchen, auf diesem Baumstamm den Sumpf zu überqueren?
9.3	(e) Ich halte Dir die Hand hin, dann kannst Du Dich notfalls festhalten.

schwimmen

| 10.1 | (a) Jetzt müssen wir noch durch diesen See schwimmen, und dann sind wir bei dem Krokodil. Könnt Ihr Brustschwimmen? ... Ich zeige Euch einmal, wie das geht. ... |
| 10.2 | (a) Dann laßt uns alle zusammen losschwimmen. |

Hypnose

| 11.1 | (a) So, da liegt das Krokodil; es kann uns sagen, wie wir jetzt weitergehen müssen. Bevor wir mit ihm sprechen können, müssen wir es erst fesseln, sonst ist es weg. Damit es beim Fesseln ruhig bleibt, werden wir es verzaubern; ich zeige Euch, wie man das macht... |
| 11.2 | (a) Jetzt macht das mal nach ... So, und dann wieder zurück ... und wieder hin ... und so weiter. |

Fesseln

12.1 (a) Jeder von Euch kann jetzt das Krokodil mit seinem Zauberseil fesseln. Die anderen machen so, wie wir vorhin geübt haben, damit das Krokodil ruhig bleibt.

12.2 (e) Fessle Du jetzt das Krokodil mit einer Schleife. Wenn Du keine Schleife binden kannst, versuche es mit einem Knoten. Du kannst das Seil auch vorher drumwickeln, damit es kürzer ist.

12.3 (a) Das Krokodil hat uns jetzt erzählt, was wir für die weitere Suche nach den Drachen brauchen könnten: Das Spielzeug, das der Riese dem Drachenkind gestohlen hat, dann gemalte Kunst für den Drachenvater und für die Drachenmutter etwas Stoff, aus dem sie Handschuhe für ihre scharfen Krallen schneidern kann.

Stoffe

13 (a) Hier können wir Stoffe für die Drachenmutter finden. Fühlt einmal mit beiden Händen, ob Ihr zwei Stoffstücke findet, die sich gleich anfühlen. Nicht drunter schauen!

Karte

14.1 (a) Jetzt müssen wir zum Riesen, der die Spielsachen des Drachenkindes gestohlen hat, die wir ihm zurückbringen wollen. Der Kameramann weiß, wo der Riese wohnt. Er zeigt gleich jedem von Euch ein Zeichen, das Ihr Euch merken müßt, damit Ihr den Weg zum Riesen finden könnt.

14.2 (e) Ich übe jetzt 'mal mit Dir, was Du gleich machen sollst. Nimm diese Zauberlandkarte in beide Hände. Ich gehe jetzt ein Stück weg.

14.3 (e) Ich lege nun meinen Finger unter dieses Auge. Halte mit ausgestreckten Armen die Zauberlandkarte hoch und schau durch das Loch genau in mein Auge mit dem Finger drunter.

14.4 (e) Wenn Du es siehst, sage: Jetzt ...

14.5 (e) Du kannst die Arme wieder herunternehmen.

14.6 (e) Jetzt probieren wir wir das mal mit der Kamera. Schau zur Kamera ... Halte die Zauberlandkarte wieder mit ausgestreckten Armen hoch und schau durch das Loch genau in dieses Auge der Kamera.

14.7 (e) Wenn Du das Kameraauge siehst, dann sage JETZT. ...

14.8 (e) Prima, jetzt zeigt der Kameramann Dir das Zeichen. Merk es Dir gut. ... Hast Du es Dir gemerkt?

14.9 (e) Nimm die Arme jetzt wieder herunter.

Scheibe?

15.1 (a) Hier sind Scheiben. Stellt Euch bitte hinter die Scheibe mit dem Zeichen, das Ihr Euch merken solltet ...

15.2   (a) Jetzt schaut ´mal auf die Rückseite der Scheibe. Ist das Eure Farbe? Zeigt sie der Kamera.

Schieben

16   (a) Schiebt die Scheibe <u>auf der Linie</u> mit einem Fuß vorwärts bis zu der Karte, auf der Ihr eine Wegbeschreibung findet. Nicht mit dem Fuß auf die Scheibe treten.

Hüpfen

17   (e) In diesem Teil der Wegbeschreibung steht: Hüpfe auf einem Bein bis zu <u>dieser</u> Wand (*zeigen*), dann auf dem <u>anderen</u> Bein bis <u>hier</u> zum Berg.

Berg

18   (e) In dem zweiten Teil der Wegbeschreibung steht: Springe mit <u>beiden Beinen zusammen</u> vom Berg hinunter.

Zehengang

19.1   (a) Im dritten Teil der Wegbeschreibung steht: Geht hoch auf den Zehenspitzen zu der Höhle des Riesen, damit er denkt, Ihr wäret <u>auch</u> sehr groß. Ich mache es einmal vor.

19.2   (e) Jetzt mache es nach.

Riese

20.1   (a) Der Riese möchte, daß wir ihm bei dieser Aufgabe helfen, <u>bevor</u> er uns das Spielzeug gibt.

20.2   (a) Kreuzt hier mal in jeder Zeile <u>das</u> Bild hinter dem Strich an, das <u>ganz genau so</u> wie das ganz vorn aussieht.

Flüstern

21.1   (a) Ich schäme mich, daß ich dem Drachenkind das Spielzeug gestohlen habe. Ich schäme mich so, daß ich Euch nur im Flüsterton sagen kann, was es ist.

21.2   (e) Setze Dich bitte auf den Kasten dort, und zwar seitlich. Schau nicht mich an, sondern zur Wand, so daß Du mit <u>dem</u> Ohr, mit dem Du am liebsten zuhörst, in meine Richtung horchst. Das andere Ohr halte Dir <u>locker</u> mit der Hand zu.

21.3   (e) Ich flüstere Dir jetzt etwas über das Spielzeug zu.

21.4   (e) Was hast Du gehört?

21.5   (e) Und nun setze Dich andersherum, schau wieder die Wand an und halte das andere Ohr locker zu, ich flüstere Dir noch etwas über das Spielzeug zu.

21.6   (e) Was hast Du gehört?

21.7   (e) Merk es Dir gut, o.k.?

starr

22.1   (a) Ihr wißt nun, was ich gestohlen habe. Ich werde jetzt die Spielsachen aus den Verstecken holen. Dazu verbinde ich Euch die Augen, damit ihr nicht sehen könnt, wo meine Verstecke sind.

22.2 (a) Streckt mal die Arme nach vorne aus und dreht die Hände mit gespreizten Fingern nach oben, damit ich dort etwas hineinlegen kann. Ich helfe Euch.

22.3 (a) Ich fürchte, Ihr müßt ein Weilchen warten, bis ich alles gefunden habe.

22.4 (e) Was habe ich <u>Dir</u> eigentlich gesagt, was ich gestohlen habe?

22.5 (e) Ach ja, jetzt fällt es mir wieder ein.

22.6 (e) Jetzt kannst Du die Augen wieder aufmachen.

22.7 (a) Jetzt möchte ich wieder schlafen gehen. Auf Wiedersehen, Ritter.

Ausweise

23 (a) Malt Euch selbst mit dem ganzen Körper auf das Blatt Papier. Ihr benötigt es als Ausweis, um wieder aus dem Drachenland herausgelassen zu werden.

rückwärts

24.1 (e) (*unter 7 Jahre*) Gehe auf dieser geraden Linie rückwärts.
(e) (ab *7 Jahre*) Gehe auf dieser geraden Linie rückwärts und setze dabei genau Fuß hinter Fuß.

24.2 (e) Und nun drehe Dich ganz um Dich selbst und gehe weiter rückwärts.

krabbeln

25.1 (a) Bevor wir in das Drachenland kommen, müssen wir uns erst an der blinden Hexe vorbeischleichen, die hält nämlich vor dem Drachenland Wache. Damit sie Euch für ein Drachenkind hält, krabbelt Ihr am besten.

25.2 (e) Du bist dran. Beim Krabbeln rede kein Wort, sonst weiß sie sofort, daß Du nicht der kleine Drache bist. Wenn sie Dir Plätzchen geben will, nimm diese vorsichtig in den Mund, laß sie dann aber behutsam auf den Moosklotz fallen, denn sie sind giftig für Menschen, wenn man sie länger im Mund behält. Nimm sie aber mit, Du brauchst sie noch für den Drachenvater. Jetzt krabbel mal los.

Hexe

26.1 (e) Ach, Du bist es, kleiner Drache. Hier habe ich ein Plätzchen für Dich.

26.2 (e) Und hier noch ein Plätzchen. Ich weiß ja, daß Du Hunger hast.

26.3 (e) So, jetzt zieh mal weiter.

Kunst

27.1 (a) Wir werden jetzt die Plätzchen einmal untersuchen

27.2 (a) Klappt das <u>rote</u> Plätzchen auf. Wir schütten ´mal die einzelnen Teile aus der kleinen Tasche heraus. Welche von <u>diesen</u> Gegenständen sind in diesem aufgeklebtem Bild versteckt? Legt diese neben das Plätzchen und gebt mir die anderen, die nicht in dem Bild versteckt sind.

27.3 (a) Klappt nun das <u>weiße</u> Plätzchen auf. Seht Euch das Bild mit den Tieren an. Schaut mal, wieviel verschiedene Tiere es sind und schreibt die Zahl auf das leere kleine Blatt. Wer nicht zählen oder schreiben kann, hält genau so viel Finger hoch.

27.4 (a) Nun seht Euch die Seite mit den Schlangenlinien an. Hier sollt Ihr in den Schlangenlinien versteckte Bälle finden. Malt die <u>Linien</u> der Bälle mit Eurem Stift nach.

27.5 (a) Wunderbar, jetzt haben wir auch die Geschenke für den Drachenvater. Der liebt nämlich Kunst und Malerei.

Kreise

28 (a) Vor dem Drachenschloß steht ein Wächter, aber den können wir vielleicht einschläfern. Macht einfach nach, was ich Euch mit Armen und Händen vormache.

schlafen

29.1 (a) Ich habe das Gefühl, als hätten Eure Kreise schon ein wenig gewirkt. Damit der Wächter sich ganz sicher fühlt, tut Ihr doch auch am besten so, als ob ihr eingeschlafen wärt. Legt Euch ganz bequem <u>auf dem Bauch</u> auf den Boden, räkelt Euch etwas herum und macht die Augen zu, – ganz so, als wärt Ihr zuhause im Bett, o.k.? Ihr könnt sogar etwas schnarchen: Ich sage Euch Bescheid, wenn der Wächter ganz sicher schläft.

29.2 (a) Wir werden jetzt vorsichtshalber unsere Goldstücke vor das Drachenschloß legen, denn <u>wenn</u> der Wächter aufwacht, während wir im Drachenschloß sind, ist er erst einmal damit beschäftigt, die ganzen Goldstücke aufzusammeln.

Münder

30.1 (a) Bevor wir in das Drachenschloß hineingehen, werden wir ein wenig üben, wie wir die Drachen abschrecken können; schaut mal, was ich mache und macht es nach. Leckt Euch mal die Lippen, damit die Drachen denken, <u>Ihr</u> wolltet <u>sie</u> fressen.

30.2 (a) Und jetzt andersherum.

30.3 (a) Könnt Ihr auch die Zunge ganz weit herausstrecken?

30.4 (a) Und jetzt blast mal die Backen auf, könnt Ihr das auch?

Tor

31.1 (a) Damit durch das Tor nur ganz wenig Menschenluft hereinkommt – sonst werden die Drachen nur noch gieriger –, werde ich das Tor nur so weit wie unbedingt nötig aufmachen.

31.2 (e) Sage mir STOP, wenn
1 Du gerade noch durch<u>gehen</u> kannst.

2   Du gerade noch durch<u>kriechen</u> kannst.

3   Du gerade noch seitlich durch<u>schlüpfen</u> kannst.

So, jetzt werde ich mal schauen, ob die Drachen auch da sind. Hast Du alle Geschenke für die Drachen?

Vorgeschichte	evveliyat

Bugün prenses Fifigunde`yi ziyaret etmek istiyorum. Babasının ülkesinde saray bahçelerini bozan, çiçekleri yiyen ve küçük çocukları korkutan bir ejderha ailesi var. Prensese ejderhalarla bu saçmalıkları artık bırakmaları için konuşmasına yardım edebilir misiniz? Ne dersiniz? Fifigunde ile ejderhaları ziyaret etmek için bir şövalye olmak istiyorsanız başınızı lütfen öne doğru eğin.

Prenses bize gelmeden önce şövalye zırhlarımızı giyiniyoruz. Bu zırhlar ateşe karşı dayanıklı, hafif ve şeffaf olmalıdır, çünkü ejderhaların ülkesi çok sıcak.

Rüstung	zırh

1. (a)Şimdi zırhların biri, önce kendimde gösterdiğim gibi, siz de giyinin. Bunun için pantolon/etek/elbise, ayakkabı ve çoraplarınızı çıkartmanız gerekli.

Langsitz	bacakları uzatarak oturma

2.1 (a) Lütfen halının üstüne söyleyeceğim şekilde oturun. Fifigunde bir prenses olduğu için lütfen dimdik oturun: sırtınız dik olsun, bacakları uzatın ve eller bacakların üstünde olacak.

2.2 (a)Şimdi düz oturuyor musunuz?

Gold	altın

3.1 (a)Altınlara seyahatimizde ihtiyacımız var.

3.2 (e)Altınları _teker teker bir_ elinle kutuya koy. Bir taraftan başla.

Stark?	güçlü?

4.1 (a)Benim şövalyelerimin ejderhaları yenecek kadar güçlü olup olmadığını bilmek istiyorum. Lütfen yan yana durunuz, hangi kolunuz daha güçlü ise, onu kaldırın.

4.2 (a)Şimdi elinize bir yaprak kağıt vereceğim ve siz de onu _kolunuzu uzatıp_ elinizde top gibi kırıştırın.

4.3 (a)Şimdi de diğer elinize bir yaprak kağıt veriyorum.

Spruch	sözler

5.1 (a)Şimdi bize peri yardım edebilir. Sihirli sözlerle onu yanımıza çağıracağız. Yan yana durun ve her birinize kendi sihirli sözlerini söyleyeceğim.

5.2 (e)Sana sihirli sözlerini parça parça okuyacağım ve sen de onları beni takıp ederek tekrarla, tamam mı?

Stab	değnek

6.1 (a)Daha güçlü olmanız için şimdi size bir numara göstereceğim.

6.2 (e)Başını hiç oynatmadan bu sihirli değneğin ucuna sıkıca baktığın zaman değneğin sihirli gücü dışarı çıkacaktır.

6.3 (e)Başını oynatma!

6.4 (e)Şimdi onu kendi eline al ve ucuna bak. Sana göstereceğim gibi kolunu uzat ve değneği oynat. Ama başını sallama.

6.5 (e)Gücünü seziyor musun?

Linien	cizgiler

7.1 (a)Yolda giderken bir timsahla, bir canavala karşılaşacağız ve onu sihirli bir iple bağlamamız gerekiyor. Sihirli ipi bulmamız için ilkönce kağıt üzerinde bunu denememiz gerekiyor.

7.2 (a)Şu kağıda bir bakın: ipleri karmakarışık olan uçurtmaları görüyorsunuz. Uçurtmalardan birinin etrafını kaleminizle çizin.

7.3 (a)Ve şimdi de kaleminizle kendi uçurtmanızdan başlayarak çizgiyi yukarıdan aşağıya çizerek takip edin. Bakalım nereye varacaksınız.

7.4 (a)Kağıt kaymasın diye diğer elinizi kağıdın üstüne koyun.

Seile	ipler

8.1 (e)Şimdi de ayakta içiçe geçmiş iplerin önünde burada dur. Sonunda senin topcuğunda bulunan sihirli ipi çek.

8.2 (e)Alt taraftan hangi ipi çekmelisin? Yalnız gözlerinle bunu görebiliyor musun?

Baum	ağaç

9.1 (a)Timsaha giderken bir bataklıktan geçeceğiz.

9.2 (e)Bu bataklığı bir ağac parçasıyla aşmaya dener misin?

9.3 (e)Elimi sana uzatırım. Gerekse elimi tutabilirsin.

Schwimmen	yüzme

10.1 (a)Şimdi de bu gölü yüzerek geçmemiz lazım. Bundan sonra timsaha varacağız... Karınüstü yüzebiliyor musunuz? Size bunu nasıl yapacağınızı göstereyim...

10.2 (a)Şimdi de hep birlikte yüzmeye başlayalım.

Hypnose	hipnoz

11.1 (a)İşte burada timsah var. O bize hangi yoldan gitmemiz gerektiğini söyleyebilir. Timsahla konuşmadan önce onu bağlamamız gerekiyor, yoksa kaçar. Bağlarken uslu durması için ona bir sihirbazlık yapacağız. Bana iyi bakın, bunu nasıl yapacağımızı size göstereyim.

11.2 (a)Bunu aynen siz de yapın... ve aynen geri gidin .... ve yine tekrarlayın..... ve devam edin.

Fesseln	bağlama

12.1 (a)Her biriniz şimdi timsahı sihirli iple bağlayabilirsiniz. Diğerleri daha önce denediğimizi yapacak ve timsah böylece uslu duracak.

12.2 (e)Sen şimdi timsahı ayakkabı bağladığın gibi bağlayabilirsin. Öyle yapamasan bir düğüm atabilirsin. İpi kısaltmak için önce sarabilirsin.

12.3. (a)Timsah bize şimdi ejderhayı aramamızda yardımcı olacak başka şeyleri de anlattı: Devin ejderha çocuğundan çaldığı oyuncaklar, ejderha babası için elle yapılmış resimler ve ejderha annesine keskin pençelerine eldiven dikebilmesi için biraz kumaş.

Stoffe	kumaşlar

13 (a)Burada ejderha annesine kumaş bulabiliriz. İki elinizle hissetiniz ve iki tane birbirine tam benzer kumaş bulmaya çalışınız. Altına bakmayınız.

Karte	harita

14.1 (a)Şimdi de ejderha çocuğun oyuncaklarını çalan deve gideceğiz ve bunları çocuğa geri vereceğiz. Kameracı devin nerede oturduğunu biliyor. Her birinize birazdan bir işaret gösterecek ve siz de o işareti aklınızda tutacaksınız. Bu işaretle deve giden yolu bulabilirsin.

14.2 (e)Seninle birazdan yapacağını deneyeceğim. Bu sihirli haritayı iki eline al. Ben biraz uzaklaşıyorum.

14.3 (e)Parmağımı bu gözümün altına koyuyorum. Şimdi kollarını uzatmış vaziyette sihirli haritayı tutmaya ve delikten bakarak tam parmağım altında olan gözüme bakmaya çalış.

14.4 (e)Gözümü görebiliyorsan, ŞİMDİ de.

14.5 (e)Kollarını şimdi indirebilirsin.

14.6 (e)Şimdi de bunu kamerayla deneyelim. Kameraya bak.... Yine kollarını uzat-mış vaziyette sihirli haritayı havada tut. Bu delikten bakarak tam kameranın gözüne bak.

14.7 (e)Kameranın gözünü iyice görebiliyorsan, ŞİMDİ de...

14.8 (e)Çok güzel, şimdi kameracı sana aklında tutacağın işareti gösterecek. Aklında iyi tut ... İyi tutuyor musun?

14.9 (e) Kollarını indiribilirsin.

Scheibe	yuvarlak levhalar

15.1 (a)Burada yuvarlak levhalar var. Aklınızda tutmanız gereken işaretli levhanın arkasında durun...

15.2 (a)Şimdi de levhanın arkasına bakın. Gördüğünüz rengi sizin mi? Kameraya göstürünüz.

Schieben	itme

16 (a)Tek ayağınızla levhayı yolu gösteren haritaya kadar çizginin üstünde itin. Lütfen ayağınızla levhayı tutmayın.

Hüpfen	zıplama

17 (e)Yol tarifesinin bu bölümünde şu yazıyor: bir ayak üstünde bu duvara kadar *(göstermek)* zıpla, sonra diğer ayağınla buraya, dağa kadar zıpla.

Berg	dağ

18 (e)Yol tarifesinin ikinci kısmında şu yazıyor: iki ayağınla birden dağdan aşağıya atla.

Zehengang	ayak uçlarının üstüne basma

19.1 (a) Yol tarifesinin üçüncü kısmında şu yazıyor: devin sizin de onun kadar büyük olduğunuzu düşünmesi için, ayak uçlarının üstüne basarak devin mağrasına gidin.

19.2 (e)Şimdi sen de yaptığım gibi git.

Riese	dev

20.1 (a)Dev bize oyuncak vermeden önce bu görevinde yardım etmemizi istiyor.

20.2 (a)Burada her sırada ön taraftaki resme tam benzeyen resmi işaretleyin.

Flüstern	fısıldama

21.1 (a)Ejderhanın çocuğunun oyuncaklarını çaldığim için çok utanıyorum. Bunun için oyuncakların ne olduğunu sadece fısıldayarak söyleyebilirim.

21.2 (e)Lütfen buradaki kutunun üstüne yan şekilde otur ama bana bakmadan. Ve hangi kulağınla dinlemeyi daha çok seviyorsan, o kulağınla benim tarafıma doğru otur. Diğer kulağını bir elinle biraz kapat.

21.3 (e)Çaldığım oyuncağın nasıl olduğunu sana şimdi fısıldıyacağım.

21.4 (e)Ne duydun?

21.5 (e)Şimdi de ters şekilde otur, yine duvara bak ve öteki kulağını bir elinle biraz kapat. Sana oyuncağın daha nasıl olduğunu fısıldıyacağım.

21.6 (e) Şimdi ne duydun?

21.7 (e)Alkında iyi tut, tamam mı?

Starr	kolları dik uzatma

22.1 (a)Şimdi ne çaldığımı biliyorsunuz. Oyuncakları şimdi sakladığım yerden çıkar-acağım. Nerede sakladığımı görmeyesiniz diye, gözlerinizi bağlayacağım.

22.2 (a)Kollarınızı öne doğru uzatın ve iyice açılmış ellerinizi yukarıya doğru çevirin. Ben de eller-inize birşeyler yerleştireceğim. Size yardım ederim.

22.3 (a)Ama herşeyi bulana kadar belki biraz beklemeniz gerekecek.

22.4 (e)Ne çalmıştım, daha önce <u>sana</u> ne demiştimki?
22.5 (e)Aa, evet, şimdi yine anımsıyorum.
22.6 (e)Şimdi gözlerini yine açabilirsin.
22.7 (a)Şimdi yine yatacağım. Görüşmek üzere, hoşçakal şövalye.

Ausweise   kimlikler

23 (a)Şimdi kendi resminizi tüm vücütle bir kağıt üstünde yapın. Bu resminiz size ejderhanın ülkesinden çıkabilmeniz için bir kimlik gibi gerekecek.

rückwärts   geri gitme

24.1 (e)*(7 yaşına kadar)* Bu düz çizginin üstünde arka arka git.
    (e)*(7 yaşından itibaren)* Bu düz çizginin üstünde arka arka git ve ayağını diğerinin tam arkasına bas.
24.2 (e)Şimdi tümden dön ve yine arka arka git.

Krabbeln   emekleme

25.1 (a)Ejderhanın ülkesine varmadan önce bir kör cadı karının yanından usulca geçmemiz gerekli. O ejderha ülkesinin başlangıcında bekçilik yapıyor. En iyisi iyice küçülünki sizi duyunca bir ejderha çocuğuna benzetsin, sonra cadı karının yanından emekleyin.
25.2 (e)Şimdi sen sıradasın. Ve sakın hiç bir söz konuşma, yoksa senin küçük bir ejderha olmadığını anlar. Sana kurabiye vermek isterse onları dikkatlice ağzına al ama hemen sonra onları dikkatlice ağzından çimen parçasına yavaşça bırak düşsün, çünkü onlar, çok ağzında durunca, insanlar için zehirlidir. Ama onları yine de elinde tut, çünkü ejderha babası için lazım olacak. Şimdi emeklemeye başla.

Hexe   cadı

26.1 (e)Aa, sen misin, küçük ejderha. Al sana bir kurabiye vereyim.
26.2 (e)Al bir kurabiye daha. Aç olduğunu biliyorum.
26.3 (e)Evet, şimdi devam et.

Kunst   sanat

27.1 (a)Kurabiyeleri bir daha inceleyeceğiz.
27.2 (a)<u>Kırmızı</u> kurabiyeyi açın. Küçük çantadan parçaları dışarı dökelim. Onun içinde bulunan parçaların hangisi bu yapıştırılmış resimin içinde gizlenmiş? Bunları kurabiyenin yanına koyun ve resimin içinde olmayanları bana verin.
27.3 (a)Şimdi <u>beyaz</u> kurabiyeyi açın. Sol tarafta hayvanları gösteren bu resme bakın. Kaç ayrı hayvan türü var resmin içinde? Bu rakamı bu küçük boş kağıda yazın. Saymasını ve yazmasını bilmeyenler bana aynı sayıdaki parmaklar gösterebilir.
27.4 (a)Şimdi yılan şeklinde çizgili tarafa bakın. Burada yılan gibi kıvrılmış çizgilerin içinde gizlenmiş topları bulacaksınız. Topların <u>çizgilerini</u> kaleminizle çizin.
27.5 (a)Çok güzel, şimdi ejderha babasına hediyemiz var. Resimleri çok sever.

Kreise   el haraketler

28 (a)Bir bakın hele, ejderha kulesinin önünde bir bekçi duruyor, ama bunu uyuta-biliriz. Kollarım ve ellerimle yaptığımı, aynı benim gibi yapın.

Schlafen   uyuma

29.1 (a)Çevirdiğiniz dairelerin biraz etki gösterdiğini görüyorum. Bekçilerin kendilerini daha da emin hissetmeleri için siz de aynı onlar gibi uyuyormuş gibi yapın. Rahat bir şekilde <u>karın üstü</u> yatın ve gözlerinizi kapatın. Sanki kendi evinizde yatağ-ınızda yatıyormuş gibi, tamam mı? Hatta biraz horul-dayabilirsiniz de: bekçinin tam uyuduğu zaman size bildireceğim.

29.2 (a)Şimdi biz ne olur ne olmaz altınlarımızı sessizce ejderha kulesinin önüne koyacağız, çünkü eğer biz ejderha kulesinin içindeyken bekçi uyanırsa bütün altın toplamayla meşgul olacaktır.

Münder	ağızlar

30.1 (a)Ejderha kulesine girmeden önce ejderhaları korkutabilmek için biraz alıştır-ma yapacağız. Bakın ne yapıyorum ve sonra kendiniz yapabilirsiniz. Şimdi dudaklarınızı yalayın, o zaman ejderha-lar sizin onları yemek istediklerinizi düşünecekler.

30.2 (a)Ve şimdi ters tarafa doğru.

30.3 (a)Dilinizi de tamamen dışarı uzatabiliyor musunuz?

30.4 (a)Ve şimdi de yanaklarınızı şişirin, bunu de yapabiliyor musunuz?

Tor	kapı

31.1 (a)Bu kapıyı, insan havası az girsin diye, az açmak gerekir. Yoksa ejderhalar daha aç gözlü olacaklar - bu kapıyı yalnız gerekli dereceye kadar açayım.

31.2 (e)

   1. Sen giderek tam geçebileceğinde
   2. Sen emekleyerek geçebileceğinde
   3. Sen yandan girerek tam geçebileceğinde

bana "DUR" de.

Evet, şimdi ejderhaların evde olup olmadığını bakayim. Ejderhalar için tüm hediyeler yanında mı?

Vorgeschichte   **Introducción**

Hoy nos va a visitar la princesa Pfiffigunde. La princesa sólo sabe hablar alemán. Por eso voy a traducir todo lo que dice a tu idioma. En el país en el que reina su padre hay una familia de dragones que no deja de devastar los jardines reales, comiendo las flores y asustando a los niños pequeños. ¿Queréis ayudarle a la princesa a hablar con los dragones para que dejen de hacer estas tonterías? Si queréis ser caballeros para buscar con Pfiffigunde los dragones, asentad con la cabeza...

Antes de que venga la princesa nos ponemos las armaduras. Tienen que ser ininflamables, ligeras y transparentes, porque hace mucho calor en el país de los dragones.

Rüstung   **Armadura**

1 (a) ¡Ahora poned una de estas armaduras! Yo os ayudo. Primero tenéis que quitaros los pantalones ya sea la falda o el vestido, respectivamente, así como los zapatos y los calcetines.

Langsitz   **Todos sentados con las piernas estiradas**

2.1 (a) ¡Sentaos sobre las losetas de la alfombra, por favor, pero de una manera especial: Como Pfiffigunde es una princesa, quiesiera pediros que quedéis sentados muy derecho: la espalda derecha, las piernas estiradas, las manos encima de las piernas.

2.2 (a) ¿Estáis sentados derecho ahora?

Gold   **Oro**

3.1 (a) Las monedas de oro las necesitamos durante nuestro viaje.

3.2 (e) ¡Pon las monedas de oro con una mano en la caja, una tras otra! ¡Empieza de un lado!

Stark?   **¿Fuerte?**

4.1 (a) Quisiera saber si mis caballeros están lo suficientemente fuertes para competir con los dragones. ¡Poneos uno al lado de otro y alzad vuestro brazo más fuerte.

4.2 (a) Ahora os doy una hoja de papel en la mano que debéis arrugar con el brazo estirado.

4.3 (a) Ahora otra hoja para la otra mano.

Spruch   **Fórmula**

5.1 (a) Ahora el hada nos puede ayudar. Vamos a llamar al hada valiéndonos de una fórmula mágica. ¡Poneos uno al lado de otro! Luego le digo a cada uno de vosotros su fórmula mágica.

5.2 (e) Voy leyendo tu fórmula mágica, parte por parte, y tú me la repites, ¿vale?

Stab   **Varilla**

6.1 (a) Ahora os enseño un truco que os va a fortalecer.

6.2 (e) La fuerza mágica emana de esta varilla si miras su punta, sin mover la cabeza:

6.3 (e) !No muevas la cabeza!

6.4 (e) !Tómala tú mismo en la mano y fíjate en su punta! ¡Estira tu brazo y mueve la varilla como te lo había enseñado, pero sin mover la cabeza!

6.5 (e) ¿Sientes la fuerza?

Linien   **Líneas**

7.1 (a) Nos vamos a encontrar con un cocodrilo en el camino que tenemos que maniatar con una cuerda mágica. Para encontrar una cuerda mágica tenemos que entrenar primero sobre una hoja de papel.

7.2 (a) ¡Mirad esta hoja: veis birlochas cuyas cuerdas están enredadas. ¡Rodead una de estas birlochas con vuestro lápiz!

7.3 (a) ¡Seguid la cuerda de vuestra birlocha con el lápiz de arriba abajo! A ver, dónde llegáis.

7.4 (a) ¡Poned la otra mano encima de la hoja para que no se mueva.

Seile   **Cuerda**

8.1 (e) ¡Ponte en pie delante de las cuerdas enredadas y tira la cuerda que termine con tu bola!

8.2 (e) ¿Cuál es la cuerda aqui abajo que debes tirar? ¿Consigues descubrirla únicamente con tus ojos?

Baum   **Árbol**

9.1 (a) En el camino que nos lleva al lugar donde vive el cocodrilo tenemos que atravesar un pantano.

9.2 (e) Qué te parece ¿quieres atravesar el pantano andando sobre este tronco?

9.3 (e) En caso necesario, puedes coger mi mano.

Schwimmen   **Nadar**

10.1 (a) Antes de llegar al lugar donde vive el cocodrilo tenemos que atrevesar nadando este lago. ¿Sabéis nadar de pecho? Os muestro como hacerlo...

10.2 (a) Bueno, entonces ¡a nadar!

Hypnose   **Hipnosis**

11.1 (a) Pues, ahí se halla el cocodrilo; nos puede decir como continuar nuestro camino. Antes de poder hablar con él tenemos que maniatarlo para que no se escape. Para que esté tranquilo mientras nosotros lo maniatamos vamos a hechizarlo; os muestro como funciona. ¡Mirad!, que os lo enseño.

11.2 (a) ¡Y ahora imitadlo! ... ¡Bueno, y ahora hacia atrás! ... ¡y hacia adelante y seguid!

Fesseln   **Maniatar**

12.1 (a) Ahora cada uno de vosotros puede maniatar el cocodrilo con su cuerda mágica. ¡Los otros haced lo que acabamos de entrenar para que el cocodrilo se quede tranquilo!

12.2 (e) ¡Maniata el cocodrilo haciendo un lazo! Si no sabes hacer un lazo, puedes hacer un nudo. También puedes pasar la cuerda alrededor del cocodrilo para que la cuerda sea más corta.

12.3 (a) El cocodrilo nos ha contado cuales son las cosas que tal vez nos hagan falta al buscar los dragones: Los juguetes que les había robado el gigante a los niños dragones, arte pintado para el papá dragón y para la mamá dragón un poco de tela para que pueda coser guantes para sus agudas garras.

Stoffe   **Tela**

13 (a) Aqui podemos encontrar tela para la mamá dragón. ¡Palpad <u>con ambas manos</u> hasta encontrar dos piezas de tela que parezcan iguales! ¡No miréis por abajo!

Karte   **Mapa**

14.1 (a) Ahora tenemos que buscar el camino que nos lleva al lugar donde vive el gigante que ha robado los juguetes del niño dragón, que le queremos devolver. El camarógrafo sabe donde vive el gigante. El va a mostrar, ahora mismo, a cada uno de vosotros un símbolo que tenéis que recordar para encontrar el camino hacia el gigante.

14.2 (e) Voy a entrenar ahora contigo lo que tienes que hacer a continuación. ¡Toma este mapa mágico con ambas manos. Ahora me alejo un poco.

14.3 (e) Ahora pongo un dedo debajo de este ojo. ¡Alza el mapa con <u>los brazos estirados</u> y mira <u>por este agujero</u> directamente en el ojo debajo del cual he puesto el dedo!

14.4 (e) Si lo ves, di: <u>Ahora</u>...

14.5 (e) Puedes bajar los brazos.

14.6 (e) Ahora hacemos lo mismo con la cámara. ¡Mira hacia la cámara...! ¡Alza otra vez el mapa con <u>los brazos estirados</u> y mira <u>por este agujero</u> directamente en el ojo de la cámara!

14.7 (e) Si ves el ojo de la cámara, di: AHORA...

14.8 (e) Muy bien, ahora el camarógrafo te muestra el símbolo. ¡No lo olvides...! ¿Lo has acordado?

14.9 (e) Puedes bajar los brazos.

Scheibe   **¿Disco de madera?**

15.1 (a) Aqui tenemos los discos de madera. ¡Poneos detrás del disco que lleve <u>vuestro</u> símbolo!

15.2 (a) ¡Mirad la parte de atrás del disco. ¿Es vuestro color? ¡Móstradlo a la cámara!

Schieben   **Empujar**

16 (a) ¡Empujad el disco con un pie hacia adelante hasta tocar la tarjeta que os dice como continuar el camino, pero sin desviaros de la línea! ¡No pongáis el pie encima del disco!

Hüpfen   **Saltar**

17 (e) En esta parte de la descripción del camino está escrito: ¡Anda a saltitos con una pierna hasta llegar a la pared *(mostrar);* en continuación, anda a saltitos con la otra pierna hasta llegar al monte!

Berg   **Monte**

18 (e) En la segunda parte de la descripción del camino está escrito: ¡Salta con ambas piernas simultáneamente del monte.

Zehengang   **Ir de puntillas**

19.1 (a) En la tercera parte de la descripción del camino está escrito: ¡Ve de puntillas hasta llegar a la cueva del gigante para que él crea que vosotros fuerais así de grandes! Os muestro como hacerlo.

19.2 (e) ¡Ahora imítalo!

Riese   **Gigante**

20.1 (a) El gigante quiere que nosotros le ayudemos en esa tarea antes de darnos los juguetes.

20.2 (a) ¡ Marcad con una cruz en cada renglón el imagen detrás de la raya que tenga semejanza con el que figura al principio del respectivo renglón.

Flüstern   **Hablar en voz baja**

21.1 (a) Me da vergüenza haberles robado a los niños dragones los juguetes. Me da tanta vergüenza que sólo puedo deciros en voz baja de que se trata.

21.2 (e) ¡Siéntate de manera lateral en la caja que está allí! ¡No me mires sino mira hacia la pared!, así que puedes escuchar lo que cuento con la oreja, con la que más te gusta escuchar. ¡Tápate la otra oreja con la mano!

21.3 (e) Ahora te cuento algo sobre el regalo hablando en voz baja.

21.4 (e) ¿Qué has entendido?

21.5 (e) ¡Ahora dáte una vuelta para poder escuchar con la otra oreja, mira hacia la pared y tápate la otra oreja con la mano! Te cuento otra cosa sobre el regalo hablando en voz baja.

21.6 (e) ¿Qué has entendido?

21.7 (e) ¡No lo olvides! ¿Vale?

Starr   **Fijo**

22.1 (a) Pues, ahora, sabéis lo que les he robado a los niños dragones. Voy a ir por los juguetes. Pero antés os vendo los ojos para que no podáis ver donde están escondidos.

22.2 (a) ¡Estirad los brazos hacia adelante y dad vuelta a las manos con los dedos en abduccíon para que yo pueda meter algo allí. Yo os ayudo.

22.3 (a) Temo que tenéis que esperar un ratito hasta que haya encontrado todo.

22.4 (e) ¿Qué te había dicho: qué es lo que he robado?

22.5 (e) Ah ya, ahora me acuerdo.

22.6 (e) Ahora puedes abrir los ojos.

22.7 (a) Ahora quiero volver a acostarme. ¡Hasta luego, caballeros!

Ausweise   **Documentos de identidad**

23 (a) ¡Píntaos a vosotros mismos con todo el cuerpo sobre esta hoja de papel! Lo necesitáis como documento de identidad para que os dejen salir del país de los dragones.

Rückwärts   **Hacia atrás**

24.1 (e) *(menos de siete años)* ¡Ve hacia atrás sobre esta línea recta!

     (e) *(a partir de siete años)* ¡Ve hacia atrás sobre esta línea y pon un pie detrás de otro!

24.2 (e) ¡Date una vuelta completa y sigue hacia atrás!

Krabbeln   **Gatear**

25.1 (a) Antes de entrar en el país de los dragones, tenemos que pasar despacio y sin hacer ruido delante de la bruja ciega, que está de guardia delante del país de los dragones. Para que ella crea que vosotros fuerais un niño dragón, conviene que vosotros paséis gateando delante de la bruja ciega. X

25.2 (e) Es tu turno. ¡Al gatear no digas ni una palabra!, de lo contrario se da cuenta inmediatamente de que tu no eres el pequeño dragón. Cuando te quiere dar galletas, ¡tómalas prudentemente en la boca, déjalas caer cuidadosamente en el bloque de musgo porque son venenosas para los hombres si las dejas un tiempo en la boca. ¡Pero llévalas contigo, las necesitas para el papá dragón! ¡A gatear!

Hexe   **La bruja**

26.1 (e) ¿Quíen es? Ah, eres tú, pequeño dragón. Aqui tengo una galleta para tí.

26.2 (e) Y otra galleta para ti, pues sé que tienes hambre.

26.3 (e) Ahora sigue tu camino.

Kunst   **Arte**

27.1 (a) Vamos a examinar las galletas.

27.2 (a) ¡Abrid la galleta <u>roja</u>! Echamos las cosas del bolsillo. ¿Cuáles de estas cosas están escondidas en esa dibujo que está allí pegado? ¡Métedlas al lado de la galleta y dadme las otras que no están escondidas en el dibujo.

27.3 (a) ¡Abrid la galleta <u>blanca</u>! ¡Mirad el dibujo con los animales! ¡Cuántos animales diferentes hay? ¡Escribid la cifra sobre el pequeño papel! Quien no sepa contar o escribir puede mostrarmelo con los dedos.

27.4 (a) ¡Mirad la página con las líneas en serpentina! Tenéis que descubrir pelotas que se hallan escondidas entre las líneasen serpentina. ¡Pintad las <u>líneas</u> de las pelotas con vuestro lápiz!

27.5 (a) Muy bien, ahora tenemos también los regalos para el papá dragón que es un aficionado del arte y de la pintura.

Kreise   **Círculos**

28   (a) Delante del castillo de los dragones hay un guardián, pero, a lo mejor, le podemos hacer dormir. ¡Imitad lo que os muestro con los brazos y las manos!

Schlafen   **Dormir**

29.1 (a) Me parece que vuestros círculos han surtido efecto. Para que el guardián se sienta seguro, ¡haced igual que si ya os hubierais dormido! ¡Acostaos en el suelo con <u>la barriga abajo</u>, relajaos un poco y cerrad los ojos!, - como si estuvierais en vuestras camas en casa, ¿De acuerdo? Incluso si queréis podéis roncar un poco. Os aviso cuando el guardián esté durmiendo profundamente.

29.2 (a) De prevención, vamos a colocar las monedas de oro delante del castillo de los dragones, porque <u>si</u> el guardián se despierta mientras nosotros estamos en el castillo, tardará un ratito en recoger las monedas de oro.

Münder   **Bocas**

30.1 (a) Antes de entrar en el castillo de los dragones vamos a entrenar como asustar a los dragones; ¡mirad que hago yo y imítadlo! ¡Lameos los labios para que los dragones piensen que <u>vosotros</u> os los vais a comer .

30.2 (a) Ahora en el sentido opuesto.

30.3 (a) ¿Sabéis sacar la lengua lo más largo posible?

30.4 (a) ¡Hinchad las mejillas! ¿Lo conseguís también?

Tor   **Portal**

31.1 (a) Para que entre muy poco aire humano por el portal - pues, si no los dragones se ponen aun más ávidos -, voy a abrir el portal solamente lo que sea absolutamente necesario.

31.2 (e) ¡Dime 'Stop' cuando

1	apenas puedes entrar <u>andando</u>
2	apenas puedes entrar <u>gateando</u>
3	apenas puedes entrar <u>de lado</u>

Bien, voy a mirar si los dragones están en casa. ¿Tenéis todos los regalos para los dragones?

Vorgeschichte: Предисловие:

Сегодня у нас в гостях хочет побывать принцесса Пфиффигунда. В стране её отца живёт семейство Драконов, которые разоряют королевский сад, пожирают цветы и пугают маленьких детей.

Как вы считаете, могли бы вы помочь принцессе и поговорить с Драконом, чтобы он перестал безобразничать? Если вы хотели бы стать рыцарями и отправиться с Пфиффигундой на поиски Дракона, то кивните головой. ...

Пока принцесса не пришла, мы наденем рыцарские доспехи. Они должны быть огнестойкими, лёгкими и прозрачными, так как в стране Дракона очень жарко.

Rüstung Доспехи

1 (а) А сейчас наденьте на себя эти доспехи. Я помогу вам в этом. Снимите ваши брюки и юбку с платьем, а также носки и обувь.

Langsitz Сиди навытяжку

2.1 (а) Сядьте, пожалуйста, на коврик, причём по-особенному. Так как Пфиффигунда -настоящая принцесса, то прошу вас сесть_очень ровно_: спина прямая, ноги вытянуты вперёд, руки на колени.

2.2 (а) Вы все сидите ровно?

Gold Золото

3.1 (а) Золотые монетки понадобятся нам для путешествия.

3.2 (е) Сложи золотые монетки _одну за другой_ _одной_ рукой в коробочку. Начни с _одной_ стороны.

stark? Сильные?

4.1 (а) Мне бы очень хотелось узнать, достаточно ли сильны мои рыцари, чтобы справиться с Драконом. Встаньте, пожалуйста, рядом друг с другом и поднимите вашу _сильную_ руку вверх.

4.2 (а) Я дам вам в руку лист бумаги, который вы должны смять и _рука_ при этом _вытянута_ вперёд.

4.3 (е) И ещё один лист для второй руки.

Spruch Заклинание

5.1 (а) Дальше нам поможет фея. Мы позовём её, сказав заклинание.Встаньте в ряд и я скажу каждому из вас его заклинание.

5.2 (е) Я прочитаю тебе твоё заклинание часть за частью, а ты повторяй, хорошо ?

Stab Палочка

6.1 (а) Я покажу вам трюк, и вы станете ещё сильнее.

6.2 (е) Из этой волшебной палочки польётся волшебная сила, если ты пристально посмотришь на её кончик ,не шевеля при этом головой.

6.3 (е) Не шевели головой !

6.4 (е) А сейчас возьми палочку в руки и посмотри на кончик. Вытяни руку вперёд и подвигай палочкой как я показала, головой не шевели .

6.5 (е) Чувстуешь силу?

Linien   Линин

7.1 (а) На пути мы повстречаем крокодила, которого нам прийдётся связать волшебным шнурком.Чтобы этот шнурок найти,
потренируемся на бумаге.

7.2 (а) Посмотрите на рисунок. На нём воздушные змеи, верёвочки
от которых запутанны. Обведите одного в кружок.

7.3 (а) А сейчас ведите по верёвочке линию от выбранного змея,то
есть сверху вниз. Посмотрим, куда вы прийдёте.

7.4 (а) Другой рукой придерживайте лист, чтобы не сдвинулся.

Seile   Верёвка

8.1 (е) Встань прямо возле запутанных верёвок. Тебе нужно выта-
щить верёвку с твоим шаром на конце.

8.2 (е) За какую верёвку тебе надо тянуть? Ты можешь это глазами
определить?

Baum   Дерево

9.1 (а) По пути к крокодилу мы перейдём через болото.

9.2 (е) Попробуй по стволу дерева через болото перебраться?

9.3 (е) Вот моя рука. Держись, если что.

schwimmen   Плавание

10.1 (а) А сейчас нам нужно переплыть через озеро,чтобы добрать-
ся к крокодилу. Вы умеете плавать на груди? ... Я покажу вам,
как ...

10.2 (а)А теперь давайте поплывем вместе.

Hypnose   Гипноз

11.1 (а) Вот он, крокодил. Он может нам рассказать куда нам идти.
Но для того, чтобы его спросить об этом, нам нужно его сначала связать, а то он убежит прочь. Он будет лежать спокойно
при этом, если мы его заколдуем. Я покажу вам, как это сде-
лать. Смотрите внимательно, я показываю.

11.2 (а)Сейчас повторите...Так, и обратно...и сюда..и так дальше.

fesseln   Связывание

12.1 (а)Каждый из вас сейчас может связать крокодила волшебным
шнурком. А все остальные в это время делают так , как мы нау-
чились, чтобы крокодил не убежал.

12.2 (е)А теперь завяжи шнурок на крокодиле в бантик. Если бантик
не получится, то завяжи узелком. Если верёвочка длинна для
тебя ,то смотай её немного.

12.3 (а)Крокодил рассказал нам, что нам понадобится, чтобы найти
Дракона: игрушки, которые Великан украл у драконовых детей
и картины для папы Дракона, а также кусочки ткани для мамы
Дракона,чтобы она сшила рукавицы для своих острых когтей.

Stoffe   Ткань

13 (а)Сейчас выберем ткань для мамы Дракона. Найди на ощупь
<u>двумя руками</u> одинаковые кусочки. Не подглядывай!

Karte   Карта

14.1 (а) Мы отправляемся к Великану, чтобы забрать обратно игрушки, которыые он украл у детей Дракона. Кинооператор знает,
где живёт Дракон. Он сейчас подаст вам знак, который вы
должны запомнить, чтобы найти дорогу к Великану.

14.2 (е) Мы потренируем сначала то, что тебе нужно сделать.Возьми
двумя руками эту волшебную карту. Я отойду назад.

14.3 (е) Я подставлю палец под глаз. Держи карту в <u>вытянутых руках</u>
и смотри <u>в дырочку</u> на мой глаз, под которым палец.Если ты его
увидел, скажи: <u>СЕЙЧАС</u>...

14.4 (е) Если ты его видишь, скажи: <u>СЕЙЧАС</u>...

14.5 (е) Опусти руки.

14.6 (е) А сейчас попробуем с камерой. Смотри в камеру....Держи
волшебную карту в <u>вытянутых руках</u> и смотри <u>через дырочку</u>
в глазок камеры.

14.7 (е) Если ты видишь глазок камеры, то скажи: СЕЙЧАС....

14.8 (е) Отлично, а сейчас оператор покажет тебе знак. Запомни
его.... Ты запомнил?

14.9 (е) Опусти руки.

Scheibe?   Шайба?

15.1 (а) Вот шайбы. Встаньте, пожалуйста, за шайбой <u>со знаком</u>,
который вы должны были запомнить...

15.2 (а) Посмотрите на обратную сторону шайбы. Это ваш цвет?
Покажите его в камеру.

schieben   Двигать

16. (а) Двигайте шайбу одной ногой <u>по линии</u> вперёд до карты,на
которой вы найдёте описание дороги. Не наступай на шайбу.

hüpfen   Прыгать

17   (е) В этой части описания дороги написано: прыгай на одной
ножке до этой стены (показать), а потом <u>на другой</u> сюда, до
горы.

Berg   Гора

18   (е) Во второй части описания стоит: прыгай <u>на двух ногах</u> вниз
под горку.

Zehengang   На цыпочках

19.1 (а) В третьей части написанно: иди на цыпочках до пещеры
Великана и он подумает, что ты <u>тоже</u> большой. Я покажу.

19.2 (е) А теперь повтори сам.

Riese   Великан

20.1 (а) Великан хочет, чтобы мы ему помогли. Потом он вернёт
игрушки.

20.2 (а) Отметь крестиком в каждой строчке <u>такую</u> картинку, которая <u>точно такая же</u>, как в самом начале.

flüstern   Шопотом

21.1 (а) Мне стыдно, что я утащил игрушки у драконовых детей.
Мне так стыдно, что я только шопотом скажу что это такое.

21.2 (е) Сядь, пожалуйста, боком вот туда, на ящик. На меня не смотри, а повернись к стене, причём так, чтобы то ухо, которое лучше слышыт, слушало в мою сторону. Другое ухо закрой рукой.

21.3 (е) Я прошепчу тебе кое-что про подарок.

21.4 (е) Что ты услышал?

21.5 (е) А теперь повернись по -другому. Я прошепчу тебе в другое ухо ещё кое-что про подарок.

21.6 (е) Что ты услышал?

21.7 (е) Запомни это хорошо.

starr   Неподвижно.

22.1 (а) Вот теперь вы знаете, что я украл. Я сейчас принесу игрушки из тайника. Но прежде я завяжу вам глаза, чтобы вы не узнали где у меня тайники.

22.2 (а) Вытяни руки вперёд ,растопырь пальцы и поверни ладошки вверх, чтобы я мог что-то в них положить. Я помогу вам.

22.3 (а) Боюсь, вам прийдётся немного подождать, пока я всё не найду.

22.4 (е) Что я тебе сказал, что я украл?

22.5 (е) Ах, да, теперь вспомнил.

22.6 (е) Уже можно открыть глаза.

22.7 (е) Теперь пойду дальше спать. До свидания, Рыцари.

Ausweise   Пропуск.

23   (а) Нарисуй себя самого в полный рост на листке бумаги. Это будет твой пропуск, чтобы выйти обратно из драконовой страны

rückwärts   Задом наперёд.

24.1 (е) (до 7 лет) Иди по этой прямой линии задом наперёд.
     (е) (с 7 лет) Иди по этой прямой линии задом наперёд, ставь одну ногу точно перед другой.

24.2 (е) А теперь провернись вокруг и иди дальше задом наперёд.

krabbeln   Ползти.

25.1 (а) Прежде чем попасть в драконью страну, нам нужно прокрасться мимо слепой ведьмы, которая охраняет вход.Чтобы она приняла тебя за драконёнка, проползай мимо неё.

25.2 (е) Теперь ты. Ползи молча, а то она догадается,что ты не дракончёнок. Если ведьма даст тебе лепёшечку, возьми её осторожно в рот, но после выплюни тихонько на болотный камень, так как она ядовита для людей и её нельзя долго держать во рту. Но возьми её с собой, она нам пригодится для папы Дракона. А теперь ползём.

Hexe   Ведьма.

26.1 (е) А, это ты, маленький дракон. Вот тебе лепёшечка.

26.2 (е) И ещё одна. Я знаю, что ты голоден.

26.3 (е) Так, теперь дальше.

Kunst   Художества

27.1 (a) Давайте рассмотрим ведьмины лепёшечки повнимательней.

27.2 (a) Откройте <u>красную</u>. А теперь высыпь всё из маленького кармашка наружу. Какие предметы из тех, что лежат здесь, спрятаны на этой приклеенной картинке? Сложи их возле лепёшечки, а те, которых нет на картинке, дай мне.

27.3 (a) Теперь откроем <u>белую</u>. Посмотрите на нарисованных на картинке зверей. Сосчитайте сколько здесь различных зверей и напишите их число на маленьком листе бумаги. Кто не умеет считать или писать, покажет на пальцах.

27.4 (a) А теперь посмотрите на страницу с извилистыми линиями. Среди линий спрятаны мячи. Проведите карандашом от мяча <u>по линии</u> дальше.

27.5 (a) Прекрасно, теперь у нас есть подарки для папы Дракона. Он любит искусство и художества.

Kreise   Круги

28.   (a) Перед дворцом Дракона стоит страж.Попробуем его усыпить. Делайте за мной движения руками.

schlafen   Спать

29.1 (a) Мне кажется, что ваши круговые движения уже подействовали. А чтобы страж ничего не заподозрил, притворитесь, что и вы заснули. Ложитесь поудобнее <u>на живот</u> на пол, потянитесь чуть-чуть и закройте глаза, как будто вы дома в своей кровати. Даже можно немного похрапеть, а я скажу вам, когда страж совсем заснёт.

29.2 (a) На всякий случай разложим наши золотые монетки перед дворцом и <u>если</u> страж проснётся раньше времени, то станет первое время собирать золото.

Münder   Рты

30.1 (a) Прежде чем мы войдём в замок, нам нужно потренироваться как напугать Дракона. Смотрите, что я делаю и повторяйте за мной. Облизнитесь, чтобы Дракон подумал, что <u>вы</u> хотите его <u>съесть</u>.

30.2 (a) А теперь в другую сторону.

30.3 (a) А вы можете очень сильно высунуть язык?

30.4 (a) А щёки надуть сумеете?

Tor   Дверь

31.1 (a) Чтобы во дворец не проник дух человечий, а то Драконы ещё сильнее разжадничаются, нам нужно дверь открыть как можно уже.

31.2 (e) Скажи СТОП, если
1   ты как раз сможешь <u>пройти</u>.
2   ты как раз сможешь <u>проползти</u>.
3   ты как раз сможешь <u>протиснуться</u> боком.

А теперь посмотрим, здесь ли Драконы.У тебя все подарки с собой?

Vorgeschichte	تقديم

تريد الأميرة Pfifigunde زيارتا اليوم.الأميرة تتكلم اللغة الألمانية فقط، لذا سأترجم لك ما ستقوله الأميرة.بيلاد والدها توجد عائلة تنانين تدمر الحدائق الملكية، تأكل الزهور وترعب الصغار . هـل تعتقدون أنكم تستطيعون مساعدة الأميرة للتحدث إلى التنانين للتوقف عن هذه الأعمال؟ إذا أردتم أن تكونوا فرسانا، لتبحثوا مع Pfifigunde عن التنانين هزوا رؤوسكم بالموافقة... قبل أن تجيء عندنا الأميرة، علينا أن نلبس الدروع التي يجب أن تكون خفيفة وشفافة ومقاومة للنار لأن الجو جد حار بأرض التنانين.

Rüstung	دروع

1 ارتدوا درعا من هـذه الـدروع، سأساعدكم على ذلك. يجب أن تخلـع السروال أو التتورة أو الفستان وكذلك الجوارب والحذاء.

Langsitz	جلوس لمدة طويلة

1.2 اجلسوا على سـجاد الفسيفسـاء وذلك ى طريقـة خاصـة: لأن Pfifigunde أميرة، أريد أن أطلب منكم الآن، أن تجلسوا معتدلين: الظهر مستقيم، الأرجل ممدودة، الأيدي على الأرجل.

2.2 هل أنتم معتدلون في جلستكم؟

Gold	دهب

1.3 a) سنحتاج القطع الذهبية في رحلتنا.

2.3 e) ضع القطع الذهبية الواحدة بعد الأخرى في العلبـة بيد واحدة. ابتدئ من جهة واحدة.

Stark?	قوة؟

1.4 a) أود أن أعرف إذا ماكان فرسـاني اقويـاء بمـا فيـه الكفايـة لمواجهـة التنانين. قفوا   جنب بعضكم البعض، ارفعوا دراعكم القوية إلى الأعلى.

2.4 a) سأعطيكم الآن ورقة عليكم تكويرها باليد الممدودة.

3.4 a) و الآن ورقة أخرى لليد الثانية.

تعويذة

5.1 a) الآن تستطيع الساحرة الطيبة مساعدتنا. سنجلبها إلينا بتعويذة سحرية.قفوا جنب بعضكم البعض، عندها سأقول لكل وحد منكم تعويذته السحرية.

5.2 e) سأقرأ لك تعويذتك السحرية جزءا جزءا، ردد ذلك من بعدي، موافق؟ (O.K.?)

عصا سحرية

6.1 a) سأعلمكم حيلة، تصبحون بها أكثر قوة .

6.2 e) تتساب من هذه العصا السحرية قوة سحرية، إذا انت أنعنت النظر في طرف العصا دون أن تحرك رأسك.

6.3 e) لا تحرك رأسك!

6.4 e) امسك العصا بيدك وانظر إلى طرفها. مد يدك وحرك العصا مثلما فعلت أنا من قبل، لكن دون تحريك رأسك.

6.5 e) هل تشعر بالقوة؟

خطوط

7.1 a) سنصادف في طريقنا تمساحا يلزمنا تكبيله بحبل سحري. للعثور على حبل سحري يجب علينا أن نتمرن على الورق.

7.2 a) أنظروا إلى هذه الورقة: تشاهدون طيارات ورقية تشابكت خيوطها. حوط بقلمك طيارة ورقية واحدة.

7.3 a) والآن، لون خيوط طيارتك الورقية، من الأعلى إلى الأسفل لنرى أين ستتوقف.

7.4 a) ضعوا اليد الثانية فوق الورقة كي لاتنزلق.

حبل

8.1 e) قف معتدلا أمام الحبال المتداخلة. عليك ان تسحب الحبل الذي به كرتك من طرفه.

8.2 e) أي حبل؛ من هذه الحبال هنا؛ عليك أن تسحب؟ هل بإمكان عينيك وحدها تحديد ذلك؟

60

	Baum	شجرة

9.1 a) علينا أن نعبر مستنقعا في طريقا إلى التمساح.

9.2 e) أتريد محاولة عبور المستنقع فوق مثن جدع الشجرة هذا.

9.3 e) سأمد لك يدي، يمكنك التمسك بها في حالة الخطر.

	schwimmen	سباحة

10.1 a) علينا الآن أن نعبر البحيرة سباحة، عندها سنصل عند التمساح. هل تستطيعون السباحة على الصدر؟ ... سأبين لكم كيف يتم ذلك...

10.2 a) إذن، هيا بنا لنسبح كلنا.

	Hypnose	تنويم مغناطيسي

11.1 a) هنا يرقد التمساح، بإمكانه أن يبين لنا كيف نواصل المسير. قبل أن نكلمه علينا أن نكبله وإلا سيهرب. حتى يبقى هادئا أثناء تكبيله يلزمنا أن نسحره، سأوضح لكم كيف يتم ذلك.انتبهوا هنا جيدا.

11.2 a) الآن افعلوا كما بينت لكم من قبل... بعدذلك مرة إلى الوراء... ثم مرة أخرى إلى الأمام ... واصل هكذا.

	fesseln	تكبيل

12.1 a) والآن بإمكان كل واحد منكم أن يكبل التمساح بحبله السحري. الآخرون يفعلون مثلما فعلنا من قبل، كي يبقى التمساح هادئا.

12.2 e) كبل أنت التمساح الآن بربطة فراشة. إذا لم تتمكن من عقد ربطة الفراشة حاول بربط عقدة. يمكنك ان تلف الحبل قبل ذلك ليصير قصيرا.

12.3 a) أخبرنا التمساح الآن بما سنحتاجه في مواصلة البحث عن التنانين: اللعبة التي سرقها العملاق لأولاد التنين، لوحة فنية للتتين الأب قماشا للأم كي تخيط منه قفازا لمخالبها الحادة.

	Stoffe	أقمشة

13 a) يمكننا أن نجد هنا أثوابا للتتينة الأم. تحسس الأثواب بكلتا يديك هل ستجد ثوبين متشابهين من حيث الملمس. لاتنظر إلى الأسفل.

	Karte
	خارطة

a) 1.14 علينا أن نذهب الان عند العملاق الذي سرق لعب أبنـاء التين والتي يلزمنا استعادتها.المصور يعرف أين يسكن العمـلاق. سيبين لكل واحد منكم علامة عليكم تسجيلها حتى تتمكنوا مـن العثور على الطريق إلى العملاق.

e) 2.14 سأتمرن معك أنت الآن علـى مـا ستفعله مـن بعد.خذ هذه الخارطـة السحرية بكلتا يديك.سأبتعد بعض الشيء.

e) 3.14 الآن أضع أصبعي تحت هذه العين. امسك الخارطـة عاليـا بيـديـن ممدودتين وانظر من خلال الثقب إلى عيني التي من تحتها الأصبع.

e) 4.14 عندما تراها قل الآن (AL AEHN) / Jetzt

e) 5.14 يمكنك أن تنزل يديك الآن.

e) 6.14 والآن نحاول ذلك بالكـاميرا. انظر إلى الكـاميرا... أمسك الخارطـة من جديد؛ عاليا بيدين ممدودتين وانظر من خلال الثقب إلى عين/ عدسة الكاميرا هذه.

e) 7.14 إذا رأيت عين / عدسة الكاميرا، قل الآن (AL AEHN) / Jetzt

e) 8.14 حسنا، الآن سيبين لك المصور علامتك. تذكرها... هل سجلتها في ذهنك؟

e) 9.14 يمكنك أن تنزل يديك الآن.

	Scheibe?
	قرص؟

a) 1.15 هنا أقراص. قفوا خلف القرص الذي به العلامـة التـي كـان عليك أن تسجلها...

a) 2.15 الآن انظروا ظهر القرص، هل يحمل لونكم؟ أروه للكاميرا.

	schieben
	دفع

a) 16 ادفع القرص برجلك نحو الأمام، فوق الخط حتى تصـل البطاقـة التـي عليها وصف للطريق. لاتضع رجلك فوق القرص.

	hüpfen
	قفز

e) 17 هذا الجزء من وصف الطريق يقول: اقفز برجل واحدة حتى تصل إلى هذا الحائط (يشار إلى الحائط)، ثم بالرجل الأخرى حتى تصل إلى الجبل.

	Berg
	جبل

e) 18 الجزء الثاني من وصف الطريق يقول: نط بكلتا رجليك من الجبل إلى الأسفل.

	Zehengang
	المشي على أصابع القدمين

a) 1.19 الجزء الثالث من وصف الطريق يقول: تمش على رؤوس الأصابع نحو مغارة العملاق، ليعتقد بأنكم أيضا كبار جدا. سأشخص لكم ذلك.

e) 2.19 والآن قلد ذلك.

	Riese
	عملاق

a) 1.20 يريد منا العملاق أن نساعده في هذا الواجب، قبل أن يسلمنا اللعبة.

a) 2.20 ضع في كل سطر علامة × على الصورة وراء الخط، وذلك بطريقة جد مضبوطة مثلما تراه أمامك.

	flüstern
	همس

a) 1.21 أنا خجلان/ة من نفسي لأني سرقت لعبة أبناء التتين. أن جد خجلان لدرجة أنه لن أستطيع أن أقول اسم اللعبة إلا همسا.

e) 2.21 اجلس جانبيا من فضلك هناك على الصندوق. لاتنظر إلي بل إلى الحائط، الأذن التي تفضل أن تستمع بها تكون من جهتي. أغلق بيديك الأذن الأخرى.

e) 3.21 سأهمس لك بشيء عن الهدية.

e) 4.21 ماذا سمعت؟

e) 5.21 والآن اجلس بطريقة أخرى، انظر إلى الحائط، أغلق أذنك الأخرى، سأهمس لك بشيء إضافي عن الهدية.

e) 6.21 ماذا سمعت؟

e) 7.21 تتذكر ذلك جيدا، O.K. ؟

22.1 a) أنتم تعرفون الان ماذا سرقت.سأحضر اللعب من المخبإ. سأضع رباطا حول عينيكم حتى لاتروا أين مخابئي.

22.2 a) ابسطوا كفوفك ومدوا أيديكم عالية نحو الأمام، لأضع لكم فيها شيئاما. سأساعدكم.

22.3 a) اظن أنه عليكم أن تنظظروا بعض الوقت حتى أجد كل الأشياء.

22.4 e) ماذا سبق لي أن قلت لكِ، ماذا سرقت؟

22.5 e) آه تذكرت .

22.6 e) يمكنك الآن أن تفتح عينيك من جديد.

22.7 a) الآن أريد أن أتابع نومي. إلى الملتقى يا فرسان.

Ausweise بطاقات تعريف

23 . a) ارسموا لأنفسكم صورا كاملة على هذه الورقة. ستحتاجونها كبطاقة تعريف ليرخص لكم بمغادرة بلد التتين.

rückwarts مشي إلى الخلف

24.1 e) (أقل من سبع سنوات) تمش إلى الوراء على هذا الخط المستقيم.

24.2 e) (ابتداء من سبع سنوات) تمش إلى الوراء على هذا الخط المستقيم قدما خلف قدم بالضبط.

24.3 e) در حول نفسك الآن دورة كاملة، ثم واصل السير إلى الوراء.

krabbeln زحف

25.1 a) قبل أن ندخل أرض التتين يجب أن نتسلل من جانب الساحرة العمياء، التي تقف كحارسة أمام أرض التتين. حتى تعتقد الساحرة بأنكم من أبناء التتين الأفضل أن تزحفوا وانتم تمرون بجانبها.×

25.2 e) أتى دورك الآن. وأنت تزحف لاتتكلم، وإلا ستعرف فورا بأنك لست صغير التتين. إذا أعطتك قطعة حلوى، ضعها بحذر في فمك، واتركها تسقط بحرص على البساط لأنها سامة بالنسبة للبشر إذا احتفظ بها لمدة طويلة في الفم. لكن خذها معك، لأنك ستحتاجها من بعد للتتين الأب. والآن هيا، ازحف.

64

	Hexe

ساحرة

1.26 e) آخن! هذا أنت التتين الصغير. لدي لك قطعة حلوى.

2.26 e) وهذه قطعة أخرى. أعلم أنك جائع.

3.26 e) الآن واصل سيرك.

	Kunst

فن

1.27 a) سنفحص قطع الحلوى الآن.

2.27 a) أطبق الحلوى الحمراء.سنفرغ الحقيبة الصغيرة مـن القطـع المتواجـدة بها. أي هذه الأشياء موجود بـالصورة الملصقة؟ ضعوها قـرب قطعة الحلوى وأعطوني الأشياء الغير موجودة في الصورة.

3.27 a) أطبق الحلوى البيضاء. لاحظوا الصورة التي بها حيوانات. انظـر كـم عـدد أنـواع الحيوانات الموجودة بها، اكتب الرقم على هـذه الورقـة الفارغة. من لا يعرف أن يعد أو يكتب يرفع أصابعـه بعـدد أنـواع الحيوانات.

4.27 a) الآن لاحظوا الخطوط الملتوية بهذه الصفحة. هنا عليكم أن تكتشفوا الكرات المختفية في الخطوط الملتوية. لونوا بقلمكم خطوط الكرات.

5.27 a) جميل، لدينا الآن هدايا للتتين الأب كذلك. إنه يحب الرسم والفن.

	Kreise

دوائر

28 a) يقف حارس أمام قلعة التنانين، لكـن قـد نستطيع تنويمه.افعلوا مثلمـا سأريكم بكفي وذراعي فقط

	schlafen

نوم

1.29 a) لدي إحساس بأن دوائركم قد أثرت بعض الشيء. حتى يزداد اطمئنان الحارس، تظاهروا بالنوم. استلقوا بارتياح على بطونكم فوق الأرض، تمددوا بعض الشـيء وأغمضوا عينيكم كمـا لو كنتم فـي بيتكم، o.k ؟ يمكنكم أن تشخروا قليلا: سأخبركم عندما ينام الحارس.

2.29 a) من باب الاحتياط، سندع القطع الذهبية بمدخل القلعة، لينشغل الحارس أولا بجمعها عندما يستيقظ ونحن داخل قلعة التنانين.

	Münder
	أفواه

1.30 a) قبل أن ندخل قلعة التنانين، سوف نتدرب قليلاً على كيفية تخويفهم، شاهدوا وافعلوا مثلما سأفعل. الحسوا شفاهكم، لتظن التنانين بـأنكم تريدون افتراسها.

2.30 a) والآن في الاتجاه الآخر.

3.30 a) هل بإمكانكم أن تخرجوا لسانكم أيضا؟

4.30 a) والآن انفخوا خديكم، أتستطيعون ذلك أيضا؟

	Tor
	بوابة/باب

1.31 a) حتى لايدخل إلا قليل من رائحة البشر سأفتح البوابة بحسب الحاجة فقط، وإلا فستزداد التنانين نهما.

2.31 e) قل لي STOP إذا:

1 أمكنك أن تمر من خلالها

2 أمكنك أن تتسل من خلالها

3 أمكنك أن تتسل جانبيا من خلالها

والآن سوف أنظر، إذا كانت التنانين أيضا هنا. هل لديك كل الهدايا للتنانين.

2

'Diagnostik mit Pfiffigunde'
in der Heilpädagogik

Barbara Cárdenas

Pfiffige Ausbildung an der FH Bochum

Seit 1993 führe ich im Rahmen von Lehraufträgen regelmäßig Seminare zur *'Diagnostik mit Pfiffigunde'* im Fachbereich Heilpädagogik an der ev. Fachhochschule Bochum durch.

Diese Seminare sind bei den Studentinnen[1] sehr beliebt, obwohl sie als Blockseminare an Wochenenden (Freitags und Samstags) stattfinden müssen. Obwohl ich immer an die Grenzen der Aufnahmekapazität für Praxisseminare gehe (d.h. 21 StudentInnen verteilt auf 3 Arbeitsgruppen), muß ich meist ca. die gleiche Anzahl auf das nächste Pfiffi-Seminar vertrösten.

Für die FH bedeutet das, zumindest für die Einführungsseminare jedes Mal *3 große Räume* zur Verfügung stellen zu müssen, in denen das Verfahren erprobt werden kann, sowie *3 Videokameras* samt *–recorder* (neben OHP und Tafel/Flipchart etc.).

Die Seminare umfassen jeweils 30 Unterichtsstunden und bauen folgendermaßen aufeinander auf:

'Diagnostik mit Pfiffigunde' I (Einführung)

Schwerpunkt ist das praktische Erlernen der Durchführung und Videographierung des Verfahrens.

Inhalte:
- Einführung in das Beobachtungsverfahren *„Diagnostik mit Pfiffigunde"* (theoretische Einführung und Demonstrationsfilm).
- Planung und Durchführung aller 31 Beobachtungssituationen bei Übernahme verschiedener Rollen (Kameraführung, Spielleitung, Materialverantwortliche, ‚Kinder', externe Bewerter).
- Supervision der Durchführung mithilfe der Videoaufnahmen.

Theoretische Anteile:
- Cerebrale Bewegungsstörungen (Ätiologie, Phänomenologie, Überblick): Stellenwert ihrer Überprüfung im Verfahren.
- Augenmotorik, Auge-Hand-Koordination, visuelle Figur-Grund-Wahrnehmung: Differentielle Analyse im Rahmen des Verfahrens.
- Lateralitätsentwicklung (Präferenz- und Leistungsdominanz, Lateralisierung und Legasthenie, Linkshändigkeit und ihre Berücksichtigung in der Schule).

---

[1] Aus Vereinfachungsgründen habe ich durchgängig die weibliche Form gewählt.

68

'Diagnostik mit Pfiffigunde' II (Vertiefung)

Schwerpunkt ist die fachgerechte <u>Bewertung</u> der in der *'Diagnostik mit Pfiffigunde'* gezeigten Bewegungs- und Wahrnehmungsleistungen sowie deren Zusammenfassung in einem Profil.

Inhalte:
Durchführung einer Testung von 2 oder 3 Kindern (i.d.R. Geschwister oder eigene Kinder der Seminarteilnehmerinnen), dazu gehört:
- Selbständiges Vorbereiten des Testraumes (Anordnung der Beobachtungssituationen und der dazugehörigen Materialien im Raum)
- Durchspielen des Verfahrens in zwei großen Teilen. Besprechen der aufgetretenen Probleme und Planung der Echt-Situation
- Besprechung und Auswertung der aufgenommenen Videosequenzen. Auswertung der Profile und erste Erarbeitung von Fördermöglichkeiten.

'Diagnostik mit Pfiffigunde' III (Supervision)

Schwerpunkt ist die fallbezogene Auswertung aufgenommener Videosequenzen bezogen auf Förder- und Therapieplanung von Kindern in Behandlung/Beratung/Therapie. (D.h. Seminarteilnehmerinnen/Studentinnen stellen selbst durchgeführte Beobachtungen aus ihrem Praktikum oder ihrem Anerkennungsjahr vor.)

Inhalte:
- Diskussion der vorweg erstellten Profile nach Leistungsbereichen, Gewichtung der Auffälligkeiten der Kinder und Herstellen von Beziehungen zwischen den Bereichen
- Förderplanung: Setzen von Prioritäten, fallbezogene Diskussion verschiedener therapeutischer und förderbezogener Ansätze und Möglichkeiten, ggf. Planung ergänzender Diagnostik
- Diskussion der psychologischen Situation des Kindes
- Planung des Gesprächs mit den Eltern (Präsentation der diagnostischen Ergebnisse und Beratung einer möglichen Förderung zuhause)
- Planung der Gespräche mit Kindergarten oder Schule, ggf. Förderberatung
- Hilfen zur Erstellung eines Gutachtens auf der Basis der *'Diagnostik mit Pfiffigunde'*.

Die Teilnehmerbeschränkung bzw. das Zurückweisen eines Teil der Interessentinnen führt immer wieder zu Enttäuschungen und Unzufriedenheit auf Seiten der Studentinnen und auch auf meiner Seite. Wir haben im Laufe der Zeit die verschiedensten Kriterien für den Zugang zu den Seminaren erprobt. Es hat sich m.E. dennoch bewährt, keine Einschränkungen durch Vorauswahl der Studentinnen nach Semestern o. ä. vorzunehmen. Zwar haben haben junge Semester nicht unbedingt die theoretischen Vorkenntnisse, die für die *'Diagnostik mit Pfiffigunde'* eigentlich gegeben sein sollten, auf der anderen Seite haben viele Studentinnen der Heilpädagogik der FH bereits in einem pädagogischen Beruf gearbeitet und sind ansonsten durch das Kennenlernen der *'Diagnostik mit Pfiffigunde'* sehr motiviert, sich die notwendigen Kenntnisse im Laufe der Semester anzueignen, um in die *'Diagnostik mit Pfiffigunde'* intensiver einsteigen zu können. (Allerdings werden höhere Semester, die z.B. aufgrund der Teilnahmebeschränkungen bisher nicht die Gelegenheit zum Besuch der Pfiffi-Seminare hatten, in gewissem Umfang vorgezogen.)

Ich habe von den Seminaren selbst immer eine Menge profitieren können: V.a. in den *'Diagnostik mit Pfiffigunde'* III – Seminaren, die vorwiegend von engagierten und bereits praxiserfahrenen Studentinnen besucht werden, kommt es zu einem fachlichen Austausch, der auch mich bereichert. Ein großer Teil der Verbesserungen in der Durchführung der *'Diagnostik mit Pfiffigunde'*, der in die Neuauflagen aufgenommen wurde, wurde in diesen Seminaren gedanklich 'geboren' und auch erprobt. Es gibt bei den Studentinnen große Begeisterung und viel Engagement, die *'Diagnostik mit Pfiffigunde'* für sich selbst zu entdecken und weiterzuentwickeln, – eine Erfahrung, die für mich zur Konsequenz hat, daß ich immer wieder die knapp 300 km Entfernung nach Bochum hin und zurück aufwende und mir das Lehren insgesamt großen Spaß macht.

Auf den folgenden Seiten werden ehemalige Studentinnen der FH, inzwischen 'gestandene' Heilpädagoginnen in der Praxis, aus ihrer Sicht die *'Diagnostik mit Pfiffigunde'* kommentieren und weiter entwickeln.

Sabine Schlinkert

Relevanz des Verfahrens für die Heilpädagogik

– Prinzessin Pfiffigunde zu Besuch in einer heilpädagogischen Praxis -

Das Verfahren 'Diagnostik mit Pfiffigunde' hat sich in unserer Heilpädagogischen Praxis besonders bewährt, da es uns ein ganzheitliches Bild des Kindes liefert.

Die Form des Screeningverfahrens (Sichtungsmethode) impliziert die Erstellung eines individuellen Profils von Stärken und Schwächen, von Kompensationswegen und Lernverhalten und ermöglicht inhaltliche und handlungsleitende Aussagen, die in der Förderung mit dem Kind und in der Eltern- und Kooperationsarbeit Einsatz finden.

Der Prävention, dem rechtzeitigen Erkennen von Entwicklungsverzögerungen, die sich hemmend auf das Lernverhalten des Kindes auswirken, kommt gerade in der Vorschulzeit und in den ersten zwei Schuljahren besondere Bedeutung zu. Frühzeitiges diagnostisches Arbeiten mit Pfiffigunde kann verhindern, daß die Kinder in den Teufelskreis von Mißerfolg, Frustration, negativem Selbstbild (Mißerfolgserwartung), Schulangst etc. geraten.

Damit sich die Leserin[1] ein Bild von dem Bereich machen kann, in dem die Methode 'Diagnostik mit Pfiffigunde' regelmäßige Anwendung findet, wird zu Beginn des Artikels das Tätigkeitsfeld in einer Heilpädagogischen Praxis in NRW mit ihren Aufgaben, dem Klientel, den Methoden und der Finanzierungsgrundlage beschrieben. Anschließend werden die Grundprinzipien heilpädagogischen Arbeitens und Denkens dargestellt. Kernaussage bildet die Verküpfung des heilpädagogischen Menschenbildes mit den Vorteilen, die das Verfahren 'Diagnostik mit Pfiffi' bietet. Ein kurzes Fazit bildet den Schluß dieses Artikels.

Eine freie Heilpädagogische Praxis zählt zu ihrem Aufgabenfeld insbesondere die ambulante Entwicklungsförderung von Kindern und Jugendlichen im Alter von vier Jahren aufwärts, die im Bereich von Motorik, Wahrnehmung, Lernen und sozialem Verhalten auffällig geworden sind.

---

[1] *Aus Vereinfachungsgründen wird in diesem Artikel durchgängig die weibliche Form benutzt.*

Innerhalb der Heilpädagogischen Einrichtung können Kinder, Jugendliche, junge Erwachsene und deren Eltern Unterstützung, Hilfe und Förderung bei folgenden Problemstrukturen erfahren:

- bei Erziehungsfragen,
- bei Schwierigkeiten im Kindergarten und in der Schule,
- bei der Entwicklung geistiger, psychischer und motorischer Fähigkeiten und Fertigkeiten,
- bei Wahrnehmungsbeeinträchtigungen,
- bei psychischer Konfliktverarbeitung, in Krisensituationen und
- bei beeinträchtigter Lebensbewältigung in Heimen, Pflege- und Adoptionsfamilien.

Es sind die Kinder und Jugendlichen, die 'anders' sind, die sich in ihren Lebensbezügen – wie Elternhaus, Heim, Freundeskreis, in Kindergarten oder Schule – bedingt durch ihre Eigenarten oder Andersartigkeit nicht aufgehoben fühlen und durch ihr Verhalten auf ihre Probleme aufmerksam machen. Den Eltern, die in ihrer 'Not' diese soziale Instanz aufsuchen, müssen Hilfen an die Hand gegeben werden, eine neue Sichtweise für die Problematik ihres Kindes zu entwickeln und die 'Sinnhaftigkeit' des störenden Verhaltens zu erkennen[2]; so machen Kinder nicht selten als 'Symptomträger' auf die schwelenden Konflikte in ihrer Familie aufmerksam. Es geht hier um eine Sensibilisierung sowohl für Botschaften und für die Wahrnehmung des Kindes, als auch für die eigenen Gefühle, Verhaltensweisen und Äußerungsformen und um die Verdeutlichung von Wechselwirkungsprozessen.

Zu den Förderungsmethoden, mit denen gearbeitet wird, zählen vorrangig die sensomotorische- & psychomotorische Förderung, hp. Spieltherapie und Spielanbahnung, heilpädagogisches Malen und Werken, hp. Sprachanbahnung und -förderung, LRS-Förderung, Konzentrations- und Gedächtnisförderung, die Erarbeitung von Konfliktlösungs- und Problemlösungsstrategien u.a.m..
Es wird die Anamnese, die Verlaufsdiagnostik und Beobachtung, die Diagnostik mit Pfiffigunde und die LRS-Diagnostik (unter Hinzuziehung vorhandener Gutachten der Neuropädiatrie, des Kinder- und Jugendpsychiaters etc.) zur weiteren Abklärung von Ursachen und zur Erstellung von Förderplänen bei Entwicklungsverzögerungen angewandt.

Grundsätzlich ist es Anspruch der hp. Förderung, ergänzend zur Einzelförderung (die auch in Form von Hausbesuchen erfolgen kann), die Förde-

---

[2] siehe hierzu auch den Artikel über Pfiffi und Elternarbeit von Hanke/Hoffritz

rung in der Gruppe anzustreben. Hier können erworbene Kompetenzen, Lern- und Entwicklungsschritte umgesetzt und in den Kontakt mit anderen übertragen werden. Die Gruppenarbeit dient immer auch der Förderung von Verantwortungsbewußtsein, sozialer Kontaktfähigkeit, Sensibilität für Eigen- und Fremdwahrnehmung, Toleranz und Kreativität im gemeinsamen Erleben und der Auseinandersetzung mit anderen.

Zu Beginn der heilpädagogischen Maßnahme erhalten die Kinder eine intensive Einzelförderung. Wenn sie eine vertrauensvolle Beziehung zu ihrer 'Therapeutin' aufgebaut haben und auch selbst Vertrauen in ihre Fähigkeiten (wieder)gewonnen haben, nehmen die meisten Kinder an einer Gruppenförderung teil. Mitbegründet ist dies darin, daß fast alle Kinder auch Auffälligkeiten in ihrem Sozialverhalten zeigen, – als Sekundärsymptomatik aufgrund emotionaler Belastungen oder aufgrund von Wahrnehmungsstörungen.

Elternarbeit und Kooperationsarbeit bilden eine unabdingbare Voraussetzung für eine gelingende heilpädagogische Förderung.

Die Elternarbeit gliedert sich schwerpunktmäßig auf in drei Teilbereiche:

- die individuelle Elternberatung, die durch Einzelgespräche in der Praxis oder gegebenenfalls auch zu Hause geleistet wird;
- in der Elterngruppenarbeit treffen sich einmal im Monat die Eltern verschiedener Kinder. Die Themeninhalte in den Elterngruppen reichen vom Austausch über Gemeinsamkeiten und Unterschiede in der Erziehung der Kinder, über die gemeinsame Erarbeitung (mit Unterstützung einer Pädagogin/einer Psychologin) von Handlungsmöglichkeiten und Konfliktlösungsstrategien bei aktuellen Problemlagen u.a.m...;
- im Zuge der Prophylaxe die präventive Elterngruppenarbeit, an der zum einen Eltern teilnehmen, die Hilfe bezüglich der Erziehung bedürfen, deren Kinder aber noch nicht zu dem Kreis derer gehören, die von seelischer Behinderung bedroht sind (KJHG) oder Eingliederungshilfe bedürfen (BSHG). Zum anderen Eltern auf der 'Warteliste', deren Antrag auf Übernahme der Finanzierung der Kosten noch nicht bewilligt worden ist, die aber bereits in dieser Phase Unterstützung und Beratung erfahren.

Um eine effektive Entwicklungsförderung zu ermöglichen, ist es notwendig, das gesamte Umfeld des Kindes miteinzubeziehen. Hierfür steht die Heilpädagogin im interdisziplinären Austausch mit Erzieherinnen, Lehrerinnen, Ärztinnen, Logopädinnen, Erziehungsberatungsstellen, Kliniken, Ämtern und Behörden etc.. Zum einen geht es dabei um das konkrete Miteinbeziehen von Fachleuten in den Förderprozeß, zum anderen dient diese fächerübergreifende Zusammenarbeit dem Austausch von Informationen, die im Rahmen einer prozeßorientierten Diagnostik und ganzheitlichen Förderung von Wichtigkeit sind.

Das Team besteht zumeist aus diplomierten bzw. staatl. anerkannten Heilpädagoginnen; hinzu kommen Dipl. Pädagoginnen, eine psychologische Beraterin und Sonderschullehrerinnen für die LRS – Förderung. Inhalte der vierzehntäglich stattfindenden Supervision sind differenzierte Fallbesprechungen, die Reflexion individueller Persönlichkeitsanteile der Mitarbeiterinnen in Bezug auf die Arbeitsinhalte und die Bearbeitung anderer arbeitsspezifischer Themen wie Elternarbeit, Gesprächsführung, in der heilpädagogischen Arbeit auftretende Stressfaktoren u. a..

Die gesetzlichen Grundlagen für eine Kostenübernahme durch die örtlichen Kostenträger (Sozial- oder Jugendamt) befinden sich im Bereich des Bundessozialhilfegesetzes in den Paragraphen §§39/V.O.§47 BSHG (Hilfe zur Eingliederung) oder im Bereich des Kinder- und Jugendhilfegesetzes in den Paragraphen §§27ff., §35a, §36 KJHG (von seelischer Behinderung bedrohte Kinder und Jugendliche). Es bestehen erhebliche regionale Unterschiede in der Handhabung der Finanzierungsgrundlagen.
In einigen Fällen übernehmen Krankenkassen nach Einzelfallentscheidung die Kosten für eine heilpädagogische Maßnahme, eine rechtliche Grundlage besteht hierfür jedoch nicht.

Die Arbeit in der Heilpädagogischen Praxis orientiert sich an einem ganzheitlichen Menschenbild. Der Mensch, dessen Entwicklung und Lebenssituation (Personalisation und Sozialisation) unter erschwerten Bedingungen verläuft, steht im Vordergrund.
Grundlage der hp. Hilfe ist in erster Linie die Akzeptanz des Menschen in seinem So-Sein und die Teilnahme an seinen Erschwernissen.
Der in seiner Entwicklung/Lebensgestaltung beeinträchtigte Mensch soll in der Heilpädagogin eine Begleiterin und Partnerin gewinnen können, mit der er seine Schwierigkeiten, Ängste und Aufgaben klären, bearbeiten und in einer ihm möglichen Form bewältigen kann.
Hierbei orientiert sich die hp. Förderung und Hilfe nicht am 'Defizit' bzw. der 'Störung', sondern nimmt die Fähigkeiten des Menschen auf und setzt somit an seinen Stärken an.

Paul Moor, einer der Wegbereiter der ganzheitlichen Heilpädagogik, sagt hierzu: „Wir müssen das Kind verstehen, bevor wir es erziehen.- Daraus ergibt sich die Grundfrage: Wie lernen wir das entwicklungsgehemmte Kind verstehen?" und weiter schreibt Moor: „Wo immer ein Kind versagt, haben wir nicht nur zu fragen: Was tut man dagegen? – Pädagogisch wichtiger ist die Frage: Was tut man dafür? ... nämlich für das, was werden sollte, soweit es werden kann"[3] . Genau hier bietet sich das Verfahren 'Diagnostik mit Pfiffigunde' an, da es differenzierte Aussagen zu den Stärken und Schwächen des Kindes liefert und Förderwege aufzeigt. Es deckt den Altersbereich der 5 bis 8 -jährigen Kinder ab, die Zeit also, in der sie sich höheren Anforderungen gegenübergestellt sehen und in der sich sowohl positive als auch negative Lernstrukturen 'verhärten'. Nicht oder ungenügend erkannte Probleme in der Motorik, der Wahrnehmung u. a. münden oftmals in den Teufelskreis von Mißerfolg, Frustration, negativem Selbstbild, Schulangst etc. und haben verheerende Auswirkungen auf die persönliche und schulische Entwicklung des Kindes. Mit dem Erstellen eines Entwicklungsprofils nach 'Pfiffigunde' und einer darauf aufbauenden ganzheitlichen Förderung kann diesem Prozeß entgegengewirkt werden.

Das Ineinandergreifen von pädagogischen Interventionen und heilpädagogischer Förderdiagnostik ist immer ein begleitender Prozeß, kein einmaliges Geschehen. Pfiffi läßt sich in zwei bis drei Abschnitten spielen, wenn die Konzentrationsfähigkeit oder Ablenkbarkeit der Kinder dies erforderlich macht. Zudem können einzelne Teile der Verfahrens in die hp. Fördersituation eingebaut werden, um von Zeit zu Zeit z. B. die Augenmotorik oder die auditive Differenzierung (Zaubersprüche ändern) zu überprüfen.

Das Verfahren hebt die individuellen Entwicklungsmöglichkeiten der Gesamtpersönlichkeit des Kindes in den Vordergrund, anstatt wie viele traditionelle Testverfahren nur einen Teilbereich z. B. die Intelligenz zu überprüfen. Aus pädagogischer Sicht beinhaltet die Auswertung des individuellen Lösungs- und Lernverhaltens bedeutendere Informationen als eine alleinige Ermittlung von Normabweichungen. Die heilpädagogische Grundhaltung der wertschätzenden Annahme des Kindes, die bereits zur 'Therapeutin' aufgebaute Beziehung und die zukünftige Arbeit mit dem Kind werden durch das diagnostische Verfahren nicht negativ beeinflußt und das Erfahren von Mißerfolg kann gering gehalten bzw. aufgefangen werden, da keine strikte Zeitbeschränkung erfolgt und unterstützende Hilfen von 'Mitspielerinnen' oder der Spielleiterin gegeben werden dürfen.

Ebenfalls von PAUL MOOR stammt der Satz: „Wir haben nie nur das entwicklungsgehemmte Kind zu erziehen, sondern immer auch seine Umgebung. Sie leidet am Leiden des Kindes und kommt damit meistens nicht zurecht; wodurch das Leiden des Kindes noch vergrößert wird. – Daraus ergibt sich die Frage nach der Erziehung des Erziehers, in welcher die Spezialfrage nach der Ausbildung des Heilpädagogen enthalten ist"[4] .

---

[3] MOOR, P.: Heilpädagogik. Dritte unveränderte Auflage, Verlag Hans Huber, Bern 1974, S.259

[4] MOOR, P.: Heilpädagogik. Dritte unveränderte Auflage, Verlag Hans Huber, Bern 1974, S.259

Da die Sozialisation des Einzelnen nur im Kontakt mit anderen Menschen gesehen werden kann, muß sowohl das jeweilige Umfeld, als auch das gesellschaftliche Gesamtgefüge mit in die hp. Arbeit einbezogen werden. Es müssen mit all diesen Personen (Familie, Schule...) Perspektiven, Handlungs- und Gestaltungsmöglichkeiten 'ausgehandelt' werden, um bestehende Spannungen im Lebenskontext in konstruktive Veränderung für alle Beteiligten zu führen. Die Pädagogin nimmt in diesem Zusammenhang entlastende, begleitende und fördernde Funktionen wahr, um optimale Entfaltung und sinnerfüllte Lebens- und Daseinsgestaltung zu ermöglichen.

Das Videomaterial von Pfiffigunde kann während des Förderprozesses gemeinsam mit den Eltern aufgearbeitet werden: Gezielt herausgesuchte Szenen dienen der Erklärung von 'Wahrnehmungsstilen' und Verhaltensauffälligkeiten u. a.. Die Problematik des Kindes wird so den Eltern verständlicher und gemeinsam können Handlungsmöglichkeiten und andere Umgangsformen entwickelt werden, die die Beziehung zwischen Eltern und Kind positiv beeinflussen.

Ein weiterer Vorteil liegt in der Schulung des genauen Beobachtens durch die kollegiale Auswertung des Videofilms. Er leistet Hilfe bei Unschlüssigkeiten in bezug auf die Entwicklungsverzögerung, kann zur Verdeutlichung von individuellen Bewältigungsstrategien herangezogen werden und sowohl in der Diskussion mit Arbeitskolleginnen als auch im interdisziplinären Bereich positiv genutzt werden.

EMIL E. KOBI, ein Vertreter der schweizerischen Heilpädagogik, stellt fest: „Entscheidend für den Heilpädagogen ist letztlich nicht das Seh-, Hör-, Bewegungs-, etc. Vermögen, sondern das Seh-, Hör-, Bewegungs-, Verhalten: Das, was ein Kind aus seinen (verbliebenen) Möglichkeiten macht (sog. coping-Strategien)"[5] .

Die Darbietung der Diagnostik 'Pfiffi' in spielerischer Märchenlogik (nicht in Form von abzufragenden Items in gängigen, standardisierten Testverfahren) verführt die Kinder, ohne Leistungsdruck zu zeigen, was sie können. Einschlägig negativ erlebte Erfahrungen mit Tests und Diagnostik kommen hier nicht zum Tragen und es werden Aussagen über eben diese Coping-Strategien möglich.

Ergo rückt die 'Ursachenfrage' in den Hintergrund und schafft Platz für die 'Kompetenzfrage', d. h. es geht nicht mehr vorrangig um eine Erklärung bzw. Rechtfertigung für die Entwicklungsverzögerung bzw. Behinderung, sondern um Förderwege, die das Kind uns in einer 'entspannten' diagnostischen Situation selbst zeigt.

---

[5] Kobi, Emil E.: Diagnostik in der heilpädagogischen Arbeit, Edition SZH, Luzern 1990, S. 20

Den Zusammenhang zwischen Spiel und Lernen beleuchtet H. SCHEUERL: „Spielen-Lernen ist zugleich ein Erlernen von Sachlichkeit, von Sach- und Selbstbeherrschung. Und wenn es auch noch Spaß macht – was wollen wir mehr?"[6]. Der Videofilm ermöglicht differenzierte Aussagen über die Interaktion und Kommunikation, über das Sozialverhalten und über die Selbstwertproblematik, ebenso über Problem- und Konfliktlösungsstrategien und Frustrationstoleranz des Kindes. Beobachtbar sind desweiteren Kriterien des Lernverhaltens wie Instruktionsverständnis, Konzentrationsfähigkeit, Ablenkbarkeit und Arbeitshaltung etc.[7].

Zur fundamentalen Bedeutung des Spiels im frühen Kindesalter schreibt DIETER GRÖSCHKE: „Im Spiel und spielerisch verlaufen basale Wahrnehmungs- und Lernprozesse, die das Kind in näheren Kontakt zu seiner Umwelt bringen. Spielen-Lernen, Neues-Lernen im Spiel und spielerisch vollzogene Lernformen sind dabei die Hauptakzente des funktionalen Zusammenhanges zwischen kindlichem Spiel und kindlichem Lernen"[8].

Die Anknüpfung der 'Diagnostik mit Pfiffigunde' an die kindliche Vorstellungswelt des Spiels und die Möglichkeit von phantasievollem und kreativem, eigenständigem Ausgestalten der Beobachtungssituationen durch die Kinder, die sich in die Ritter hineinversetzen und sie 'spielen', findet für die Kinder in ihrem vorrangig benutzten und bekannten Medium statt, und erhöht bei den meisten[9] Kindern die Eigenmotivation. Konkurrenz- und Leistungsdenken bleiben weitestgehend außen vor, da die Kinder sich nur gemeinsam den Weg zu den Drachen 'erspielen' können und alle Aufgaben gleichermaßen wichtig sind, um zur Drachenhöhle zu gelangen.

Fazit:

Prinzessin Pfiffigunde ist ein immer wieder gern gesehener Gast in unserer Heilpädagogischen Praxis. Ihre Anwesenheit hat nicht nur uns, sondern auch den Eltern sehr oft die Augen geöffnet und den Blick für die Entfal-

---

[6]   SCHEUERL, H.: Zur Begriffsbestimmung von 'Spiel' und 'spielen'. In: Röhrs, H.: Spiel - ein Urphänomen des Lebens. Akademische Vellagsgesellschaft, Wiesbaden 1981 [entnommen aus GRÖSCHKE, D. (s. u.)]

[7]   siehe hierzu auch Artikel über 'Beobachtbare Kompetenzen des Kindes'

[8]   GRÖSCHKE, D.: Praxiskonzepte der Heilpädagogik. UTB Reinhardt, München/Basel 1989, S. 146

[9]   In der heilpädagogischen Praxis wurde eine Ausführung von 'Pfiffi' durch massives Abwehrverhalten eines Kindes, das auch das andere Kind mitbeeinflußte, so erschwert, daß eine diagnostische Auswertung innerhalb der vorgegebenen Kategorien teilweise nicht möglich war.

tungsmöglichkeiten der Kinder geschärft. Pfiffigunde steht den Kindern zur Seite und erweist sich als gute Fee, mit der so mancher 'Schul'drachen besiegt werden kann. Viele Kinder lassen sich von Pfiffigunde verzaubern und bekommen so das ('Ritter-)Rüstzeug' an die Hand, das zur Bewältigung neuer Lebensaufgaben und schulischer Anforderungen erforderlich ist.

Abkürzungen:

BSHG: Bundessozialhilfegesetz
KJHG: Kinder- und Jugendhilfegesetz
LRS: Lese- / Rechtscheibschwäche

Heike Hanke, Silke Hoffritz

Elternarbeit mit Pfiffigunde

Als Mitarbeiterinnen einer heilpädagogischen Praxis (vgl. Schlinkert „Relevanz ...") haben wir 'Diagnostik mit Pfiffigunde' als förderdiagnostisches Mittel in der pädagogisch-therapeutischen Arbeit mit dem Kind kennengelernt.

Nach anfänglichem Ausprobieren und 'Experimentieren' begeisterte uns dieses Verfahren insbesondere durch seine starke Orientierung am Kind und durch seine Praxisnähe. So konnte 'Diagnostik mit Pfiffigunde' ohne weiteres in den Förderprozeß eingebunden werden, ohne daß das Kind dies als unnatürliche Testsituation erleben mußte.

Mit der zunehmenden Auseinandersetzung und Vertiefung in das Verfahren hat 'Diagnostik mit Pfiffigunde' dazu beigetragen, unser eigenes Erkennen von Wahrnehmungsbeeinträchtigungen sowie das Verständnis für die damit zusammenhängende kindliche Problematik zu sensibilisieren. Weiterhin diente das Verfahren der Ausarbeitung einer differenzierten Förderplanung und wurde somit insgesamt zu einer wertvollen und effektiven Handlungsmethode in unserem praktischen Berufsalltag, die insbesondere auch unserem heilpädagogischem Verständnis und Menschenbild entspricht.

Durch die intensive Einarbeitung in das Verfahren entwickelten wir ein vertieftes und wachsendes Verständnis für Wahrnehmungsbeeinträchtigungen, welches wiederum Eingang in die individuelle Elternberatung fand. Hier machten wir die Erfahrung, daß uns ein situatives Aufgreifen von aktuellen und akuten Problemstellungen seitens der Eltern im Umgang mit ihrem Kind oftmals nicht ausreichte, um ihnen mögliche Erklärungshintergründe nahezubringen. Die Komplexität der Gesamtproblematik konnte gemeinsam mit den Eltern häufig nur angerissen werden, die wesentlichen und entscheidenden *Konsequenzen* für das kindliche Verhalten und Erleben konnten jedoch oft zu wenig berücksichtigt werden, um ein verändertes Elternverständnis wecken zu können. Dies hinterließ für uns als 'Berater' ein unbefriedigendes Gefühl, den berechtigten Fragen und Sorgen der Eltern im Alltag mit dem Kind nicht gerecht zu werden.

In der Folge stellte sich uns die Frage nach einem veränderten Konzept für die Elternarbeit, welches dem vertieften und speziellen Beratungsbedarf zum Verständnis des Kindes mit Wahrnehmungsbeeinträchtigungen entspricht. Auf diesem Wege sollte die 'Sinn-Haftigkeit' (vgl. Schlinkert „Relevanz ...") des kindlichen Verhaltens nähergebracht und gemeinsam mit den Eltern veränderte Umgangsformen für den Lebensalltag entwickelt werden. Es entstand die Idee, 'Diagnostik mit Pfiffigunde' für die Elternarbeit nutzbar zu machen. Hier bietet das nach der Auswertung individuell erstellte Entwicklungsprofil einen geeigneten Ausgangspunkt für die Darstellung und Auseinandersetzung mit der Problemlage. Die Videoaufzeichnungen können in diesem Zusammenhang als Medium zur Veranschaulichung dienen. Darüber hinaus ermöglichen sie in bedeutsamer Weise eine direkte Form der Konfrontation mit der Problematik des Kindes.

Vorauszubemerken ist, daß wir das Konzept aus den praktischen Erfahrungen in der Beratung mit Pfiffigunde entwickelt haben. (*Aus der Praxis für die Praxis*). Zudem wollen wir unseren idealtypischen Entwurf als offenes Konzept verstanden wissen. Es bietet daher kein geschlossenes Regelsystem oder einen aufeinander aufbauenden Leitfaden für die Beratung. Die jeweiligen inhaltlichen Aspekte greifen ineinander, bilden in sich einen Wechselwirkungskreislauf und werden sowohl von der Moderation als auch von der jeweiligen entstehenden Dynamik gelenkt und bestimmt.

Ausgangspunkt und übergeordnetes Ziel unseres Konzeptes stellt auf Seiten der Eltern die Entwicklung eines Problembewußtseins dar, um einen Verstehensprozeß für die Wahrnehmungsbeeinträchtigungen und die damit einhergehenden Konsequenzen für das Kind zu wecken. Die Auseinandersetzung mit dem Verhalten und Erleben des Kindes ermöglicht den Eltern, den 'Wahrnehmungsstil' des Kindes kennenzulernen. Das dadurch geweckte Verständnis kann einerseits dazu dienen, die bisherige Wahrnehmung über das Kind zu verlassen, um es aus einer veränderten Perspektive zu betrachten. Andererseits kann es eine Basis darstellen, um neue und adäquate Umgangsformen mit dem Kind zu finden.

Auf Seiten des Kindes ermöglicht dieser Verstehensprozeß die Verringerung von Konfliktpotential sowie eine Veränderung bestehender Beziehungsverhältnisse. Dies kann in der Folge eine Prophylaxe zur Vermeidung und/oder Ausweitung sekundärer Folgeerscheinungen im emotional-affektiven Bereich innerhalb der Individual- und Sozialentwicklung des Kindes bedeuten.

Ansatzpunkt und Grundlage für die Elternberatung war das anhand des Verfahrens individuell erstellte Entwicklungsprofil (Ist-Zustand) des Kindes, die Anamneseerhebung sowie die freien Beobachtungen aus der Diagnostik-Situation und dem bisherigen Therapieverlauf. In diesem Rahmen stellten wir fest, daß 'Diagnostik mit Pfiffigunde' nicht nur testdiagnostisch ein Gesamtbild vom Entwicklungsstand des Kindes liefert. Das Verfahren ermöglicht darüber hinaus, alle Beobachtungen, Aussagen und Vermutun-gen zum Kind sowohl prozeßorientiert zu strukturieren und zu zentrieren als auch in Frage zu stellen und immer wieder zu überprüfen.

Unsere Erfahrungen aus dem Praxisalltag haben verdeutlicht, wie schwierig es sich gestalten kann, gegenüber Eltern – ohne für sie verstehbare Hintergründe – die jeweils vorliegende Wahrnehmungsproblematik und ihre Bedeutung für das Kind zu vermitteln und transparent zu machen. Deshalb erfolgte der thematische Einstieg in die Beratung über eine 'elterngerechte' Einführung in die Bedeutung der Wahrnehmung sowie in die engen Zusammenhänge der einzelnen Wahrnehmungsbereiche untereinander. Erst vor diesem Hintergrund war es möglich, die festgestellten Wahrnehmungsbeeinträchtigungen des Kindes zu erläutern.

Darstellung des Konzepts

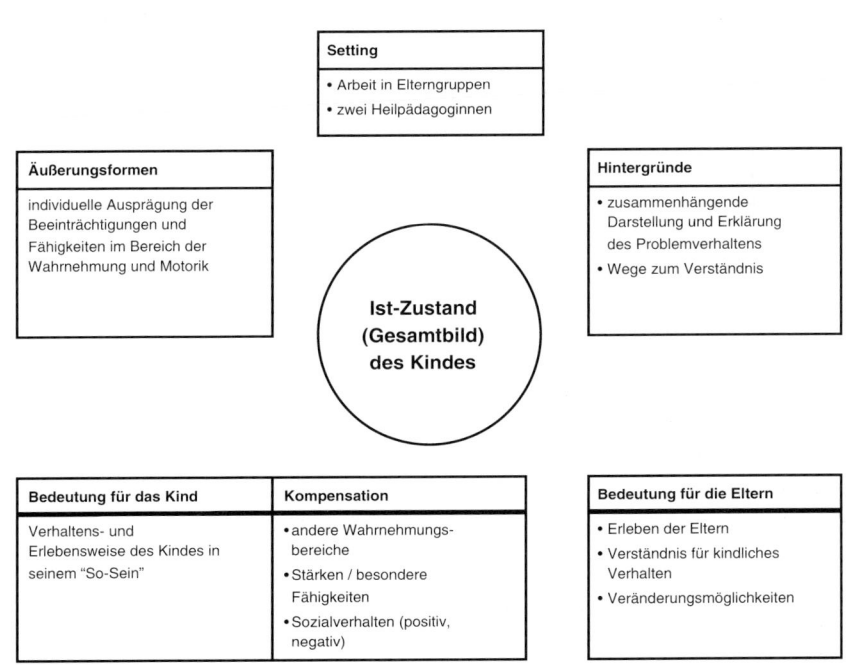

Schematische Darstellung der Konzeption

Setting

Es entstand die Idee, die Beratung mit den Eltern, deren Kinder gemeinsam an dem Verfahren teilgenommen haben, in Gruppenform durchzuführen.

Die Durchführung der Elternarbeit in Gruppen erwies sich aus unseren bisherigen Praxiserfahrungen als positiv, da sich andere Kommunikationsformen und Bearbeitungswege eröffneten, die uns für die Beratung mit Pfiffigunde äußerst sinnvoll erschienen.

So intendierten wir innerhalb des **Settings** eine 'lenkende Gesprächsführung', die zum einen die 'elterngerechte' Vermittlung von fachlichen Hintergründen und die Kenntnisse über Zusammenhänge beinhaltet und zum anderen den Erfahrungsaustausch der Eltern untereinander initiieren soll. Dieser Austausch kann gleichzeitig wiederum zur *fachlichen* Veranschaulichung der kindlichen Problematik aufgegriffen werden.

Diese Form der Moderation in Verbindung mit der Gruppenkonstellation wirkte sich in der konkreten Durchführung in positiver Weise auf die Beziehung zwischen den Heilpädagoginnen und den Eltern aus. Es entstand ein gesteigertes Klima der Offenheit. Dadurch konnten Hemmschwellen der Eltern überwunden und Distanz abgebaut werden, was einen zunehmend gegenseitigen Austausch von Erfahrungen, Problemen und Anregungen ermöglichte.

Die von den Eltern vermittelten Inhalte und mitunter 'geteilten' Erfahrungen aus der Lebenswirklichkeit mit ihrem Kind, in der wir als Heilpädagoginnen nicht involviert sind, bedeutete für uns wiederum besonders im förderdiagnostischen Sinne eine umfassende Informationsgewinnung für den weiteren Förderprozeß mit dem Kind.

Aufgrund der dargestellten Aspekte bevorzugen und empfehlen wir die Durchführung des Settings in der Gruppenkonstellation mit zwei Elternpaaren und zwei Heilpädagoginnen. Dies bedeutet nicht, daß das Konzept nicht auch auf eine Einzelberatungssituation übertragen werden kann. Erfahrungsgemäß sollte jedoch die Anzahl der Teilnehmer je Gruppe drei Elternpaare nicht übersteigen, da sonst individuelle Inhalte aufgrund der entstehenden Dynamik und der offenen Konzeption verloren gehen können.

Inhaltliche Beschreibung des Konzepts

Im Zentrum unserer Konzeption steht der sich umfassend darstellende 'Ist-Zustand' des Kindes bzw. der Kinder. Durch eine umfangreiche Auswertung (vgl. Cárdenas „Weitere wichtige Kategorien …") des Verfahrens kann die Gesamtsituation des Kindes in seiner Lebenswirklichkeit sowohl tiefer als auch übergreifender analysiert und die Problemlage näher eingekreist werden.

Neben den auftretenden Wahrnehmungsbeeinträchtigungen werden darüber hinaus sowohl die Stärken des Kindes als auch seine sichtbaren Kompensationsfähigkeiten und die z.T. verdeckten Kompensationsmöglichkeiten deutlich. Auf diese Weise entsteht ein **Gesamtbild** (= **Ist-Zustand**) vom Kind und seinem Lebenskonzept, welches uns als Heilpädagoginnen den fachlichen Hintergrund und die Grundlage für die Beratungssituation liefert.

Zur Entwicklung eines Problembewußtseins sowie zum Verstehen des kindlichen Verhaltens und Erlebens benötigen die Eltern zunächst entsprechende Kenntnisse über die jeweils vorliegende Beeinträchtigung ihres Kindes und die damit einhergehenden Verhaltensprobleme (**Äußerungsformen**). Hier dient das Videomaterial als Medium zur Veranschaulichung und Verdeutlichung und wird in der konkreten Arbeit mit den Eltern nach folgenden Schwerpunkten strukturiert:

- Einzelne Testsituationen aus dem Verfahren (Items) werden – abhängig von der jeweiligen Problemlage – nach Wahrnehmungsbereichen (z.B. alle Items zu vestibulärer Wahrnehmung, auditiver Wahrnehmung, etc.) *im Zusammenhang* erläutert;
- In Verbindung hiermit werden Kompensationsfähigkeiten aufgezeigt und verdeutlicht.
- Grundsätzliche Stärken in einzelnen Bezugsfeldern und in der jeweiligen Persönlichkeit des Kindes werden hervorgehoben.

Über diesen Weg kann innerhalb der Beratungssituation ein Vergleich von der diagnostischen Problemdarstellung und Besprechung mit den Erfahrungen aus der Alltagswirklichkeit und dem Lebenskontext der jeweiligen Familie eingeleitet werden. Die Vermittlung der entsprechend notwendigen fachlichen **Erklärungshintergründe** verläuft somit 'elterngerecht', d.h. in Beziehung gesetzt mit realitätsnahen, von den Eltern vermittelten Erfahrungen und Beobachtungen. Das kindliche Verhalten wird dadurch gleichzeitig für die Eltern in einen nachvollziehbaren Kontext ihrer Lebenswirklichkeit gebracht.

Im alltäglichen Umgang und Leben sind Eltern oftmals nicht in der Lage, die Beeinträchtigungen in der Entwicklung ihres Kindes in einem adäquaten Verhältnis wahrzunehmen. Mitunter kann das kindliche Verhalten nicht angemessen eingeschätzt und bewertet werden, wobei die Gründe hierfür vielschichtig sein können. So sind Verständniswege häufig durch fehlende

Hintergründe (z.B. Erscheinungsformen von Wahrnehmungsbeeinträchtigungen) blockiert. Ebenso besteht die Möglichkeit, daß die Kompensationsformen des Kindes bestimmte Problembereiche verdecken, die dadurch im alltäglichen Miteinander nicht wahrgenommen werden. Vielfach können Eltern auch die Stärken und positiven Anteile ihres Kindes nicht mehr wahrnehmen, da sie sich selbst durch tagtägliche Auseinandersetzungen oder immer wieder auftretende Konflikte mit dem Kind und/oder den Anforderungen des Umfeldes (z.B. Kindergarten, Schule) überfordert fühlen.

An dieser Stelle muß die Wahrnehmung der Eltern in ihrem 'Eltern-Dasein' berücksichtigt werden, die entscheidend durch die persönliche Beziehung und Bindung zu ihrem Kind geprägt ist. In diesem Zusammenhang kann ebenso auch eine mögliche Annahmeproblematik der Eltern (z.B. Verharmlosung, Verleugnung, Verschiebung, Verdrängung) in den 'subjektiven Wirklichkeiten' der Familie einen großen Stellenwert einnehmen.

Spätestens an dieser Stelle wird die Notwendigkeit eines 'besonderen' Verstehens für das kindliche Erleben und Verhalten deutlich, um veränderte Rahmenbedingungen und Entwicklungsvoraussetzungen für das Kind und die Familie in ihrem Lebensalltag zu erarbeiten.

Voraussetzung für ein Verstehen des Kindes ist die Anbahnung eines *Erkenntnisprozesses*, der den Eltern über die Erklärungszusammenhänge und den wechselseitigen Austausch die Konsequenzen der Wahrnehmungsbeeinträchtigung für das Kind in seinem Verhalten und Erleben bewußt machen kann (**Bedeutung für das Kind**). Dies beabsichtigt sowohl die Annäherung an die dem Kind eigene Wahrnehmungswelt und damit an seine Formen, auf die Welt zuzugehen und sie zu gestalten als auch die versuchte Einfühlung der Eltern in das Selbsterleben ihres Kindes. Hierüber kann den Eltern die 'Sinn-Haftigkeit' des vom Kind geäußerten Verhaltens verständlicher werden.

Desweiteren können die möglichen sekundären Folgen bzw. Auswirkungen der 'Andersartigkeit' des Kindes auf sein eigenes emotionales Erleben und Bewerten verdeutlicht werden (Selbsterleben – Fremderleben).

In diesem Kontext müssen unweigerlich die **Kompensationswege und – fähigkeiten** des Kindes zur Sprache gebracht werden, die sich auf unterschiedlichen Ebenen äußern. So kann beispielsweise ein beeinträchtigter Wahrnehmungsbereich über vorhandene Kompetenzen in einem anderen Wahrnehmungsbereich ausgeglichen werden.

Die vom Kind entwickelten Bewältigungs- und Handlungsformen hinsichtlich seiner Wahrnehmungsschwächen wirken nach außen oft 'fremdartig/ auffällig' und müssen vor dem Hintergrund der vorliegenden Beeinträchtigung mit den Eltern in einen für sie neuen und für das Kind adäquaten Sinnzusammenhang eingeordnet werden.

Ebenso ist das Hervorheben der Stärken und Fähigkeiten des Kindes von grundlegender Bedeutung, da diese unbelastete Dialogmöglichkeiten eröffnen, das Kind in seinem Selbstwertgefühl bestärken und wesentliche Ansatzpunkte zur Unterstützung und Förderung (sowohl im häuslichen wie auch im therapeutischen Bereich) bieten. In Verbindung hiermit kann seitens der Eltern beispielsweise eine stark konfliktbeladene, über- oder unterfordernde bzw. resignierende Haltung in der Beziehung zum Kind entschärft werden.

Weiterhin spielen die Verarbeitungs- und Bewältigungsformen des Kindes auf der emotional/sozialen Ebene eine zentrale Rolle. Dazu zählen zum Beispiel Aggression, Vermeidung, Verweigerung, Clownerie, übersteigerte Fürsorge, Rückzugstendenzen, Über- und Unterschätzen eigener Fähigkeiten. Diese Bewältigungsmechanismen gilt es offen zu legen, zu benennen und mit den Eltern in Verbindung zur Er-Lebenswirklichkeit des Kindes zu setzen.

Das Wissen um die Kompensationswege und die Einordnung derselben ermöglichen den Eltern ein sowohl differenziertes als auch erweitertes Verstehen ihres Kindes.

Innerhalb des so insgesamt fortlaufenden Wechselwirkungsprozesses zwischen dem *Erkennen* der Problemlage und dem *Verstehen* des Kindes können über das Erarbeiten von Umgangsformen langfristig *Veränderungen* in der Haltung und Erziehung ermöglicht werden.

Hierzu müssen die Eltern zur Auseinandersetzung mit der kindlichen Problematik und den daraus resultierenden Konsequenzen in der **Bedeutung für ihr eigenes Erleben und Erziehungsverhalten** herangeführt werden.

Je nach individueller Problemlage und dem dazu notwendigen Verstehensprozeß sind die Eltern in der Beziehung zu ihrem Kind mit 'andersgearteten' Erlebenswirklichkeiten konfrontiert. Hier kann die Notwendigkeit entstehen, ihr bisheriges Erziehungskonzept zu erkennen und in Frage zu stellen. Dies kann mitunter einen durchaus schmerzhaften Prozeß bedeuten, in dem die eigenen Ziele und Wünsche, Perspektiven und Vorstellungen für das Kind verlassen werden müssen, da sonst die Lebenswirklichkeit des Kindes und das Lebenskonzept der Eltern immer stärker auseinander zu klaffen drohen.

Nicht immer muß die Veränderung im Erziehungskonzept für das Kind und im Lebenskonzept für die Familie in grundlegender Form erfolgen; es geht jedoch stets um das gemeinsame 'Aushandeln' von Umgangsformen und Lebensgestaltungsmöglichkeiten.

Trotz eines sich verändernden Bewußtseins hinsichtlich der Problemlage des Kindes und seines Verhaltens stellt der adäquate Umgang der Eltern mit ihren persönlichen Grenzen, der eigenen Toleranz und der eigenen Gefühlswelt die Grundvoraussetzung für ein gelingendes Erziehungs- und Beziehungsverhältnis dar. Diese Thematik nimmt in der Elternarbeit einen wesentlichen Raum ein.

Herausforderungen und Chancen in der Elternarbeit mit Pfiffigunde

– Erfahrungswerte –

In der Elternarbeit mit Pfiffigunde erlebten wir mittels der von uns ausgearbeiteten Konzeption, in der das Entwicklungsprofil und das Videomaterial einen großen Stellenwert einnahm, eine veränderte Begegnung der Eltern mit der kindlichen Problemlage. Wir verfügten erstmalig über Test- und Auswertungsmaterial, das den Eltern erlebnisnah transparent gemacht werden konnte. Für die meisten Eltern war es eine neue Erfahrung, ihr Kind nach greifbaren und von uns verständlich gemachten Diagnostik-Kriterien wahrzunehmen und zu beobachten. Grundsätzlich fand diese Art der Illustration positiven Zuspruch bei den Eltern.

Sowohl für uns als auch für die Eltern stellte die Arbeit mit dem Medium Film in Verbindung mit den Inhalten unseres Konzepts eine offene und direkte Form der Konfrontation mit der vorliegenden Problematik des Kindes dar. Die Reaktionen und geäußerten Emotionen der Eltern darauf waren vielschichtig. So begegneten die Eltern der dargestellten und offensichtlichen Wahrnehmungsproblematik ihres Kindes mit Betroffenheit, Nachdenklichkeit und Traurigkeit, weil ihnen deutlich wurde, in welcher Weise das eigene Kind in seiner Entwicklung beeinträchtigt ist.

Gleichzeitig reagierten viele Eltern mit Erleichterung, da offengelegt wurde, welche Schwierigkeiten vorhanden waren. Die Problematik des Kindes und damit auch seine 'Andersartigkeit' wurde durch die filmische Darstellung im Zusammenhang mit unseren Erläuterungen klarer und greifbarer, worauf bei den Eltern der Wunsch nach einem tieferen Verstehen wuchs.

Im Anschluß hieran durchleuchteten wir gemeinsam mit den Eltern konkrete Alltagssituationen im Hinblick auf die verständlich gemachten Wahrnehmungsbeeinträchtigungen des Kindes. Hier war es ein wichtiger Schritt für die Eltern, erkennen zu lernen, daß ihr Kind in vielen Situationen aufgrund seiner Wahrnehmungsstörung nicht anders handeln kann. Parallel dazu konnten die Konsequenzen für sein emotionales Erleben hervorgehoben werden. Um das Kind in seinem 'So-Sein' zu bejahen, war es ebenso notwendig, konkrete Handlungshilfen für den Alltag im Umgang mit der sich äußernden Problematik herauszuarbeiten und zu vermitteln.

In diesem Zusammenhang ist anzuführen, daß wir innerhalb der Elternarbeit die unterschiedlichen Bedürfnisse, Fragen und Probleme der Eltern auffangen müssen. So muß unweigerlich Raum gegeben werden für die unterschiedlichen Gefühle der Eltern in bezug auf ihr eigenes Erleben mit der kindlichen Problematik. Es müssen beispielsweise Schuldgefühle, Erlebnisinhalte innerhalb einer Annahmeproblematik sowie eventuelle Diskrepanzen im Erzieherverhalten der einzelnen Elternteile berücksichtigt, verdeutlicht, aufgefangen und bearbeitet werden. (An dieser Stelle ergibt sich unter Umständen der Bedarf einer Einzelberatung).

Insgesamt sollte deutlich geworden sein, daß die Eltern in den Therapieprozeß aktiv miteinbezogen werden, wodurch der Förderprozeß wiederum unterstützt und dem Kind eine optimale Hilfe geboten werden kann. Dies jedoch nicht im Sinne einer 'Co-Therapie', sondern einer gegenseitigen Ergänzung (Eltern sollen Eltern bleiben).

Andrea Erb, Tina Meusel, Marion Rothkegel, Sabine Wochele

Pfiffigunde für Lernende und Lehrende

Wir, Sabine, Christine und Andrea, waren im Jahr 1997 Studentinnen des Fachbereiches Sozialwesen an der Fachhochschule Fulda im 7. Semester mit dem Schwerpunkt Heil- und Behindertenpädagogik. Gleichzeitig nahmen wir an einem Theorie-Praxis-Seminar in der Vorklasse der Schloß-schule in Neuhof / Kreis Fulda teil. Im Rahmen unserer Diplomarbeit förderte jede von uns ein Kind mit Entwicklungsverzögerungen in den Bereichen der Wahrnehmung, Motorik und Sprache. Angeregt durch unsere motopädagogische Zusatzausbildung war unsere Förderarbeit stark psychomotorisch orientiert.

Ich, Marion Rothkegel, bin Lehrerin für Grund-, Haupt- und Realschule und leite seit 1982 die Vorklasse, in der die Studentinnen hospitierten.

Lehren und Lernen: Theorie und Praxis zwischen der Fachhochschule und der Vorklasse

Das Verfahren 'Diagnostik mit Pfiffigunde' wurde uns im Rahmen eines Seminars im Studienschwerpunkt Heil- und Behindertenpädagogik vorgestellt. Dies erfolgte als Referat in einer sehr theoretischen Form, was bei uns noch wenig Begeisterung hervorrief. 'Diagnostik mit Pfiffigunde' war bis dahin eines von vielen Verfahren, welches uns während des Studiums vorgestellt wurde. Erst nachdem in unserer Praxisstelle die Vorklassenleiterin, die gleichzeitig Lehrbeauftragte an der Fachhochschule Fulda war, den Demonstrationsfilm zum Verfahren zeigte, fanden wir Interesse an Pfiffigunde. Jetzt waren wir neugierig und wollten das Verfahrens näher kennenlernen.

Die Durchführung des Verfahrens erlernten wir durch Studieren des Buches, Anschauen des Demonstrationsfilms, Nachahmung des Gesehenen und Ausprobieren. Schauspielerisches Talent ist nicht unbedingt erforderlich, doch sollte man sich trauen und mutig sein, in eine Rolle zu schlüpfen.

Warum wir dieses Verfahren auswählten und durchführten – wie profitierten die einzelnen Beteiligten?

– *Aus Sicht der Studentinnen:*
Nachdem im Rahmen unserer Diplomarbeit jede ein Vorklassenkind ein Schuljahr lang intensiv in Einzel- und Kleingruppen gefördert hatte, war es

für uns von Interesse, den aktuellen Entwicklungsstand zu überprüfen. Dies geschah im Hinblick auf die Einschätzung der Schulfähigkeit und zur Dokumentation unserer Förderarbeit. Besondere Bedeutung hatte für uns die Videographierung. Bei der Auswertung konnte unser noch nicht so geübter und erfahrener Blick alle entscheidenden Momente beliebig oft anschauen. Für die noch offenstehenden Fragen und Zweifel konnten wir eine erfahrene Fachkraft mit heranziehen. So wurde die Reflexion des eigenen Verhaltens und das des Kindes ermöglicht.

Die an die Märchenhandlung gebundenen Aufgaben (wie z. B. sich gerade hinsetzen, Papier mit einer Hand zerknüllen, etc.) sind gut auf alltägliche Situationen zu übertragen und erleichtern eine 'Diagnostik im Alltag'. Teile des Tests können in andere Situationen oder Zusammenhänge eingebettet werden. So ist es möglich, kreativ andere Rollenspiele zu gestalten und gleichzeitig evtl. Auffälligkeiten zu diagnostizieren. Somit fördert der Test auch die eigene Kreativität. Trotz fester Arbeitsanweisungen läßt der Test genügend Freiraum beim Darstellen der einzelnen Figuren und Situationen.

– Aus Sicht der Kinder:

Das Verfahren ist ganzheitlich und kindorientiert. Uns gefiel Pfiffigunde besonders, weil es mit Fröhlichkeit und lustbetont durchgeführt werden kann. Die Kinder werden in magischer Weise motiviert, Wahrnehmungs- und Bewegungsleistungen spielerisch durchzuführen. Für alle drei Kinder war es nicht das erste Mal, daß sie getestet wurden. Doch im Gegensatz zu den üblichen Diagnostikverfahren fühlten sie sich mit Pfiffigunde nicht getestet. Sie waren durch das Rollenspiel sehr motiviert, identifizierten sich mit ihren Rollen, die sie magisch anzogen. Sie sahen den Test als eine Mutprobe an, bei der sie ihre eigenen Grenzen kennenlernten, sich selbst spürten und neue Möglichkeiten ihrer Fähigkeiten erkannten. Sie arbeiteten trotz der Länge des Tests durchgängig sehr konzentriert mit (als neue Grenzerfahrung).

Obwohl manche Aufgaben von den Kindern nicht oder nur teilweise gelöst werden konnten, entwickelten sie den Ehrgeiz, die Aufgaben so gut wie möglich zu lösen. Trotz unterschiedlicher Fähigkeiten trat das Gefühl der Minderwertigkeit und Versagensängste zu keinem Zeitpunkt auf, da sie gemeinsam Pfiffigunde retten wollten. Zudem war es für die Kinder ein Erlebnis, ein diagnostisches Verfahren ohne Zeitdruck spielerisch zu bewältigen.

– Aus Sicht der anderen Institutionen:

Nachdem wir das Verfahren an der Fachhochschule theoretisch kennengelernt hatten, war es wichtig, die praktische Umsetzung zu zeigen und somit das Verfahren auch für die anderen StudentInnen interessant zu machen. Die Professorin erhielt mit der Diplomarbeit auch die Videodokumentation. Diese wird nun in Seminaren gezeigt.

Ein Schwerpunkt stellt für uns die interdisziplinäre Zusammenarbeit dar. So stellten wir unsere Diplomarbeiten und die Videodokumentation allen mit den Kindern weiterarbeitenden Therapeuten und Pädagogen zur Verfügung. Sie konnten sich ein Bild über den Entwicklungsstand machen. Allerdings machten die Grundschulen nur wenig Gebrauch, zeigten jedoch auch keine Ablehnung.

– *Aus Sicht der Lehrenden:*

Der Unterschied in der Bewertung und im Einsatz der 'Diagnostik mit Pfiffigunde' in der Schule und Fachhochschule liegt im 'Know-how' der Sache selbst. Vielen KollegInnen im Arbeitsfeld Schule fehlt leider aufgrund nicht zeitgemäßer erster und zweiter Lehrerausbildung das Wissen über Entwicklungsbedingungen, -verzögerungen, bzw. -störungen von Kindern. Sie können nur schwer Begrifflichkeiten und Bedeutungsgehalte von Beobachtetem und Erlebtem einordnen und verarbeiten. Obwohl sie es gerne möchten! Studenten der Fachhochschule bekommen durch 'Pfiffigunde' das 'Know-how' und auch die Verknüpfung mit der konkreten Durchführung. Dafür sind sie sehr dankbar und motiviert zu mehr.

Im Rahmen eines Studiums der Sozialpädagogik, hier mit dem Schwerpunkt Heil- und Behindertenpädagogik, war es mir als Lehrender besonders wichtig, den Studentinnen eine ´andere' Diagnostik vorzustellen. Eine Diagnostik, die <u>nicht</u> die Schwächen der zu diagnostizierenden Kinder in den Mittelpunkt stellt, sondern eine ganzheitliche und kindgerechte Befunderhebung darstellt. Die Lernenden sollten ein Verfahren kennenlernen, daß nicht <u>einzelne</u> kognitive Leistungen bzw. einzelne ´Sinnesleistungen' oder ´Bewegungsanteile' mißt. Sie sollten ein Verfahren kennenlernen, welches das Kind in seiner Komplexität der ihm eigenen natürlichen Wahrnehmungs- und Bewegungsabläufe erfahrbar und erfaßbar macht. „... daß Sinn und Zweck diagnostischer Erhebungen in der heilpädagogischen Fallarbeit nicht in der objektivierenden Messung isolierter Persönlichkeitsmerkmale noch in der Erstellung einer umfassenden Persönlichkeitsdiagnose liegen, sondern in der Sicherung konkreter Entwicklungsbedingungen orthodidaktischer und heilpädagogischer Fördermaßnahmen sowie in ihrer prozeßbegleitenden und valuierenden Funktion" (Gröschke, D., Praxiskonzepte der Heilpädagogik, München 1989, S. 1976).

Die Videographierung hat sich als eine differenzierte Beurteilung durch die Studenten und als eine wesentliche Erleichterung bzw. als große Hilfe in visualisierter Form zur Beurteilung der Wahrnehmungs- und Motorikentwicklung der zu untersuchenden Kinder erwiesen. Die im Demonstrationsfilm gegebenen ´Beobachtungs- bzw. Sehschwerpunkte' und deren Erläuterungen helfen dem Lernenden, ´förderdiagnostisches Sehen und Beurteilen' anzubahnen und weiterzuentwickeln.

Die Auswertung im 2er Team trug zur Sensibilisierung und Objektivierung subjektiver Einschätzungen des Beobachteten im Verfahren bei.

Der Einsatz von 'Diagnostik mit Pfiffigunde' macht für mich als Lehrende effektives und exemplarisches Arbeiten im Bereich heilpädagogischer Diagnostik möglich.

Durchführung für Lernende

Die Diagnostik mit Pfiffigunde war das erste komplexe Verfahren, welches wir als Studentinnen nicht nur theoretisch an der Fachhochschule vorgestellt bekamen, sondern in Eigenregie von Anfang an selbständig durchführten.
Für StudentInnen oder auch Berufsanfänger oder andere Neulinge ist es sicherlich noch viel wichtiger als für ´alte Hasen', sich viel Zeit für die Vorbereitung zu nehmen. Neben der Erstellung der Materialien gehört hierzu das Studium des Buches und das genaue Anschauen des Filmes. Die Beobachtungs- und Literaturhinweise im Buch unterstützten uns bei der Vorbereitung besonders. Das Dokumentationsvideo lieferte einen guten Beitrag, das bisher erlernte theoretische Wissen zuzuordnen und anzuwenden (z. B. durch die Untertitel).
Wer seine Diplomarbeit über ein Kind oder mehrere Kinder schreibt und den aktuellen Entwicklungsstand mit 'Diagnostik mit Pfiffigunde' überprüfen möchte, sollte es mind. in einem Probedurchlauf vorher mit anderen Kindern üben. Die eigene anfängliche Unsicherheit könnte sich evtl. auf die Kinder übertragen und das Ergebnis verfälschen. Nach jeder Durchführung erhält man mehr Sicherheit!
Hat der Durchführende keinen Materialkoffer zur Verfügung, sollte viel Zeit für die Vorbereitung der zahlreichen Materialien, das Organisieren der Kamera und der Gestaltung des Raumes mit eingerechnet werden. Wir benötigten hierfür ca. 2 Arbeitstage.

Fazit:

Wir als Studentinnen hatten durch 'Diagnostik mit Pfiffigunde' die Möglichkeit bekommen, unseren bisherigen theoretischen Wissensstand zu überprüfen und zu erweitern. Durch das Auswerten der Videographierung konnten wir zudem unser eigenes Verhalten in den verschiedenen Spielsituationen und den Kindern gegenüber reflektieren und persönliche Rückschlüsse ziehen. Durch die Hilfe unserer Fachfrau Marion Rothkegel wurde uns bei der Analyse des Videos gezeigt, was wir selbst noch nicht sehen konnten oder aber wozu uns bisher das Wissen fehlte.

Zusammenfassend können wir als Lernende sagen, daß dieses kindgerechte Verfahren uns und vor allem die Kinder begeistert hat. Deren Begeisterung wirkte wiederum auf uns so ansteckend, daß wir mittlerweile einzelne Märchensituationen direkt aus der Pfiffigunde oder aber selbst erfundene in unsere Arbeit mit einbauen und so für uns einen kreativen und sehr persönlichen Arbeitsstil entwickeln konnten.

3

'Diagnostik mit Pfiffigunde' in der Psychomotorikausbildung

Anne Bolzmann, Katja Weber

Erstellung eines Fördergutachtens

Vorwort

Am Fachbereich Sozialpädagogik (Fachhochschule Darmstadt) haben wir im Rahmen unseres Studiums die Zusatzausbildung zur Lehrbefähigung für den Sportförderunterricht in Schulen sowie für die Kompensatorische Bewegungserziehung und Psychomotorik in sozialpädagogischen Arbeitsfeldern absolviert.

Die Zusatzausbildung ist folgendermaßen strukturiert:
In den ersten drei Semestern werden Erfahrungen in einer 'Sport- und Spielpraxis' gemacht und die Theorieseminare 'Sport und Gesellschaft' sowie 'Motopädagogik' besucht. Ab dem 4. Semester schließen sich die beiden Praxisveranstaltungen 'Sportförderunterricht I + II' sowie die Theorieseminare 'Sportmedizin', 'Bewegungs- und Trainingslehre – Didaktik und Methodik der Motopädagogik' und 'Motodiagnostik' an.
Neben zwei Klausuren und zwei praktischen Prüfungen (Lehrproben) steht am Ende der Zusatzausbildung das Fördergutachten als Abschlußprüfung.
Im Rahmen des 'Motodiagnostik'-Seminars hielt Barbara Cárdenas einen Gastvortrag über das Verfahren 'Diagnostik mit Pfiffigunde'. Daraufhin ent-

schieden wir uns dazu, diese Methode bei der Erstellung unseres Förder-gutachtens anzuwenden.

Durch Praktika in psychomotorischen Arbeitsfeldern hatten wir bereits Kontakt zu einer Grundschulklasse. Nach Absprache mit der Lehrerin und den Eltern wählten wir einen Jungen aus, den wir im folgenden Michael nennen. Die Erstellung des Gutachtens erfolgte im Jahr 1995. Zu diesem Zeitpunkt war Michael 8 Jahre alt und besuchte die erste Klasse.

Das Gutachten gliedert sich grob in drei Bereiche. Der Anfangsteil beinhaltet eine Personenbeschreibung und die Darstellung der familiären Situation. Im Hauptteil wird auf das Diagnoseverfahren und dessen Ergebnisse eingegangen. Den abschließenden Teil bilden Fördervorschläge für Michael.

1. Einleitung

Zur Entstehung dieses Gutachtens war das Interesse der Klassenlehrerin an der Entwicklung von Michael ausschlaggebend. Dieses Gutachten hatte das Ziel, Michaels Entwicklungsstand festzustellen und herauszufinden, ob eine Förderung für ihn sinnvoll ist. Neben der Durchführung des Testverfahrens hatten wir die Möglichkeit, Michael im Sport- und im Schulunterricht zu beobachten und kennenzulernen.

Die folgenden Aussagen in den Punkten 2 bis 4 stützen sich auf Informationen von der Klassenlehrerin, mehreren Gesprächen zwischen der Klassenlehrerin und Michaels Mutter, dem Jahresbericht 1993/1994 der Grundschule und eigenen Beobachtungen. Ein Gespräch zwischen uns und den Eltern kam nicht zustande.

2. Anamnese

Michael ist am 27.02.1987 geboren und besitzt die deutsche Staatsangehörigkeit. Er hat einen vier Jahre älteren Bruder und eine vier Jahre jüngere Schwester. Zusammen mit seinen Geschwistern und seinen Eltern wohnt er in einer kleinen Ortschaft in Hessen. Dort besuchte Michael den Kindergarten. 1993 kam er aufgrund eines sprachheilpädagogischen Gutachtens in die Vorklasse einer Sprachheilschule. Dort erhielt Michael logopädische Behandlung. Außerdem nahm er an Leseförderstunden teil. Im Anschluß an die Vorklasse wurde er in die erste Klassenstufe versetzt.

3. Familiäre Situation

Wir wollen versuchen, mit Hilfe der uns bekannten Informationen die familiäre Situation darzustellen.

Michael und sein älterer Bruder halten sich häufig zusammen in einem Zimmer auf, obwohl jeder ein eigenes Zimmer besitzt. Sie verbringen dann viel Zeit damit, sich zu streiten und zu schlagen. Michael äußert beinahe täglich, daß er seinen Bruder umbringen möchte.

Michaels Bruder besuchte bis zur fünften Klasse die Regelschule. Da er noch nicht lesen konnte, wechselte er zum Schuljahr 1995/1996 in die Schule für Lernhilfe.

Die Mutter von Michael bringt häufig ihre Angst zum Ausdruck, daß Michaels Entwicklung ähnlich wie die seines Bruders verlaufen könnte. Vor allem in Bezug auf die Erziehung wirkt die Mutter eher hilflos, ängstlich und nicht durchsetzungsfähig. Sie fühlt sich mit der Erziehung der Kinder überfordert und findet nicht die Ruhe, sich mit Michael zu beschäftigen. Inkonsequentes Verhalten zeigt sie, indem sie seit längerem verspricht, den Empfehlungen der Klassenlehrerin nachzukommen, mit Michael zum Hals-Nasen-Ohren-Arzt und zur Krankengymnastik zu gehen, dies aber noch nicht unternommen hat.

Die Mutter vermeidet den Kontakt zur Schule. Sie kommt weder zu Elternabenden noch zu anderen Schulveranstaltungen. Ein einziges Mal besuchte sie den Elternsprechtag, da die Klassenlehrerin sie eindringlich darum gebeten hatte.

Zum Vater besteht kein Kontakt, da er bisher nie in der Schule war. Er ist seit seiner frühesten Kindheit schwerhörig, weshalb Telefonate mit ihm nicht möglich sind. Seine Schwerhörigkeit wird von der Familie als ein großer Mangel empfunden. In der Wohnung ist es ständig sehr laut. Den hohen Lärmpegel begründet die Mutter damit, daß alle wegen der Schwerhörigkeit des Vaters sehr laut sprechen bzw. schreien müssen.

4. Personenbeschreibung und diagnostische Vorinformationen

Zu Hause spielt Michael am liebsten Spiele aus dem grobmotorischen Bereich, z.B. Fangen. Er verbringt sehr viel Zeit mit seinem Fußballtraining. Ansonsten sieht er fern oder spielt Nintendo. Häufig streitet er sich mit seinem Bruder.

In der Schule war Michael anfangs gehemmt; dies kehrte sich nach kurzer Zeit ins Gegenteil um. Er ist oft überschwenglich, ausgelassen und hat einen großen Drang, sich zu bewegen. Er kann sich ansatzweise beherrschen und Grenzen akzeptieren, solange ein Erwachsener anwesend ist. Es fällt ihm leicht, Kontakte zu knüpfen, wobei er körperliche Zuwendung ablehnt. Bei Berührungen zuckt er zurück, sucht dagegen Berührungen im 'Kampf'. Er hat Angst vor Neuem und wenig Selbstvertrauen. Dies zeigt sich auch darin, daß er Aufgaben vermeidet, bei denen er annimmt, daß er sie nicht ausführen bzw. lösen kann. Manchmal ist er unausgeglichen und unkonzentriert. Von seiten der Klassenlehrerin besteht die Vermutung, daß er sich nicht konzentrieren könne, weil er Angst habe, zu versagen. Sie ist der Ansicht, daß er eine Umgebung bräuchte, in der er auch Fehler machen dürfe.

Sein Sprachverhalten läßt einen Dysgrammatismus erkennen. In seiner Aussprache treten häufig Zischlaute auf. Sowohl beim Lesen als auch beim Rechnen zeigen sich bei ihm Schwächen. Im Laufe des letzten Schuljahres machte er beim Lesen keine Fortschritte.

In der mündlichen Mitarbeit war er anfangs durch seinen Dysgrammatismus gehemmt, fühlte sich jedoch bald akzeptiert und beteiligte sich daraufhin lebhaft am Unterricht. Er meldet sich nicht, sondern ruft die Antworten der Lehrerin zu und wartet ihre Reaktion ab.

Seine Schwierigkeiten, sich kontinuierlich zu konzentrieren, zeigen sich darin, daß er sich leicht ablenken läßt. Dies verbesserte sich merklich im Verlauf des letzten Schuljahres. Er kann sehr gut für sich alleine arbeiten. Bei schriftlichen Arbeiten muß er oftmals zum Durchhalten und zu sorgfältiger Arbeitsweise angehalten werden.

Er hat ein durchschnittliches Aufgabenverständnis. Anfangs brauchte er ab und zu erklärende Hilfestellungen. Jetzt führt er Aufgaben sachgerecht aus.

Angebote feinmotorischer Art, wie z.B. Puzzeln, Stempeln usw., interessieren ihn nicht. In der Pause tobt er am liebsten wild herum, hat jedoch gelernt, in der Klasse mit seinem Temperament umzugehen. Er kann auch vertieft und kooperativ spielen.

Sein soziales Verhalten ist weit entwickelt. Er ist 'tragende Säule', 'Vermittler' und 'Chef' der Klasse. Für die Klassengemeinschaft setzt er sich ein und hat Ideen, Probleme zu lösen. Eine Mitschülerin, die häufig stiehlt, weist er in ihrem Verhalten zurecht. Außerdem ist er der einzige, der Kontakt mit einem mutistischen Mitschüler hat und ihn zum Sprechen bringen kann.

1993 wurde an der Heidelberger Universitätsklinik mit Michael ein Hörtest durchgeführt, der ohne besondere Auffälligkeiten verlief. Im Dezember 1994 wurde ein Audiogramm von Michael erstellt. Die Ergebnisse waren bis auf den Sprachbereich eher unauffällig.

Nach Aussagen der Lehrerin sind bei Michael jedoch Entwicklungsrückstände im Bereich der statomotorischen, der visuellen und der akustischen Koordination festzustellen. Die Klassenlehrerin vermutet, daß bei ihm eine Teilverarbeitungsschwäche (z.B. in der auditiven Figur-Grund-Wahrnehmung) vorhanden ist.

Trotz der Fülle an Vorinformationen war die Lehrerin über Michaels Entwicklungsstand unsicher und wünschte sich diesbezüglich eine weitere Überprüfung. Deshalb führten wir mit Michael das Diagnoseverfahren durch.

5. Verhaltensbeobachtung in einer freien Situation

Im folgenden beschreiben wir Michaels Verhalten während einer Schulsportstunde. Diese fand mit zwei Schulklassen und deren beiden Klassenlehrerinnen in der Aula statt. Die Aula dient als Ersatz für die Turnhalle und hat eine Fläche von ca. 60 Quadratmetern.

Schon vor dem offiziellen Beginn der Stunde kamen die meisten SchülerInnen in die Aula. Michael nutzte diese Zeit, um einige Runden durch die Aula zu rennen und sich auszutoben.

Die Stunde begann damit, daß die zwei Klassenlehrerinnen mit zwei großen Kästen, die mit Plastikeierschalen (von Überraschungseiern) gefüllt waren, in die Aula kamen. Anschließend durften alle SchülerInnen die Behälter ausleeren. Zunächst hatten sie genug Zeit, Verschiedenes mit den Eierschalen auszuprobieren, wobei es keine Vorgaben von den Lehrerinnen gab. Die SchülerInnen nutzten dieses offene Angebot, indem sie die Eierschalen herumkickten, hin- und herwarfen und hindurchrannten. Michael war aufmerksam und aktiv beim Spielgeschehen dabei und hatte offensichtlich Spaß daran. Teilweise schloß er sich anderen SchülerInnen an und zertrampelte die Eierschalen.

Da es sehr laut zuging, wurden die SchülerInnen aufgefordert, sich in einem Vorraum im Sitzkreis zu versammeln, um den weiteren Verlauf der Sportstunde zu besprechen. Michael blieb vorerst abseits des Sitzkreises stehen. Die Aufforderung seiner Klassenlehrerin, sich mit in den Kreis zu setzen, verweigerte er mit der Begründung, daß dabei seine Hose kaputt gehe. Später setzte er sich doch mit in den Kreis.

Daraufhin erzählte die Klassenlehrerin, daß nun gemeinsam aus Tischen und Kästen eine Art 'Auffangbecken' für die Eierschalen gebaut werden solle. Dann sollten alle SchülerInnen die Eierschalen einsammeln und in das 'Auffangbecken' werfen. Michael beteiligte sich zeitweise beim Einsammeln der Eierschalen, zertrat aber wie andere SchülerInnen auch die Eierschalen und warf sie im Raum herum.

Nachdem die meisten Eierschalen eingesammelt waren, durften sich die SchülerInnen nacheinander in das nun entstandene Eierbad hineinlegen. Michael wollte bei diesem Entspannungsteil trotz einer Nachfrage seiner Klassenlehrerin nicht mitmachen.

Stattdessen setzte er sich auf eine Bank, um bereits seine Turnschuhe aus- und seine Straßenschuhe anzuziehen. Dabei benötigte er lange Zeit, um den Knoten der Schleife zu binden, wobei seine Schnürsenkel außerordentlich lang waren. Danach gelang ihm das Vollenden der Schleife gut. Seine neuen Turnschuhe steckte er in seine Sporttasche, die er sich anschließend umhängte.

Während einige SchülerInnen noch darauf warteten, sich in das Eierbad zu legen, beteiligte sich Michael daran, mit zwei anderen Schülern den Hallenboden sauber zu machen. Er kehrte den Staub und die kaputten Eierschalen auf eine Kehrschaufel und rannte anschließend mit der umgehängten Tasche und der vollen Kehrschaufel in der Aula herum, ohne daß ihm etwas herunterfiel.

Wenig später wurde die Sportstunde beendet, woraufhin Michael als einer der ersten den Raum verließ.

Es fiel uns auf, daß Michael während der Sportstunde einen großen Bewegungsdrang zeigte. An den aktiven Teilen der Stunde (freies Spiel mit den Eierschalen, Einsammeln der Eierschalen) beteiligte er sich lebhaft, entzog sich jedoch den ruhigeren Teilen (Sitzkreis, Entspannungsteil).

Da Michael das Rennen mit Tasche und Kehrschaufel ohne Schwierigkeiten gelang, bekamen wir den Eindruck, daß er auch komplexere Bewegungen gut koordinieren könne.

6. Diagnostik

Als Beobachtungsverfahren wählten wir 'Diagnostik mit Pfiffigunde' von Barbara Cárdenas. Es wurde für Kinder im Alter von 5 bis 8 Jahren entwickelt. Die Testaufgaben sind in ein Märchen eingebettet, in dem die Kinder Ritter spielen und der Prinzessin Pfiffigunde bei der Erfüllung dieser Aufgaben helfen. Die Aufgaben stehen in einem sinnhaften Zusammenhang, der die kindliche Phantasie anspricht. Sie geben Aufschluß über die Motorik und Wahrnehmung der Kinder.

Wir haben uns für dieses Beobachtungsverfahren entschieden, weil es im Gegensatz zu den standardisierten Testverfahren einige Vorteile bietet:

- An dem Märchenspiel nehmen 3 Kinder teil. Da die Aufmerksamkeit auf alle gerichtet ist, fühlt sich das einzelne Kind nicht beobachtet. Auftretende Schwächen eines Kindes können durch die Hilfe der anderen ausgeglichen werden. Dadurch kann eine Demotivation des schwächeren Kindes verhindert werden.

- Die Kinder befinden sich nicht in einer unnatürlichen Testsituation, sondern sind Akteure in einem Märchenspiel.

- Die Erfüllung der einzelnen Aufgaben im Märchen trägt zum Gelingen der Gesamtaufgabe bei, so daß die Motivation der Kinder bis zum Schluß aufrecht erhalten werden kann.

- Da die Kinder nicht unter Leistungsdruck stehen, kann eher ein realistisches Abbild der Leistungsfähigkeit gewonnen werden.

- Das Gesamtergebnis ist kein Durchschnittswert, sondern ermöglicht einen Überblick über die individuellen Fähigkeiten und Beeinträchtigungen der Kinder.

Wir führten das Märchenspiel mit Michael und zwei Freunden aus seiner Klasse, Tom und Julia, durch. Dabei wurden die Kinder von zwei weiteren StudentInnen gefilmt. Durch die Videoaufnahmen hatten wir bessere Möglichkeiten der Auswertung, da wir uns die einzelnen Situationen mehrmals und in Zeitlupe anschauen konnten. Zudem ist durch die Aufnahmen eine Überprüfbarkeit der Ergebnisse gegeben.

Im folgenden wollen wir unsere Beobachtungen von Michaels Verhalten, seiner Wahrnehmung und Motorik darstellen und die Ergebnisse auswerten. Dabei orientieren wir uns vorwiegend an den Videoaufzeichnungen und den Eintragungen im Profilbogen.

Abb. 1

Profilbogen

Name: Klasse/Gruppe:

Alter: Testleiter:

Datum: Videoband Nr.:

Grobmotorik

Bewertung:

Muskelspannung	2	1	0	-1	-2
2				X	
9				X	
17				X	
18					X
19		X			

	0	1	2	
Mitbewegungen				
4			X	
11		X		
19		X		
24	X			
Nicht-integrierte Reaktionen				
25	X			
26a				n.b.
26b				n.b.
Gleichgewicht				
9	X			
16		X		
19		X		
22	X			
24		X		
Grobmot. Koordination				
1				n.b.
17				n.b.

	0	1	2	l/r
Seitendifferenz/Asymmetrien

		0	1	2	l/r	
Seitendifferenz/	17a	X				
Asymmetrien	17b					n.b.
	18		X			
	19a	X				
	19b	X				
	22	X				
	24	X			gleich	
	26					n.b.

Feinmotorik

		0	1	2	
Augenmotorik	6			X	
	8			X	
Handmotorik	3				n.b.
/Graphomotorik	4		X		
	7	X			
	11a	X			
	11b		X		
	12		X		
	20	X			
	23	X			
	27	X			
Auge-Hand-Koordination	3				n.b.
/feinmot. Koordination	6			X	
	7	X			
Mundmotorik	30				n.b.
Fußmotorik	16		X		
Körperschema	(23)				
	31	X			
Gedächtnis					
auditiv	5			X	
	5a			X	
	5b			X	
	22			X	
visuell	15	X			

102

Bilateralintegration

		0	1	2	n.b.
Körpermittellinie	3				n.b.
simult. Bew.muster	10	X			
homolateral. Bew.muster	29				n.b.
kreuzkoord. Bew.muster	25	X			
Bilateralintegration	7	X			
	18		X		
	28a	X			
	28b			X	
	28c		X		

Lateralität

		links	rechts	wechselnd	n.b.
Hand Leistungsdominanz	4	X			
	28a			X	
	28b			X	
Hand Präferenzdominanz	3				n.b.
	4		X		
	6			X	
	7		X		
	8	X			
	11		X		
	13		X		
	20		X		
	23		X		
Auge Präferenzdominanz	14	X			
Bein/ Leistungsdominanz	17	X			
Fuß Präferenzdominanz	9	X			
	16			X	
Ohr Präferenzdominanz	21		X		

Wahrnehmung

		0	1	2
Visuelle Wahrnehmung	7	X		
	8			X
	20	X		
	27a	X		
	27b	X		
	27c	X		
Auditive Wahrnehmung	5	X		
I	21	I:0		r:2
Taktile Wahrnehmung	13	X		
Vestibuläre Wahrnehmung	22	X		
	24		X	

6.1 Grobmotorik

Muskelspannung

Die Muskelspannung konnten wir bei fünf verschiedenen Übungen beobachten.

Michael zeigte wenig Anspannung in der Muskulatur, d.h. er hat einen niedrigen Muskeltonus. Dies zeigte sich beispielsweise darin, daß Michael beim Langsitz eine hypotone Haltung einnahm. Er sackte in sich zusammen und saß mit einem leichten Rundrücken sowie einer schlaffen Fuß- und Beinhaltung auf dem Boden.

Beim Hüpfen auf einem Bein kam Michael hart mit dem ganzen Fuß auf dem Boden auf. Dabei zeigte er deutliche Ausgleichbewegungen der Arme. Auch bei dem Sprung vom Kasten kam er mit den ganzen Fußsohlen laut und polternd auf. Außerdem zeigte er eine übermäßige Beugung in den Knien und der Hüfte.

Mitbewegungen

Bei 3 von 4 Übungen konnten wir bei Michael ansatzweise Verkrampfungen der gegenüberliegenden Hand bzw. leichte Mitbewegungen des Mundes beobachten. Dies wurde beim 'Finger-Daumen-Test' und besonders beim einhändigen Zerknüllen eines Blatt Papiers (mit hochgestrecktem Arm) erkennbar.

Einfache Mit- bzw. Spiegelbewegungen sind zu unterscheiden von assoziierten tonischen Reaktionen.
Da wir bei Michaels Bewegungen der unbeteiligten Hand deutliche Verkrampfungen beobachteten, nehmen wir eine assoziierte tonische Reaktion bei ihm an. Die Verkrampfungen sind ab dem Schulalter als Zeichen für eine Reifungsverzögerung oder für Funktionsstörungen übergeordneter motorischer Zentren zu bewerten (vgl. Cárdenas 1993, S. 50).

Nicht integrierte Reaktionen

Eine nicht integrierte Reaktion zeigt sich zum Einen darin, daß beim Krabbeln die Berührung der Handinnenflächen durch den Boden zu einem Faustschluß führt. Zum Anderen zeigt sie sich im Auftreten von tonischen Nackenreaktionen. Bei Michael ist die Reaktion des Faustschlusses gut integriert. Dies wurde durch seine lockere Handhaltung beim Krabbeln sichtbar. In der darauffolgenden Aufgabe sollte das Vorhandensein einer asymmetrischen, bzw. symmetrischen, tonischen Nackenreaktion überprüft werden. Dies war bei Michael nicht möglich, da er der Aufgabenstellung nicht nachkam. Daher versuchten wir, Aufschlüsse darüber bei seinem Krabbeln zu bekommen. Wir beobachteten bei ihm einen eher auf den Boden als nach vorne gerichteten Blick und daß er den Kopf in den Nacken nahm. Es gab keine eindeutigen Hinweise, ob bei Michael nicht integrierte, tonische Nackenreaktionen vorhanden sind.

Gleichgewicht

Bei 3 von 5 Übungen zum Gleichgewicht konnten wir bei Michael eine Gleichgewichtsunsicherheit feststellen.

Im Gegensatz dazu bereitete ihm die Aufgabe, mit ausgestreckten Armen und verbundenen Augen dazustehen, keine Schwierigkeiten. Seine Haltung blieb unverändert, und seine Arme und Hände hielt er ruhig.

Beim Balancieren über den Balken zeigte er nur leichte Ausgleichbewegungen der Arme. Dabei lief er schnell und etwas unsicher.

Sowohl beim Zehengang als auch beim Rückwärtsbalancieren hatte Michael Schwierigkeiten, das Gleichgewicht zu halten.

Besonders deutlich wurde dies auch beim Vorwärtsschieben einer Scheibe mit einem Fuß. Hierbei wechselte Michael häufig den Fuß. Er benötigte aufgrund seiner Gleichgewichtsprobleme sein dominantes Bein ebenso dazu, um darauf einbeinig zu stehen.

Bei Kindern ab 7 Jahren ist die Balance in der Regel gut entwickelt, so daß das durchgängige Vorwärtsschieben der Scheibe mit dem dominanten Fuß gut bewältigt werden kann. Bei Michael kann man daher in diesem Bereich von einer Entwicklungsverzögerung ausgehen.

Grobmotorische Koordination

Die zwei Übungen zur Überprüfung der grobmotorischen Koordination konnten wir nicht auswerten. Deshalb stützt sich die Beschreibung von Michaels grobmotorischer Koordination auf eigene Beobachtungen, die wir in verschiedenen Situationen des Märchenspiels gemacht haben. Michaels Bewegungsabläufe erschienen uns unharmonisch und eckig. Dies fiel uns besonders beim Zehengang und beim einbeinigen Hüpfen auf. Das Ausziehen der Schuhe und Strümpfe sowie das Anlegen der Ritterrüstung verlief eher langsam und ungeschickt.

Seitendifferenz / Asymmetrien

Sieben Übungen gaben uns Auskunft über eine mögliche Seitendifferenz bzw. Asymmetrien bei Michael. Davon dienten zwei Aufgaben der Bestimmung der Seitendifferenz/Asymmetrien der Beine. Beim Zehengang machte Michael mit beiden Beinen gleich große Schritte. Beim einbeinigen Hüpfen konnten wir einen Vergleich der Anzahl der Hüpfer auf dem rechten bzw. auf dem linken Bein nicht anstellen, da die Strecke nicht für die vorgesehene Anzahl der Hüpfer ausreichte. Wir konnten beobachten, daß die Hüpfer des rechten und die des linken Beines keine Unterschiede aufwiesen. Zur Bestimmung der Seitendifferenz/Asymmetrien der Arme gab es drei Aufgaben. Bei zwei Übungen war Michaels Haltung der beiden Arme gleichmäßig. Eine Ausnahme bildete der Sprung vom Kasten, da Michael hier den rechten Arm ein wenig höher hielt als den linken. Die restlichen Übungen zeigten eine Unauffälligkeit.

Insgesamt gehen wir davon aus, daß bei Michael keine Seitendifferenzen/Asymmetrien vorliegen.

Zusammenfassung

Entgegen unseres ersten Eindrucks von Michaels grobmotorischer Koordination (vgl. Punkt 5) ergeben die Beobachtungsergebnisse, daß Michaels grobmotorische Leistung leicht unterdurchschnittlich ist.

Seine Gleichgewichtsunsicherheiten können als eine Folge seiner hypotonen Muskelspannung betrachtet werden. Deswegen wäre es sinnvoll, zunächst eine Erhöhung des Muskeltonus zu fördern, woraus sich auch eine Verbesserung des Gleichgewichts ergeben kann.

Falls bei Michael die Nackenreaktionen nicht integriert sind, könnte dies zu einer erhöhten Aufmerksamkeit für die Beweglichkeit und Stellung seines Nackens führen. Dadurch kann es zu Aufmerksamkeits- und Konzentrationsverlusten im Unterricht kommen. Ebenso können sich aus einer nicht-integrierten Nackenreaktion Schwierigkeiten in der Abstimmung der Graphomotorik und beim Abschreiben von der Tafel ergeben, da diese Handlungen Nackenbewegungen erfordern.

Wir sind der Meinung, daß eine weitere Beobachtung von Michaels Grobmotorik notwendig ist.

6.2 Feinmotorik

Augenmotorik

Das Verfolgen des Zauberstabs mit beiden Augen bereitete Michael Schwierigkeiten. Wir beobachteten, daß er seine Augen nicht rollen konnte und es zu ruckhaften Augenbewegungen bzw. Augensprüngen kam. Michael war nicht in der Lage, das optische Zielverfolgen durchzuführen. Bei der Aufgabe, aus drei auf dem Boden liegenden, verschlungenen Seilen das Ende eines bestimmten Seiles herauszufinden, zog er das verkehrte heraus. Da Michael die Aufgabe, verschlungene Linien auf einem Blatt Papier nachzufahren sowie die anderen drei Aufgaben zur Überprüfung der visuellen Figur-Grund-Wahrnehmung (siehe Item 27) gut lösen konnte, die Aufgabe, das eigene Zauberseil nur mit den Augen herauszufinden jedoch nicht bewältigte, sind bei ihm Probleme mit der Figur-Hintergrund-Differenzierung eher unwahrscheinlich. Vielmehr deutet das oben beschriebene Verhalten auf eine ungenügend entwickelte Augenmotorik hin (vgl. Cárdenas 1992, S. 109). „Sehen ist an das regelrechte Funktionieren sowohl des motorischen Aktionssystems der Augenmuskeln als auch des optischen Apparates von Linsen und Netzhaut gebunden" (Kiphard 1979, S. 82). Wir vermuten, daß bei Michael die Motorik der Augenmuskulatur beeinträchtigt ist, empfehlen aber zusätzlich eine Überprüfung des Sehens mit dem optischen Apparat beim Augenarzt.

Handmotorik / Graphomotorik

Zur Beobachtung der Handmotorik/Graphomotorik waren 9 Übungen bestimmt.

Hiervon konnte die Aufgabe, eine vor dem Körper ausgelegte Reihe von 'Goldstücken' mit einer Hand aufzulesen, nicht ausgewertet werden. Es sollte beobachtet werden, ob Michael den Pinzettengriff beherrscht und ob er seine Körpermittellinie kreuzen kann. Nachdem er ein 'Goldstück' im Pinzettengriff aufgelesen hatte, warf er die restlichen 'Goldstücke' schnell mit beiden Händen in die dafür vorgesehene Dose. Bei 4 anderen Aufgaben bestätigte sich jedoch, daß Michael den Pinzettengriff gut ausführen kann und seine Stifthaltung locker ist.

Beim Finger-Daumen-Test erwiesen sich seine Fingerbewegungen als fließend, wohingegen er ab und zu Schwierigkeiten mit der Wende hatte.

Bei der Aufgabe, eine Schleife bzw. einen Knoten zu binden, legte Michael – wie die anderen Kinder auch – die Schnurenden nur gekreuzt übereinander. Aus vorherigen Beobachtungen wissen wir jedoch, daß Michael eine Schleife binden kann.

Michael benötigte beim Zusammenknüllen eines Blatt Papiers mit seiner rechten (dominanten) Hand Pausen, und es strengte ihn sehr an. Wir bemerkten, daß ihm das einhändige Zusammenknüllen mit der linken Hand leicht fiel.

Aus Beobachtungen freier Situationen schlußfolgern wir, daß Michael Tätigkeiten außerhalb des graphomotorischen Bereichs mit seiner linken Hand besser ausführen kann als mit seiner rechten. Seine Handmotorik/Graphomotorik ist eher unauffällig, jedoch löst er manche Aufgaben etwas langsam.

Auge-Hand-Koordination / feinmotorische Koordination

Michael konnte auf einem Blatt mit verschlungenen Linien eine bestimmte Linie durchgängig mit einem Stift markieren, ohne von dieser abzuweichen. Hierfür ist eine gute Koordination von Auge und Hand nötig.

Den selbstbewegten Zauberstab konnte er nicht mit seinen Augen verfolgen. Dabei war sein Blick starr und ins Leere gerichtet. Dies führen wir auf seine Augenmotorikschwäche und nicht auf eine Störung der Auge-Hand-Koordination zurück, da er insgesamt bei den Papier-Bleistift-Aufgaben eine gute Auge-Hand-Koordination zeigte (siehe Item 7, 27).

Fußmotorik

Michael konnte die Scheibe, die auf einer markierten Linie mit einem Fuß vorwärtsgeschoben werden sollte, nicht gut steuern und wechselte häufig den Fuß. Seine Schwierigkeiten führen wir darauf zurück, daß er aufgrund seiner Gleichgewichtsunsicherheiten sein dominantes Bein ebenfalls als Standbein benötigt.
Normalerweise ist die Balance ab 7 Jahren gut entwickelt, und die Scheibe kann mit dem dominanten Bein geschoben werden (vgl. Cárdenas 1992, S. 74).

Zusammenfassung

"Die Augen sind das wichtigste menschliche Informationsorgan ... Die Intaktheit des gesamten Sehvorgangs stellt die Grundvoraussetzung dar, sowohl für die Bewegungskoordination als auch für die optische Wahrnehmung und alle sich daraus ergebenden konkret anschaulichen Denkleistungen" (Kiphard 1979, S. 82).

Eine Beeinträchtigung der Augenmotorik kann eine Lese-Rechtschreib-Schwäche mitverursachen.

Probleme der Augenmotorik können durch Nackenbewegungen kompensiert werden. Deshalb wäre es eine Doppelbelastung, wenn neben einer Beeinträchtigung der Augenbeweglichkeit auch eine nicht-integrierte Nackenreaktion vorliegt.

Außerdem besteht die Gefahr, daß sich aus einer reduzierten Augenmotorik eine Sehbehinderung ergibt. Deswegen ist bei Michael eine weitere Überprüfung sowie eine gezielte Förderung seiner Augenmotorik dringend notwendig.

Da Michael mit seiner linken Hand Aufgaben oft leichter lösen konnte als mit seiner rechten, entstand bei uns die Frage, ob er zum Rechtshänder umerzogen wurde. Diese Vermutung wurde verstärkt dadurch, daß er bei

Ohr, Auge, Bein und Fuß linksdominant ist.

Bei einer Umerziehung kann es zu Schwierigkeiten mit der Wahrnehmung der Raumlage kommen. Da Michaels Wahrnehmung der Raumlage gut entwickelt ist und er mit der rechten Hand locker und flüssig schreiben kann, wäre eine Umerziehung auf die linke Hand nicht ratsam. Man sollte ihm jedoch eine verstärkte Hinzunahme der linken Hand ermöglichen.

6.3 Körperschema

Die Kinder erhielten die Aufgabe, jede/r für sich den Abstand eines Lakens zum Boden zu bestimmen, so daß sie gerade noch darunter durchgehen bzw. durchkrabbeln konnten. Zur Erfüllung dieser Aufgabe brauchen die Kinder ein intaktes Körperbild (vgl. Cárdenas 1992, S. 105). Wir gehen davon aus, daß Michael eine realitätsnahe Vorstellung von der Ausdehnung seines Körpers und seiner Körpergrenzen entwickelt hat, da er die Aufgabe richtig löste.

An anderer Stelle sollten die Kinder sich selbst malen. Es ist möglich, eine qualitative Bewertung des Körperschemas nach Koppitz 1972 oder Ziler 1970 durchzuführen (vgl. Cárdenas 1992, S. 91). Wir wollen uns auf eine Beschreibung von Michaels Zeichnung beschränken und sie in Zusammenhang mit den Gesamtergebnissen des Beobachtungsverfahrens bringen (siehe Abb. 1).

Das Bild vermittelt den Eindruck eines fröhlichen Jungen. Michael konnte die Proportionen seiner unteren Körperhälfte gut darstellen, wohingegen die Proportionen seiner oberen Körperhälfte nicht stimmig waren. Er zeichnete die Arme verkürzt und den Hals ungewöhnlich lang. Die Darstellung seines Körpers könnte im Zusammenhang damit stehen, daß ihm Tätigkeiten, bei denen die Beine benötigt werden (z.B. Rennen, Fußball spielen), leichter fallen als Tätigkeiten, bei denen er seine Arme bzw. Hände einsetzen muß.

Michael malte sich ohne Ohren. Dies könnte in Verbindung mit der bei ihm vermuteten Schwäche der auditiven Figur-Grund-Wahrnehmung stehen (vgl. Punkt 4).

Michael malte sein linkes Auge kleiner als sein rechtes, sein linkes Bein kürzer als sein rechtes, und seinen rechten Arm kürzer als seinen linken.

Insgesamt ist die Zeichnung nicht sehr ausdifferenziert. Das gezeichnete Körperschema entspricht nicht dem erwartungsgemäßen Stand eines 8jährigen Kindes. Es sollte dabei berücksichtigt werden, daß eine Zeichnung auch von der Motivation des Kindes abhängig ist.

6.4 Gedächtnis

Um Michaels visuelle Gedächtnisleistung festzustellen, sollte er sich ein vorgegebenes Zeichen merken und nach kurzer Zeit wiedererkennen. Michael wählte sofort die richtige Lösung, weshalb wir davon ausgehen, daß er ein gut entwickeltes visuelles Kurzzeitgedächtnis hat.

Das auditive Kurzzeitgedächnis wurde kontrolliert, indem Michael zum einen drei- bis sechssilbige vorgesprochene Wörter wiedergeben sollte und sich zum anderen an einen von der Spielleiterin benannten Gegenstand und dessen Farbe aus der vorherigen Übung erinnern sollte. Beim Nachsprechen der Silben zeigte sich bei Michael sowohl eine zu kleine verbale Erfassungsspanne (d.h. der Umfang des speicherbaren Inhalts ist für sein Alter zu gering) als auch eine verminderte sequentielle Speicherung (d.h. die Erinnerung und Wiedergabe der korrekten Reihenfolge der Silben ist gestört) (vgl. Cárdenas 1992, S. 52).

Bei der zweiten Aufgabe konnte sich Michael weder an den Gegenstand noch an dessen Farbe richtig erinnern, obwohl er bei der vorangegangenen Hörprüfung zumindest die Farbe gut gehört hatte. Wir schließen daraus, daß bei Michael eine Beeinträchtigung der Leistung des auditiven Kurzzeitgedächtnisses vorliegt.

Zur Unterscheidung und 'im Gedächtnis behalten' verschiedener akustischer Signale ist eine gut ausgebildete Figur-Grund-Differenzierung notwendig (vgl. Kiphard 1979, S. 87).

Wie aus Michaels Schulakte hervorgeht, liegt bei ihm eine eingeschränkte Figur-Grund-Wahrnehmung im auditiven Bereich vor, welche wiederum seine auditive Gedächtnisschwäche bedingen kann.

Wenn mit sechs bis sieben Jahren ein sechssilbiges Wort nicht richtig nachgesprochen werden kann, so können sich daraus auch Leseschwierigkeiten ergeben, da beim Lesen die Silben in der richtigen Reihenfolge zusammengezogen werden müssen (vgl. Cárdenas 1992, S. 52). Dieser Zusammenhang könnte auch bei Michaels Leseschwäche eine Rolle spielen.

Durch ein eingeschränktes auditives Kurzzeitgedächtnis kann um so weniger Stoff aufgenommen und reproduziert werden, je komplexer und umfangreicher der Stoff des Unterrichts wird. Wird die Toleranzgrenze überschritten, kann das Aufnahmevermögen sogar ganz zusammenbrechen, so daß nichts mehr verstanden wird (vgl. Cárdenas 1992, S. 53).

6.5 Bilateralintegration

Unter Bilateralintegration versteht Cárdenas das koordinierte Zusammenspiel beider Körperhälften (vgl. Cárdenas 1992, S. 109).

Im Beobachtungsverfahren zeigte sich, daß Michael je eine Aufgabe zur Bestimmung des simultanen sowie des kreuzkoordinierten Bewegungsmusters als auch zwei Aufgaben zur Beurteilung der Bilateralintegration gut ausführte. Ob bei Michael das homolaterale Bewegungsmuster ausgebildet und ihm das Kreuzen der Körpermittellinie möglich ist, konnten wir nicht feststellen, da er die entsprechenden Übungen nicht wie vorgesehen ausführte. Allerdings äußerte die Klassenlehrerin hierzu in einem Gespräch die Vermutung, daß Michael eventuell Schwierigkeiten habe, die Körpermittellinie zu überkreuzen. Wäre dies tatsächlich der Fall, könnte man auf eine gestörte Bilateralintegration schließen.

Beim Sprung vom Kasten mit beiden Beinen kam Michael mit einem Fuß eher auf dem Boden auf, und sein Körper war leicht zur Seite geneigt.

Michael fiel es schwer, gleichgerichtete Kreise in die Luft zu zeichnen. Hierbei verliefen die Bewegungen der beiden Arme nicht synchron und waren nicht als Kreise erkennbar. Zudem vollzog er den Richtungswechsel der Kreise nicht flüssig.

Die zwei zuletzt genannten Aufgaben können Hinweise dafür sein, daß das koordinierte Zusammenspiel beider Körperhälften bei Michael noch nicht vollständig entwickelt ist.

Dabei ist zu beachten, daß die für die gleichgerichteten Kreisbewegungen notwendige Integrationsleistung des Großhirns sowie der reibungslose Richtungswechsel häufig erst bei achtjährigen Kindern vorhanden ist.

Wir sind der Meinung, daß die Gesamtheit der Beobachtungsergebnisse zur Bilateralintegration für eine Beurteilung nicht genug aussagekräftig ist. Michaels Bilateralintegration erscheint uns eher unauffällig, sollte aber weiterhin beobachtet werden.

6.6 Lateralität

Unter Lateralität versteht Cárdenas die bevorzugte Verarbeitung bestimmter Prozesse in einer Großhirnhemisphäre. Im Beobachtungsverfahren wurden Untersuchungen zur Präferenzdominanz und teilweise zur Leistungsdominanz der Hände, Augen, Beine/Füße und Ohren durchgeführt. Präferenzdominanz kann man als überwiegend spontanen Gebrauch eines Körperteils auf einer Körperseite (v.a. bei den Verrichtungen des täglichen Lebens) beschreiben. Leistungsdominanz meint die größere Geschicklichkeit, Genauigkeit, Schnelligkeit oder Kraft eines Körperteils (vgl. Cárdenas 1992, S. 166ff).

Um bei Michael die Leistungsdominanz seiner Hände herauszufinden, haben wir zwei verschiedene Übungen mit ihm gemacht. Während beim spiegelbildlichen bzw. gleichgerichteten Armkreisen keine Dominanz der linken oder rechten Hand zu erkennen war, konnte Michael mit seiner linken Hand ein Blatt Papier leichter und schneller zerknüllen als mit seiner rechten. Bei 8 von 9 Aufgaben ergab sich bei ihm eine eindeutige Präferenzdominanz seiner rechten Hand.

Die Präferenzdominanz der Augen liegt bei Michael auf der linken Seite; dies wurde in der Beobachtungssituation 14 deutlich.

Die Leistungs- und Präferenzdominanz der Beine/Füße ist ebenfalls linksseitig.

Durch undeutliche Aufgabenstellung konnte die Präferenzdominanz der Ohren nicht bestimmt werden.

Zusammenfassung

Es ist besonders auffällig, daß bei Michael keine Spezialisierung auf eine Gehirnhemisphäre ausgebildet ist. Dies zeigt sich darin, daß die Präferenzdominanz seiner Hände rechts, die Leistungsdominanz jedoch links liegt und die Augen, Beine und Füße als Ergebnis ebenfalls eine Linksdominanz aufwiesen. Aufgrund dieses Sachverhalts gehen wir davon aus, daß bei Michael eine gekreuzte Lateralität vorhanden ist.

Viele Untersuchungen haben gezeigt, daß einer gekreuzten Lateralität häufig eine Lese-Rechtschreib-Schwäche folgen kann, da die für das Erlernen des Lesens und der Rechtschreibung notwendige Interaktion der Hemisphären nicht ausreichend gegeben ist.

Nach Cárdenas korreliert die Präferenzdominanz hoch mit der Leistungsdominanz, d.h. in den meisten Fällen liegen beide Dominanzen auf derselben Körperseite. Dies trifft bei Michael in bezug auf seine Hände nicht zu. Deswegen stellt sich uns die Frage, ob er zum Rechtshänder umgezogen wurde.

Umerziehungsversuche können, wie durch Langzeitbeobachtungen festgestellt wurde, Ursachen für verschiedene Störungen sein: z.B. Schwierigkeiten in der Schule, Sprachstörungen und Verhaltensauffälligkeiten (vgl. Cárdenas 1992, S. 110/111).

Diese Überlegungen könnten bei Michael Hinweise auf mögliche Ursachen für die von seiner Klassenlehrerin festgestellte Lese-Rechtschreib-Schwäche geben.

6.7 Wahrnehmung

Visuelle Wahrnehmung

Zur Bestimmung der visuellen Wahrnehmung wurden 5 Aufgaben zur Figur-Grund-Wahrnehmung und 1 Aufgabe zur Raumlage durchgeführt. Die Figur-Grund-Wahrnehmung beschreibt die Fähigkeit des Gehirns, aus der Gesamtheit der einströmenden Reize eine begrenzte Anzahl auszuwählen und diese bewußt und differenziert wahrzunehmen. Um die Raumlage wahrzunehmen, müssen Dinge in Bezug zur eigenen Person oder Dinge untereinander in Beziehung gesetzt werden (vgl. Cárdenas 1992, S. 83, 164).

Michael konnte 4 Aufgaben zur Figur-Grund-Wahrnehmung richtig lösen. Nur die Übung, das eigene Zauberseil mit den Augen herauszufinden, konnte er nicht bewältigen (siehe Punkt 6.2 Augenmotorik). Da wir davon ausgehen, daß bei Michael eine Augenmotorikschwäche vorliegt, jedoch zur Lösung der Aufgabe eine gut funktionierende Augenmotorik notwendig wäre, kann man in diesem Fall nicht auf eine eingeschränkte Figur-Grund-Wahrnehmung schließen.

Das Aufgabenblatt zur Beurteilung der Raumlage (siehe Anhang) bearbeitete Michael mühelos, wobei er die zweite Zeile ausließ. Dies bewerten wir nicht als 'Nicht-können', da Michael häufiger Anweisungen nicht nachkam. Wir sind der Auffassung, daß Michael eine gute Wahrnehmung der Raumlage hat.

Auditive Wahrnehmung

Eine gute auditive Differenzierungsfähigkeit zeigte sich bei Michael darin, daß er beim Nachsprechen eines Zauberspruchs die gehörten Silben korrekt wiedergeben konnte.

Bei der Hörprüfung konnte Michael einen benannten Gegenstand mit seinem rechten Ohr nicht hören, konnte jedoch anschließend die Farbe des Gegenstands mit seinem linken Ohr hören. Es könnte sein, daß er das zweite Wort nur erraten hat, da 'rot' die einzige Farbe mit dem Vokal 'o' ist und Vokale besser verstanden werden können als Konsonanten. Deswegen können wir keine Aussage über die Hörfähigkeit seines linken Ohrs machen.

In der 4. Auflage wurden die Instruktionen des Items 21 verändert: Bei der Hörprüfung werden nicht mehr einsilbige Wörter (z.B. Farbennamen), sondern dreisilbige Wörter (z.B. Rennauto, Luftballon etc.) zugeflüstert.

Taktile Wahrnehmung

Michael löste die Aufgabe, unter verschiedenen Stoffstücken ein zusammenpassendes Paar herauszusuchen, schnell und sicher, so daß gesagt werden kann, daß seine taktile Differenzierung von Oberflächen gut ausgebildet ist.

Vestibuläre Wahrnehmung

Beim Rückwärts-Balancieren sollte sich Michael nach der Hälfte der Linie einmal um sich selbst drehen. Dabei benötigte er Hilfestellung, setzte nach der Drehung mehrere Schritte neben die Linie und machte Ausgleichbewegungen mit den Armen. Dies ist ein Zeichen für eine leichte Übersensibilität seines Vestibulärorgans Innenohr.

Zusammenfassung

Michaels visuelle und taktile Wahrnehmungsleistungen sind gut ausgebildet.

Aufgrund verschiedener Ergebnisse des Beobachtungsverfahrens könnte es sein, daß bei Michael neben seiner von der Lehrerin beobachteten Schwäche in der auditiven Figur-Grund-Wahrnehmung (vgl. S.5) eine weitere zentrale Wahrnehmungsschwäche vorliegt, d.h. daß z.B. die gehörten Laute nicht richtig dekodiert werden können.

Die leichten Schwierigkeiten in der vestibulären Wahrnehmung können im Zusammenhang mit Michaels Gleichgewichtsunsicherheiten gesehen werden.

7. Förderung

Die Untersuchungen ergaben, daß Michael besonders in den Bereichen der Muskelspannung, des Gleichgewichts, der grobmotorischen Koordination, der Augenmotorik, des auditiven Gedächtnisses sowie der auditiven und vestibulären Wahrnehmung Schwächen aufweist, weshalb eine Förderung bei ihm sinnvoll und wichtig ist.

Um organische Störungen im auditiven Bereich abzuklären, sollte eine weitere Untersuchung beim Hals-Nasen-Ohren-Arzt stattfinden. Oftmals können dort jedoch nur periphere Störungen festgestellt werden.

Für eine umfassende Förderung ist eine lebensgeschichtliche Diagnostik sowie eine noch genauere Beobachtung des Kindes und der von ihm zum Ausdruck gebrachten Bedürfnisse notwendig. Damit sollte möglichst bald begonnen werden.

Wir plädieren für eine psychomotorische Förderung im Sinne eines 'verstehenden Ansatzes' (vgl. Seewald 1993). Hierbei wird motorisches Verhalten auch immer als individuelles Ausdrucksgeschehen aufgefaßt, d.h. Bewegungen werden unter dem Aspekt ihrer Sinnhaftigkeit und Bedeutung betrachtet. Um den Sinn und die Symbole, die ein Mensch ausdrückt, verstehen zu können, ist es notwendig, mit ihm in einen gemeinsamen Dialog zu treten. Nur durch die Interaktion ist es möglich, daß der Therapeut die Entwicklungsziele und Stärken des Kindes erkennt. Eine solche Förderung setzt an den Stärken des Kindes d.h. an seinen Vorlieben und Interessen an.

Michael bevorzugt Situationen, bei denen die propriozeptive Wahrnehmung angesprochen wird, z.B. sucht er Berührungen im 'Kampf', spielt gerne Fußball und Fangen. Die propriozeptive Wahrnehmung des Körpers geht einher mit der Entwicklung des Körperschemas und der Identität. Deswegen stellen propriozeptive Angebote die Basis für die Förderung dar. Angebote in diesem Bereich sind z.B. Kämpfe, Springen in die Tiefe oder auf dem Trampolin, Stampfen, Rennen, Rollbrett fahren, Brüllen. Sie vermitteln dem Kind einen tiefen Impuls für den eigenen Körper, wodurch das Kind seine Körpergrenzen spüren lernt. Die Angebote sollten in ein Spiel eingebunden sein. Rollenspiele bieten die Möglichkeit, die Themen des Kindes aufzugreifen. Denkbar wären Themen wie Ritter- oder Indianerspiele, da Michael kämpferische Situationen mag. Dabei können seine sozialen Kompetenzen einbezogen werden, indem er eine soziale Rolle im Spiel übernimmt, sofern er das möchte.

Generell sollten mit Michael keine Spiele oder Übungen gemacht werden, die er nicht mag, z.B. feinmotorische Angebote, Entspannungsübungen, da er hierbei versagen könnte. Michael braucht einen Raum, der ihm Sicherheit bietet und die Möglichkeit gibt, angstfrei Fehler machen zu dürfen.

Seine familiäre Situation vermittelt ihm wahrscheinlich viel Unsicherheit und wirkt entwicklungshemmend (siehe Punkt 3). Wichtig ist für Michael, Vertrauen aufzubauen. Dabei können Gleichgewichtsübungen der Vertrauensbildung dienen, falls er diese annimmt.

Für Michael ist eine klare und kongruente Kommunikation wichtig, da er innerhalb seiner Familie keine zufriedenstellende Kommunikation erlebt (siehe Pkt. 3).

Unterstützende Hilfen von Seiten der Lehrerin können deutlich zugewandtes Sprechen, visuelle Instruktionen (z.B. Gebärden, Bildkarten) und eine Sitzplatzwahl, so daß Michael möglichst gut sehen und hören kann, sein.

Insgesamt ist darauf zu achten, daß es Michael erst bei einem fortgeschrittenen Entwicklungsstadium der propriozeptiven Wahrnehmung, des Körperschemas und der Identität möglich sein kann, sich längere Zeit zu konzentrieren und gezielte Übungen anzunehmen.

Nachwort

Wir haben das Verfahren 'Diagnostik mit Pfiffigunde' als sehr positiv empfunden. Aufgrund seines Märchencharakters und seines spielerischen Ablaufs ist es im Gegensatz zu standardisierten Testverfahren kindgemäß aufgebaut. Wir konnten selbst erleben, daß die Kinder Spaß beim Mitmachen hatten.
Für unsere Ausbildung war die intensive Beschäftigung mit 'Pfiffigunde' und die Anwendung dieses Testverfahrens eine große Bereicherung, da wir unsere theoretischen Kenntnisse im Bereich der Psychomotorik mit praktischen Erfahrungen verknüpfen konnten.

Glossar

Ergänzungen zum Glossar in *Diagnostik mit Pfiffigunde* von Barbara Cárdenas, Dortmund 1998[6]

Audiogramm: graphische Wiedergabe der bei der Messung des Hörvermögens erfaßten Werte.

Dysgrammatismus: Unfähigkeit, beim Sprechen grammatisch richtige Sätze zu bilden

Gehirnhemisphäre: rechte bzw. linke Hälfte des Großhirns und des Kleinhirns

Muskeltonus: Muskelspannung

Mutismus: absichtlich oder psychisch bedingte Stummheit (ohne organischen Defekt)

Literaturverzeichnis

Beudels, W. / Lensing-Conrady, R. / Beins, H.-J.: ... das ist für mich ein Kinderspiel. Handbuch zur psychomotorischen Praxis. Borgmann publishing GmbH, Dortmund 1995.

Cárdenas, B.: Diagnostik mit Pfiffigunde. borgmann publishing GmbH, Dortmund 1992.

Eggert, D. / Kiphard, E.J.: Die Bedeutung der Motorik für die Entwicklung normaler und behinderter Kinder. Verlag Karl Hofmann, Schorndorf 1973.

Eggert, D.: Theorie und Praxis der psychomotorischen Förderung. borgmann publishing GmbH, Dortmund 1994.

Esser, M.: Beweg-Gründe. Psychomotorik nach Bernard Aucouturier. Ernst Reinhardt Verlag, München/Basel 1992.

Fischer, K.: Entwicklungstheoretische Perspektiven der Motologie des Kindesalters. Verlag Karl Hofmann, Schorndorf 1996.

Kiphard, E. J.: Motopädagogik. verlag modernes lernen, Dortmund 1979.

Kiphard, E.J.: Psychomotorik in Praxis und Theorie. Flöttmann Verlag, Gütersloh 1989.

Kiphard, E.J.: Mototherapie – Teil 2. verlag modernes lernen, Dortmund 1990.

Schraag, M. / Jansen, W.(Red.): Geräte und Materialien in der Bewegungserziehung. Verlag Hofmann, Schorndorf 1991.

Seewald, J.: Entwicklungen in der Psychomotorik. In: Zeitschrift Praxis der Psychomotorik, 1993, Heft 4.

Sportjugend Hessen (Hrg.): Bewegung kunterbunt (Tips 5). Reihe der Sportjugend Hessen, Frankfurt am Main 1996.

Sportjugend Hessen (Hrg.): Hoppla! Entwicklungsfördernde Bewegungsangebote (Tips 8). Reihe der Sportjugend Hessen, Frankfurt am Main 1997.

4

'Diagnostik mit Pfiffigunde'
im Elementar-
und Primarbereich

Beate Braun-Feldweg, Christian Fischer, Monika Gast

Aufnahme in Schulvorbereitende Einrichtungen (SVE) mit Pfiffigunde

Hier wurde ein neues Pfiffigunde-Märchen entwickelt, um sonderpädagogischen Förderbedarf bei kleinen Kindern (3;6 – 5;6 Jahre) feststellen zu können. In 17 Spielsituationen wird die Entwicklung von Wahrnehmung, Motorik, Sprache, Kognition und Alltagswissen beobachtet und anschließend vor allem im Vergleich mit Entwicklungsgittern von Kiphard, Straßmeier und Kramer bewertet. In Verbindung mit Anamnese und Exploration lassen die Ergebnisse eine begründete Entscheidung des bestgeeigneten Förderortes für das Kind zu.

0. Vorbemerkungen

Das vorliegende Screening – Verfahren 'SVE-Aufnahme mit Pfiffigunde' wurde als Aufnahmediagnostik an Schulvorbereitenden Einrichtungen (SVE) entwickelt. Die SVE in Bayern betreut Kinder im Alter von 3,5 bis 6 Jahren, die umfassende Entwicklungs- und Lernstörungen aufweisen, und versucht, sie ganzheitlich zu fördern. Die Feststellung dieses sonderpädagogischen Förderbedarfs ist, neben dem Aufnahmeantrag der Eltern, die Voraussetzung für die Aufnahme in eine SVE. Meist wird diese Erstdiagnostik unter folgenden Bedingungen erstellt: In Anwesenheit der Eltern soll das Kind in fremder Umgebung so spielen und sprechen, dass der/die SonderschullehrerIn die Förderbedürftigkeit des Kindes eindeutig erkennen kann. Die kindgerechte und spielerische Art der Überprüfung ist also von immenser Bedeutung für die Aussagefähigkeit des Ergebnisses.

Eine solche Möglichkeit wird in der 'Diagnostik mit Pfiffigunde' von Barbara Cárdenas, im borgmann publishing Verlag erschienen, dargestellt.

Fr. Cárdenas entwickelte ein Märchen, in dem das zu überprüfende Kind eine Retterrolle spielt und schwierige Aufgaben bewältigen muß. Gerettet werden soll 'Prinzessin Pfiffigunde' – diese Figur aus dem gleichnamigen Bilderbuch von Babette Cole inspirierte Fr. Cárdenas. Pfiffigundes schwierige Situation wird dem Kind erzählt, ihre Rettung wird mit dem Kind gespielt.

Die Autorin stellt ein Screening – Verfahren zur Beobachtung von Wahrnehmung und Motorik für Kinder von 5 bis 8 Jahren dar. Ein Screening – Verfahren ist eine „sogenannte Sichtungsmethode, durch welche schnell und relativ grob besondere Auffälligkeiten ... erfaßt werden sollen" (Cárdenas 1997, S. 174). Es handelt sich nicht um ein normiertes Verfahren, also läßt sich kein Entwicklungsstand ausrechnen.

Im Herbst 95 machten sich Beate Braun-Feldweg und Monika Gast, Sonderpädagoginnen in Rothenburg und Dinkelsbühl, an die Arbeit, die Diagnostikidee von Fr. Cárdenas auf ihre Zielgruppe (Kinder ab dem 4. Lebensjahr bis 5 Jahren) und Fragestellung (Ist sonderpädagogischer Förderbedarf vorhanden?) zuzuschneiden. Es galt:
– ein wesentlich einfacher strukturiertes Märchen zu entwickeln
– altersentsprechende Aufgaben zu finden
– die reale Testsituation zu beachten, d. h. ohne Videoaufnahme mit nur einem Kind (und Elternteil)
– die Beobachtungsbereiche Wahrnehmung und Motorik zu erweitern um Sprache und Alltagswissen.

Beide Lehrerinnen erprobten das Verfahren in der Praxis, stellten es den SVE-MitarbeiterInnen und SonderpädagogInnen des Schulamtsbezirks Ansbach vor und begannen mit den KollegInnen die Überarbeitung des Verfahrens. Gleichzeitig verfasste Christian Fischer, damals Student der Sonderpädagogik in Würzburg, über die oben beschriebenen Fragestellungen zur Diagnostik seine Schriftliche Hausarbeit.

Durch die intensive Zusammenarbeit aller sollte vor allem die Bewertung des beobachteten Verhaltens objektiver werden. Die Beobachtungssituationen wurden mit den in der Literatur beschriebenen verglichen und diesen möglichst angepasst.

Das Verfahren dient der Beantwortung folgender Fragestellungen:
- In welchem Umfang ist sonderpädagogischer Förderbedarf vorhanden?
- In welchen Bereichen sind Fördermaßnahmen angezeigt?

Das Verfahren ist flexibel genug, um auf aktuelle situative Bedürfnisse der Beteiligten eingehen zu können. Das bedeutet, daß der/die SonderpägagogIn vor allem auf das jeweilige Kind so eingehen kann und muß, daß möglichst viele Beobachtungen auch zu Sozial-, Emotional- und Arbeitsverhalten gesammelt werden können. Die Durchführung dauert ca. eine Stunde.

Falls erforderlich wird anschließend noch ein Stammlerprüfbogen durchgeführt. Mit den Eltern findet außerdem ein Gespräch zur Anamnese und Exploration statt.

Da sich die Kinder leider – trotz des Märchenspielens – nicht im erhofften und erwarteten Umfang sprachlich frei äußerten, wurde sehr häufig die freie Spielsituation während des Anamnesegesprächs zur Protokollierung spontaner Äußerungen verwendet und in die Begutachtung einbezogen.

Die Erfahrungen in der praktischen Anwendung sind durchweg positiv. Der spielerische Charakter des Verfahrens erleichtert es den Kindern sehr, sich auf die 'Testsituation' einzulassen und sich relativ unbefangen zu zeigen. Kinder, die sich total verweigern, kommen so gut wie nicht mehr vor. Außerdem wird ihre Konzentrationsspanne durch den Handlungsbogen der Geschichte wesentlich verlängert.

1. (Entwicklungs-)Psychologische Grundlagen bis zum Schuleintritt

Einer Auseinandersetzung mit den entwicklungspsychologischen Grundlagen muss zunächst eine kurze theoretische Beleuchtung des Begriffes *Entwicklung* vorausgeschickt werden. *Nickel/Schmidt-Denter* bezeichnen

Entwicklung als „Kennzeichen alles Lebendigen" (Nickel/Schmidt-Denter 1988, 13) und ordnen ihr eine Reihe von Kennzeichen zu:

- **Zielgerichtetheit**: Es soll eine höhere Form des Erlebens und Verhaltens erreicht werden.

- **Prozeßcharakter**: Entwicklung ist kein Zustand, sondern ein sich ständig verändernder Vorgang.

- **Sequenzcharakter**: Die Veränderungen laufen in einer fest vorgegebenen Reihenfolge ab.

- **Kontinuität**: Es gibt einen sachlogischen Zusammenhang zwischen den einzelnen Veränderungen.

- **Irreversibilität**: Eine vollzogene Veränderung kann nicht mehr rückgängig gemacht werden.

(vgl. Nickel/Schmidt-Denter 1988, 14)

Der Entwicklungsverlauf ist individuell sehr unterschiedlich, da die inneren (biologisch-medizinischen) Faktoren mit äußeren (umweltbedingten) Faktoren verflochten sind. Somit kann keine feste Zuordnung von Entwicklungsabschnitten und Altersstufen erfolgen. Die Angaben von *Straßmeier* und *Kiphard*, die bei der Erstellung der **SVE-Aufnahme mit Pfiffigunde** eine wichtige Rolle spielten, beziehen sich nicht auf eine Normentwicklung, sondern auf Mindestanforderungen, d.h. unterste Werte der Norm, die zumindest von 90 % der Kinder des entsprechenden Alters erfüllt werden (vgl. Straßmeier 1992, 11).

Kiphard orientiert sich am **Gestaltkreismodell** *von Weizsäckers*, das ein ganzheitliches Entwicklungskonzept beinhaltet:

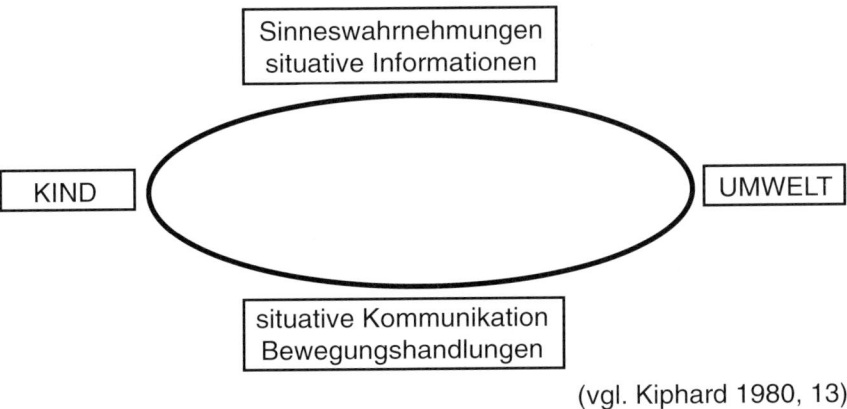

(vgl. Kiphard 1980, 13)

Das Kind nimmt über seine Wahrnehmungskanäle ständig neue Reize (Informationen) auf und leitet sie an das Gehirn weiter, wo sie verarbeitet werden. Das Gehirn reagiert mit einer entsprechenden motorischen Antwort und wirkt handelnd auf die Umwelt ein. Angestrebt wird ein **innerer Gleichgewichtszustand (Homöostase)**, d.h. das Kind versucht, den augenblicklichen Zustand konstant zu halten, während sich die Umweltreize als Störgrößen erweisen. Das Kind befindet sich in einem ständigen Wechselspiel zwischen Akkomodation und Adaptation (vgl. Kiphard 1980, 15).

Der Begriff **Adaptation** (bzw. Assimilation) beinhaltet den Versuch des Kindes, „sich motorisch in die räumlichen und zeitlichen Gegebenheiten seiner näheren Umwelt einzuordnen und an sie anzupassen" (Kiphard 1980, 14). **Akkomodation** heißt, die Umwelt an die eigenen Bedürfnisse anzupassen, was abhängig ist von den vorhandenen Wahrnehmungs- und Bewegungsmustern (vgl. Kiphard 1980, 15).

Bei Kindern mit Behinderungen ist die Wahrnehmungs-Handlungs-Einheit zwischen Organismus und Umwelt gestört, d.h. die Handlungsfähigkeit, Umweltanpassung und -aneignung ist eingeschränkt, so dass die gesamte Persönlichkeitsentwicklung beeinträchtigt ist (vgl. Kiphard 1980, 15).

Im Folgenden werden zwei für die Erstellung des vorliegenden Verfahrens entscheidende Ansätze dargestellt: Neben *Piaget*s Stufenmodell der kognitiven Entwicklung (Kapitel 1.1) diente das Teilleistungskonzept von Graichen (Kapitel 1.2) als wichtige Grundlage bei der Entstehung der ***SVE-Aufnahme mit Pfiffigunde***.

1.1 PIAGETs Stufenmodell der kognitiven Entwicklung

Grundlage des diagnosegeleiteten Förderbemühens in der SVE ist ein interaktionistischer Denkansatz, der als eine Weiterentwicklung von *Piaget*s ***Stufenmodell der kognitiven Entwicklung*** gesehen werden kann (vgl. Schor 1994, 14). Das Bestreben des Schweizer Psychologen war es, „ein zusammenhängendes Bild der kognitiven Entwicklung des Kindes zu entwerfen" (Bundschuh 1992, 111). Grundlage dafür bildete sein Menschenbild, das das Kind beim Aufbau seiner Wirklichkeit als Handelndes und nicht als Reagierendes betrachtet (vgl. Bundschuh 1992, 111).

Zwar muss man aus heutiger Sicht festhalten, dass *Piaget*s Stufentheorie nicht mehr ganz haltbar ist, weil sie nur als „Grobmaß" dienen kann und „im Hinblick auf Kinder mit Entwicklungsverzögerungen und Behinderungen der Kritik und Erweiterung" (Bundschuh 1992, 136) bedarf. Dennoch dienen die Entwicklungsstufen im Hinblick auf ein Screening-Verfahren „als idealtypische Beschreibungen von intellektuellen Qualitäten" (Bundschuh 1992, 131).

Piaget gliedert die Denkentwicklung in vier Stufen:

I. **sensomotorische Stufe** im Säuglings- und Kleinkindalter (Geburt – 2. Lebensjahr)
II. **präoperationale (voroperatorische) Stufe** in der frühen Kindheit (3. – 7. Lebensjahr)
III. **konkret-operationale Phase** in der mittleren Kindheit (8. – 11. Lebensjahr)
IV. **formal-operationale Stufe** im Jugendalter (12. – 15. Lebensjahr)

(vgl. Thomas/Feldmann 1986, 127ff)

Diese Stufen sind hierarchisch aufeinander aufgebaut, d.h. „ein Durchlaufen der ersten Stufe ist notwendige Voraussetzung für das Erreichen der zweiten Stufe usw. Jede höhere Stufe geht aus der jeweils niedrigeren hervor" (Bundschuh 1992, 123).

Das schon beschriebene Homöostase-Modell mit dem Streben nach einem Gleichgewicht (Äquilibration) zwischen Organismus und Umwelt und die daraus resultierenden kognitiven Anpassungsprozesse dienen als Grundlage für *Piagets* Stufenmodell. Somit sind die bereits definierten Begriffe **Adaptation/Assimilation** und **Akkomodation** von großer Bedeutung (vgl. Bundschuh 1992, 112).

Aufgabe des Förderprozesses in der SVE ist es, „Situationen zu schaffen, die eine angemessene Abweichung von Vertrautem enthalten. Diese Veränderungen motivieren das Kind, sich handelnd mit neuen Situationen auseinanderzusetzen und diese zu bewältigen" (Schor 1994, 14). Auch die Diagnosesituation hat diesem Anspruch zu genügen.

Die beiden ersten, für den vorschulischen (SVE-)Bereich relevanten Stufen werden im Folgenden vor allem unter Bezug auf die **Entwicklungspsychologie** von *Oerter/Montada* genauer dargestellt.

1.1.1 Die sensomotorische Stufe (Geburt – 2. Lebensjahr)

Während der sensomotorischen Stufe ist das Kind noch nicht in der Lage, seine Bedürfnisse und Empfindungen zu verbalisieren, so dass das intellektuelle Wachstum lediglich an den Sinnesreaktionen und dem anschließenden motorischen Verhalten ablesbar ist.

Piaget unterteilt die sensomotorische Stufe in sechs Teilabschnitte:

I. **0. – 1. Monat:**

Das Kind geht mit seinen angeboren Reflexmechanismen (Saug-, Greif-, Schluckreflex o.ä.) handelnd um. Durch das ständige Üben und die Anpassung der vorhandenen Reflexmuster an gegebene Situationen beginnt das Kind bereits, sein Verhaltensrepertoire zu differenzieren (vgl. Oerter/Montada 1987, 414).

II.   1. – 4. Monat:

In dieser Zeit treten die **primären Zirkulärreaktionen** auf: Schon einmal ausgeführte „einfache Organbewegungen, die sich selbst genügen (um ihrer selbst willen, ohne Absicht)" (Bundschuh 1992, 124) werden wiederholt und auf immer neue Gegenstände angewandt. *Piaget* spricht hier von '**generalisierender Assimilation**' (vgl. Oerter/Montada 1987, 415), d.h. Umweltgegebenheiten werden in die eigenen Handlungskonzepte einverleibt. Infolgedessen entwickelt das Kind erste Fähigkeiten und Gewohnheiten.

III.   4. – 8. Monat:

In dieser Phase „erwacht das Interesse für die Außenwelt" (Bundschuh 1992, 125), das Kind beginnt, zwischen sich und den Objekten zu unterscheiden. Seine Aktivitäten werden zielorientiert, d.h. das Kind erfährt, dass „bestimmte Handlungen immer wieder zu bestimmten Ergebnissen führen" (Bundschuh 1992, 125). Diese Handlungen werden als **sekundäre Zirkulärreaktionen** bezeichnet.

IV.   8. – 12. Monat:

Das Kind beginnt, Ursache-Wirkungs-Zusammenhänge zu erfassen, es kommt zu den ersten intellektuellen Handlungen. Das kindliche „Handeln ist nun tatsächlich durch Intentionalität gekennzeichnet" (Bundschuh 1992, 125), wobei mehrere Handlungsschemata auf den gleichen Gegenstand angewandt und miteinander koordiniert werden. Die **Objektpermanenz**, d.h. die Erkenntnis, dass Objekte, die aus dem Gesichtsfeld des Kindes verschwunden sind, dennoch weiter existieren, beginnt, sich zu entwickeln.

V.   12. – 18. Monat:

Das Kind erweitert sein Repertoire an Handlungsschemata beträchtlich, indem es Handlungen, die schon einmal zu einem bestimmten Ergebnis geführt haben, in einer anderen Situation modifiziert wiederholt (**tertiäre Zirkulärreaktion**). Es beginnt, mit Gegenständen aktiv zu experimentieren, und provoziert damit neue Resultate und Erkenntnisse (vgl. Oerter/Montada 1987, 416).

VI.   18. – 24. Monat:

Ab der Mitte des zweiten Lebensjahres vollzieht sich der „Übergang vom sensumotorischen Intelligenzakt zur Vorstellung" (Oerter/Montada 1987, 416). Das Kind ist nun in der Lage, motorische Handlungen zu verinnerlichen (Internalisierung), und „kann offensichtlich in der Vorstellung die Ergebnisse seiner Handlung in gewisser Weise antizipieren" (vgl. Bundschuh 1992, 126).

Es ist für das Kind oft nicht mehr notwendig, praktisch zu probieren, vielmehr tritt immer öfter plötzliches Verstehen, von *Bühler* als 'Aha-Erlebnis' (vgl. Bundschuh 1992, 126) bezeichnet, auf, wodurch der Übergang zum Denken charakterisiert ist.

1.1.2 Die präoperationale Stufe (2. – 7. Lebensjahr)

In diese Phase fällt die Zeit des **primären Spracherwerbs**, der eine **Verknüpfung von Denken und Sprache** ermöglicht. Infolgedessen ist das Kind in der Lage, Sachverhalte, die es bisher nur in 'Bildern' verinnerlicht hatte, in 'Worten' zu speichern und zu verarbeiten.

Oerter/Montada beschreiben sechs Charakteristika dieses Stadiums, das 'prä-operational' genannt wird, „weil logische Operationen (....) noch nicht auftreten" (Bundschuh 1992, 126):

a) unangemessene Generalisierungen

Kinder der beschriebenen Altersgruppe neigen dazu, Gegenständen menschliche Eigenschaften zuzuschreiben, d.h. ihnen werden Wille, Motiv oder Intention unterstellt. Ebenso kommt es zu fehlerhaften Assimilationen, wenn z.B. „die Existenz von Naturerscheinungen (Steine) aus ihrem Zweck erklärt wird, als ob es sich um menschliche Handlungen handelte" (Oerter/Montada 1987, 419).
Im Gegensatz zum Erwachsenen, der ebenfalls immer wieder versucht, neue Situationen und Probleme an bekannte Konzepte anzupassen, „verhält sich das Kind nicht so, als prüfe es mehrere Möglichkeiten (....). Es redet vielmehr häufig so, als sei das gewiss, was es gerade als Deutung angibt" (Oerter/Montada 1987, 420).

b) Egozentrismus

Ebenso wie die angeführten unangemessenen Generalisierungen bezeichnet *Piaget* die „Unfähigkeit, sich in die Rolle eines anderen hineinzuversetzen, den Blickwinkel eines anderen einzunehmen oder die eigene aktuelle Sichtweise (....) als eine unter mehreren Möglichkeiten zu begreifen" (Oerter/Montada 1987, 420) als Ausdruck der Egozentriertheit des Kindes.
Erst im Laufe der Entwicklung wird das Kind fähig, verschiedene Rollen oder Perspektiven einzunehmen. Grundlage dafür sind Kommunikation und Austausch widersprüchlicher Ansichten im sozialen Umgang mit seinem Umfeld.

c) Zentrierung auf einen oder wenige Aspekte (Beschränkung des Handlungsfeldes)

Das Kind ist nicht in der Lage, mehrere Aspekte eines Gegenstandes zu erfassen. Ihm fehlen noch Erkenntnisse wie die Invarianz von Mengen oder klare Begriffe von Zeit oder Alter.

Im Bezug auf moralische Urteile zentrieren Kinder bis zum 5. Lebensjahr häufig auf den Handlungsausgang und lassen die Beweggründe, die zu einem Handlungsergebnis geführt haben, völlig außer acht (vgl. Oerter/Montada 1987, 423)

d) Zentrierung auf Zustände

Bei der Urteilsbildung vernachlässigt das Kind oft Zusammenhänge und Handlungsabfolgen, die zu einem bestimmten Zustand geführt haben. Es „betrachtet einen Zustand nicht als Ergebnis einer Transformationskette. (....) Damit fehlt allerdings eine unverzichtbare Voraussetzung für ein korrektes Urteil" (Oerter/Montada 1987, 424).

e) eingeschränkte Beweglichkeit

Aufgrund der fehlenden Berücksichtigung mehrerer Merkmale oder Dimensionen eines Gegenstandes bezeichnet *Piaget* das kindliche Denken als unbeweglich. Erst im Laufe der Entwicklung werden die verschiedenen Aspekte systematischer erfasst und verschiedene Informationen gleichzeitig verfügbar und bearbeitet, was aber schon einen Übergang zum folgenden Stadium des konkret-operatorischen Denkens darstellt (vgl. Oerter/Montada 1987, 425).

f) fehlendes Gleichgewicht

Aufgrund seines zunächst nur eindimensionalen Denkens entstehen für das Kind ständig Widersprüche, d.h. es gerät im Bezug auf das Homöostase-Modell ins Ungleichgewicht. Zunächst bemerkt es gar nicht, dass es sich in verschiedenen Aussagen ständig widerspricht, im Laufe der Entwicklung jedoch wird sich das Kind der Problematik bewusst, die es „zu einer Reorganisation seiner voroperatorischen Schemata" (Oerter/Montada 1987, 425) zwingt.

In der Übergangsphase zum konkret-operatorischen Stadium beginnt das Kind, ein System der Klassenverschachtelungen aufzubauen, „das ihm erlaubt, die Inklusionsbeziehung von Unter- und Oberklasse zu erfassen" (Oerter/Montada 1987, 426). Außerdem entwickeln sich Leistungen wie die „Reihenbildung (....) sowie Systeme der Zeit und des Raumes, vor allem der Zahl" (Oerter/Montada 1987, 427).

In der anschließenden Phase des konkret-operatorischen Denkens entwik-kelt das Kind Strukturen, die es ihm ermöglichen, die beschriebenen Schwierigkeiten zu bewältigen.

1.2 Die Integration der einzelnen Teilleistungen im Rahmen des Verfahrens

Zur Klientel der SVE zählen Kinder, „deren Behinderung bzw. ausgeprägte Entwicklungs- und Lernbeeinträchtigungen durch Maßnahmen der Frühför-derung und des Kindergartens nicht in ausreichendem Maße behoben werden können" (Brand et al. 1987, 5). Bei ihnen zeigt sich die gestörte sensorische Integration vor allem in den Bereichen „Wahrnehmung, Moto-rik, Gedächtnis/Kognition, sprachliche Entwicklung und damit verbunden in den Bereichen Emotionalität und Motivation, Sozialverhalten" (Brand et al. 1987, 5). Für diese Symptome findet man in der Literatur den Oberbegriff *Teilleistungsstörung* oder *Teilleistungsschwäche* (vgl. Lempp 1986, 24). *Ayres* (1984) und *Brand et al.* (1988) verwenden die Bezeichnung *Integrationsstörung*, die im Folgenden kurz definiert wird:

Intelligenz „setzt sich aus einer großen Zahl von Einzelfähigkeiten und verschiedenen Leistungsteilen zusammen, die wie Glieder einer Kette zusammenhängen und zusammenwirken müssen, um die Gesamtlei-stung zu erbringen" (Lempp 1986, 24). Bei einem Kind mit einer guten sensorischen Integration ist das Gehirn in der Lage, „den Zustrom sen-sorischer Impulse so zu verarbeiten und zu ordnen, dass dem Individu-um eine gute und genaue Information über sich selbst und seine Um-welt ermöglicht wird" (Ayres 1984, 71).

Ist eines der Glieder in der 'Kette' der Einzelfähigkeiten gestört oder fällt es aus, so kann sich das sofort in der Gesamtleistung auswirken. Dieses Störungsbild bezeichnet man als *Integrationsstörung*.

Im Rahmen der *SVE-Aufnahme mit Pfiffigunde* wird dem Teilleistungs-modell Rechnung getragen, indem die Teilleistungen in den 17 Beobach-tungssituationen mehrfach beurteilt werden.

Um den Entwicklungsstand eines Kindes bewerten zu können, muss der Entwicklungsverlauf in diesen Leistungsbereichen beschrieben werden. Ei-nige der in diese Arbeit integrierten Standpunkte beruhen auf entwick-lungspsychologischen Durchschnittswerten, also auf dem Modell einer *Normalentwicklung*, das aufgrund der individuellen sowohl durch Prozes-se der Reifung als auch der Anpassung und des Lernens geprägten Ent-wicklung (vgl. Nickel/Schmidt-Denter 1988, 16) sehr kritisch zu sehen ist.

Ein anderes Entwicklungsmodell ist aber für unsere Fragestellung in Verbindung mit vorgegebenen Minimalanforderungen nicht praktikabel.

1.2.1 Die Entwicklung der Wahrnehmung

Wahrnehmung ist die „allgemeine und umfassende Bezeichnung für den Informationsgewinn aus Umwelt- und Körperreizen und ist damit Ursprung und Ausgangspunkt aller kognitiven Prozesse" (Nickel, in: Berger 1977, 23).

Dabei bedeutet Wahrnehmung mehr als die Summe der über die afferenten Nervenbahnen an das Gehirn weitergeleiteten Sinneseindrücke und ist durch nichtsinnliche Faktoren wie Motivation, Emotion, Gedächtnisinhalte, Einstellungen oder die intellektuelle Verarbeitung (vgl. Nickel, in: Berger 1977, 23) sehr stark beeinflußt.

Brand et al. unterteilen die Wahrnehmung in zwei Bereiche: Neben der Reizaufnahme über die Fernsinne [Hören, Sehen] nimmt der Mensch auch über die Nahsinne [taktiler Sinn, Geruchssinn, Geschmackssinn, Gleichgewichtssinn, Tiefensinn] wahr (vgl. Brand et al. 1988, 51).

Nachdem beim Säugling zunächst die intramodale, d.h. auf einen Wahrnehmungsbereich beschränkte, Wahrnehmung dominiert, differenziert sich der Wahrnehmungsprozeß ab dem dritten Lebensmonat dadurch aus, dass zunehmend Informationen intermodal, d.h. über mehrere Wahrnehmungskanäle gleichzeitig, aufgenommen und in Bezug gesetzt werden (vgl. Brand et al. 1988, 53).

1.2.1.1 Auditive Wahrnehmung

Im Gegensatz zum taktil-kinästhetisch-vestibulären System, das als erstes heranreift, wird das auditive Wahrnehmungssystem erst im letzten Drittel der Schwangerschaft funktionsfähig (vgl. Breitenbach 1989, 19), so dass die Grundformen der auditiven Wahrnehmung beim Säugling vorhanden sind.

Gemäß dem Entwicklungsmodell von *Affolter* wird die auditive Wahrnehmung im Laufe der Entwicklung mit anderen Sinnesbereichen verknüpft.

Im Rahmen der **intramodalen Stufe** differenziert sich die qualitative und quantitative Wahrnehmung von Geräuschen immer feiner aus. Das Kind lernt, unterschiedliche und ähnliche Geräusche, aber auch Eigenschaften von Stimmen (männlich/weiblich, freundlich/unfreundlich, bekannt/fremd) voneinander zu unterscheiden (vgl. Breitenbach 1989, 19).

Auf der **intermodalen Stufe** lernt das Kind, Dinge über mehrere Sinneskanäle wahrzunehmen, d.h. es erkennt, dass es Dinge, die es hört, oft auch gleichzeitig fühlen und sehen kann (vgl. Breitenbach 1989, 19).

Auf der **serialen Stufe** ist das Kind fähig, verschiedene Handlungen miteinander zu verbinden und in einer bestimmten Reihenfolge auszuführen.

130

Im Bezug auf die auditive Wahrnehmung ist die „Vereinigung von Einzelreizen zu sukzessiven Reihen oder Serien die Hauptarbeitsweise der Analyse und Synthese" (Breitenbach 1989, 20). Verschiedene Einzelelemente werden zu größeren Gruppen zusammengefasst und gespeichert (Kodierung) und sind „auf entsprechende Auslösereize hin wieder als Ganzes abrufbar" (Breitenbach 1989, 20).

In das Screening-Verfahren **SVE-Aufnahme mit Pfiffigunde** sind einige Aufgaben aus dem **Sensomotorischen Entwicklungsgitter** von Kiphard übernommen, der verschiedene (auditive) Fähigkeiten bestimmten Altersstufen zuordnet. In allen Beobachtungssituationen geht auditive Wahrnehmung mit Sprachverständnis und Sprachproduktion einher und ist daher eigentlich nicht isoliert zu beurteilen. Auf keinen Fall darf die sprachliche Qualität der Äußerungen hier mitbewertet werden.

Beobachtungssituationen mit Schwerpunkt AUDITIVE WAHRNEHMUNG:

1-17 Anweisungen für die einzelnen Beobachtungssituationen
6   Wahrnehmung des 2- bzw. 3-teiligen Auftrages
14   Zauberspruch

1.2.1.2 Visuelle Wahrnehmung

„Die visuelle Wahrnehmung und die optische Differenzierungsfähigkeit im besonderen stellen eine wichtige Voraussetzung für die Aktualgenese und Entwicklung von Intelligenz- und Denkleistungen dar und sind bei einem Ausfall nur schwer zu ersetzen" (Hammer 1984, 8).

Aus einem zunächst noch sehr undifferenzierten Sehen in den ersten Lebensmonaten entwickelt sich die visuelle Wahrnehmung im Laufe des Säuglings- und Kleinkindalters zu einer fein abgestimmten und ausdifferenzierten Leistung. Erster Schritt dieser Entwicklung des Sehens ist die Fähigkeit des Säuglings, einen Gegenstand mit den Augen zu fixieren und zu verfolgen, die er bereits im ersten Lebensmonat erwirbt. Im Laufe des ersten Lebensjahres kommt ein Verständnis der 'Größenkonstanz' (vgl. Nickel/Schmidt-Denter 1988, 73) und der 'Objektpermanenz' (vgl. Thomas/Feldmann 1986, 127) hinzu [vgl. Kapitel 1.1].

Vom zweiten bis zum fünften Lebensjahr entwickeln sich **Figur- und Formunterscheidungen** (groß-klein, dick-dünn, rund-spitz o.ä.) sowie die **Farb- und Helligkeitskonstanz** (vgl. Nickel/Schmidt-Denter 1988, 127f).

In dieselbe Zeitspanne fällt auch die Entwicklung der **visuellen Figur-Grund-Wahrnehmung**, d.h. das Gehirn wählt aus der Vielzahl der einströmenden visuellen Reize „eine begrenzte Anzahl aus (...), die dann zum Zentrum seiner Aufmerksamkeit werden. (....) Das heißt, diese Figur wird differenziert wahrgenommen, die anderen Reize bilden nur einen ungenau erfaßten Hintergrund" (Brand et al. 1988, 305).

Beobachtungssituationen mit Schwerpunkt VISUELLE WAHRNEHMUNG:

9	Kette fädeln: Serie: rund – eckig
10	Figur-Grund-Wahrnehmung: Motive auf der Bilderschlange; Detail – Ganzes; Überblick
12	visuelle Diskrimination: Unterscheidung ähnlicher Figuren
evtl. 17	Zuordnen von Edelsteinen zu den entsprechenden Farben

1.2.1.3 Taktile, kinästhetische und vestibuläre Wahrnehmung, Gleichgewichtssinn und Muskeltonus

„Die Informationen der Nahsinne, und hierbei vor allem diejenigen der taktilen Sinne, des Gleichgewichts- und Bewegungssinnes, sind in der frühkindlichen Entwicklung vorrangig" (Brand et al. 1988, 52). Ihrer Entwicklung wird große Wichtigkeit für eine „immer mehr differenzierende Handlungsfähigkeit wie auch für das Selbstbewußtsein des Kindes" (Brand et al. 1988, 52) zugeschrieben. Eine gute taktil-kinästhetisch-vestibuläre Wahrnehmung bildet die „Voraussetzung zur Tonusregulierung und zur menschlichen Aufrichtung" (Eggert 1995, 71).

Zum **taktilen Wahrnehmungssinn** gehören die Oberflächensinne der Haut (Berührung, Schmerz, Temperatur) sowie die Fähigkeit, dreidimensionale Gegenstände taktil zu erkennen (Stereognosie). Im Laufe der Entwicklung verfeinern sich die Hautreize immer mehr, so dass das Kind „eine immer genauere Vorstellung von seinem eigenen Körper erhält und die unterschiedlichen Oberflächenqualitäten seiner Umwelt unterscheiden lernt" (Brand et al. 1988, 52).

Beobachtungssituationen mit Schwerpunkt TAKTILE WAHRNEHMUNG:

4	Ertasten der möglichen Geschenke für den Räuber

Die **kinästhetische Wahrnehmung**, zu der Wahrnehmungen aus den Muskeln, Sehnen und Gelenken gehören, informiert über
„   – das Verhältnis der Körperteile zueinander,
   – die Stellung der Gelenke und Körperteile zueinander,
   – die Beugung und Streckung der Muskeln"   (Brand et al. 1988, 53).

Damit stellt sie eine wichtige Grundlage für die Entwicklung des Körperschemas, aber auch für die Handlungsplanung dar.

Beobachtungssituationen mit Schwerpunkt KINÄSTHETISCHE WAHRNEHMUNG:

3	Legen der Geldstücke in das Säckchen mit verdeckter Sicht

Durch die **vestibuläre Wahrnehmung** „erhält das Kind Informationen über die Ruhelage seines Körpers im Raum, über Richtungs- und Bewegungsänderungen" (Brand et al. 1988, 52). Die Entwicklung des **Gleichgewichtssinnes** stellt die wichtigste Voraussetzung für die Entwicklung des Stehens und Gehens in den ersten beiden Lebensjahren und für die damit verbundene selbsttätige Eigenwelterweiterung des Kindes dar.

Beobachtungssituationen mit Schwerpunkt GLEICHGEWICHTSSINN:

7a	rückwärts gehen
7b	vorwärts balancieren
7c	treppauf steigen
7f	treppab steigen

Der Gleichgewichtssinn beeinflusst den **Muskeltonus** entscheidend und trägt so zur Bewegungsfähigkeit des Kindes bei. Beide stellen Grundlagen einer koordinierten Motorik dar.

Beobachtungssituationen mit Schwerpunkt MUSKELTONUS:

2	Zeichnen des Selbstbildnisses
7b	vorwärts balancieren
7d	auf den Stuhl steigen
7e	Schluss-Sprung vom Stuhl
17	Öffnen der Streichholzschachtel

1.2.2 Die Entwicklung der Motorik

Über die Entwicklung der Motorik gibt es einige wichtige, allgemeingültige Feststellungen:

– Die Entwicklung der Muskelkontrolle ist abhängig vom Reifezustand der Nervenstrukturen, Knochen und Muskeln, von der Veränderung der Körperstrukturen und von der Gelegenheit zu lernen, wie die verschiedenen Muskelgruppen zu koordinieren sind.
– Voraussetzung für das Erlernen neuer motorischer Verhaltensweisen ist der Prozess der Reifung.
– Die motorische Entwicklung erfolgt nach einem bestimmten vorhersagbaren Ablauf. Hierbei werden der kephalocaudale Trend (Funktionstüchtigkeit der Gliedmaßen der oberen Körperhälfte vor denen der unteren) und der proximodistale Trend (Entwicklungsverlauf von den zentralen zu den peripheren Körperabschnitten) unterschieden.
– Es gibt eine festgelegte Abfolge einzelner Stufen der motorischen Entwicklung.

- Aufgrund individueller Unterschiede verläuft die motorische Entwicklung bei jedem Kind mit einer anderen Geschwindigkeit (vgl. Riebel 1980, 24f).

Diese Erkenntnisse sind im Entwicklungsmodell *Winters*, der die motorische Entwicklung bis zum Schulalter in vier Phasen unterteilt (vgl. Brand et al. 1988, 48), berücksichtigt:

I. Phase: Geburt – 3. Lebensmonat

Winter bezeichnet diese Stufe als 'Phase der ungerichteten Massenbewegungen' (vgl. Riebel 1980, 25). Sie ist geprägt von ungerichteten Bewegungen in allen großen Körpergelenken, die auf beiden Seiten gleichzeitig ablaufen (Fuchteln, Strampeln).

II. Phase: 3. Monat – Ende des 1. Lebensjahres

In dieser Phase der 'Aneignung erster koordinierter Bewegungen' (vgl. Riebel 1980, 25) macht der Säugling große Fortschritte in der Greifentwicklung. Das Greifen entwickelt sich von einem unkoordinierten und zufälligen Prozess zu einem koordinierten und gezielten. Außerdem erfolgt das Aufrichten aus der Bauchlage zum freien Stehen und die damit verbundene selbständige Fortbewegung mit den ersten freien Schritten.

III. Phase: 2. – 3. Lebensjahr

Durch das Aufrichten und das damit verbundene Gehen „erweitert sich der Erfahrungsbereich und der motorische Aktionsradius der Kinder erheblich" (Brand et al. 1988, 49). *Winter* spricht in dieser Hinsicht von der Phase der 'Aneignung vielfältiger Bewegungsformen' (vgl. Riebel 1980, 26).

IV. Phase: 4. – 7. Lebensjahr

In diese Phase fällt die „rasche Vervollkommnung vielfältiger Bewegungsformen und die Aneignung erster Bewegungskombinationen" (Brand et al. 1988, 49). Neben einem quantitativen Ausbau des Repertoires an grundlegenden Bewegungsmustern erfolgt vor allem eine qualitative Verbesserung der kindlichen Bewegungssteuerung. Das Kind ist in der Lage, verschiedene Bewegungsformen in unterschiedlichen Situationen variabel anzuwenden und bei Bedarf sukzessiv oder simultan zu koppeln.

a) **Beobachtungssituationen mit Schwerpunkt GROBMOTORIK:**

7a	rückwärts gehen
7b	vorwärts balancieren
7c	treppauf gehen
7d	auf den Stuhl steigen

7e	Schluss-Sprung vom Stuhl
7f	treppab steigen
7g	Zielwerfen auf die Tür der Räuberhütte

b) **Beobachtungssituationen mit Schwerpunkt FEINMOTORIK:**

> 2 Selbstbildnis: Graphomotorik – Strichführung
> 3 Geldübergabe: Pinzettengriff beim Einsammeln
> 5 Säckchen zubinden
> 9 Kette fädeln
> 12 Graphomotorik – Pinzettengriff
> 13 Knoten öffnen
> 15 Öffnen des Käfig-Schlosses
> 17 Öffnen der Streichholzschachtel

1.2.3 Die Entwicklung des Gedächtnisses

Definierende Momente für den Begriff **Gedächtnis** sind in erster Linie die Leistungen des Speicherns und des Wiederabrufens von Informationen. Diese Leistungen laufen auf den drei Prozessebenen *Sensorischer Informationsspeicher*, *Kurzzeitgedächtnis* und *Langzeitgedächtnis* ab (vgl. Oerter/Montada 1987, 540).

1.2.3.1 Sensorischer Informationsspeicher oder Ultra-Kurzzeitgedächtnis

In diesem Speicher werden Sinnesinformationen für Bruchteile von Sekunden gespeichert, bis das Gedächtnis die neuen Informationen mit bereits gespeicherten verglichen und 'entschieden' hat, ob sie weiterverarbeitet oder wieder gelöscht werden sollen (vgl. Vester 1975, 47). In manchen Situationen (z.B. Straßenverkehr) sind bestimmte Informationen für eine Sofortreaktion wichtig, werden aber trotzdem nicht weiter gespeichert, in anderen Fällen werden sie ins Kurzzeit- oder Langzeitgedächtnis übernommen (Kodierung).

Auch im Bezug auf die Mustererkennung, v.a. beim Lesen, ist der sensorische Informationsspeicher wichtig. Bei Vorschulkindern ergeben sich Schwierigkeiten, da sie lediglich fähig sind, „die Gestalt der Buchstabenformen (wie anderer Muster auch) zu erfassen, ohne ihre Position im Umfeld genau mitzukodieren" (Oerter/Montada 1987, 543), was sich gerade bei Buchstaben wie p, d, b oder q als sehr problematisch erweist. Bis zur Einschulung verbessert sich die Mustererkennung stetig, wobei „zunächst die oben-unten Beziehung, dann erst die rechts-links-Relation richtig erfaßt" (Oerter/Montada 1987, 543) wird.

1.2.3.2 Kurzzeitgedächtnis

Werden im Rahmen der **SVE-Aufnahme mit Pfiffigunde** Gedächtnisleistungen überprüft, so handelt es sich im allgemeinen um Leistungen des Kurzzeitgedächtnisses, in dem Informationen für etwa 20 Minuten (vgl. Vester 1975, S. 55) gespeichert werden. Die Kapazität dieses Kurzzeitspeichers läßt sich durch bestimmte Gedächtnisstrategien (aktives Wiederholen, Zusammenfassung von Elementen zu Einheiten) erheblich verbessern (Oerter/Montada 1987, 543).

Das Kurzzeitgedächtnis „ist offenkundig nicht von Geburt an vorhanden, sondern baut sich beim Kleinkind mit etwa acht Monaten auf" (Oerter/Montada 1987, 544). Im Laufe der Entwicklung effektiviert das Kind die Nutzung des Kurzzeitgedächtnisses durch eine Erhöhung der Informationsverarbeitungsgeschwindigkeit, die Kapazität jedoch nimmt nach dem vollzogenen Aufbau nicht mehr zu (vgl. Oerter/Montada 1987, 545).

1.2.3.3 Langzeitgedächtnis

Im Langzeitgedächtnis werden aus dem Kurzzeitgedächtnis übernommene Informationen verankert, wobei man entsprechend der Dauer der Speicherung vom mittelfristigen (bis zu einigen Tagen) und vom langfristigen Gedächtnis (zeitlich unbegrenzt) spricht (vgl. Oerter/Montada 1987, 547). Anders als im Kurzzeitgedächtnis sind die hier gespeicherten Informationen nicht mehr direkt zugänglich, sondern müssen erst durch geeignete Hinweisreize abgerufen werden. In diesem Zusammenhang erlangt der Begriff des Vergessens im Gegensatz zum Verblassen der Information im Kurzzeitgedächtnis eine andere Bedeutung: Inhalte des Langzeitgedächtnisses werden nicht im eigentlichen Sinne vergessen, sondern sind zeitlich unbegrenzt vorhanden, aber durch blockierte Bahnen nicht mehr abrufbar (vgl. Vester 1975, 67).

Forschungsergebnisse zeigen, dass die Entwicklung des Langzeitgedächtnisses bereits in früher Kindheit abgeschlossen ist, so dass sich Veränderungen nur noch auf die permanent anwachsende „Wissensstruktur (kognitive Struktur der gespeicherten Information)" (Oerter/Montada 1987, 547) beziehen.

Beobachtungssituationen mit Schwerpunkt (Kurzzeit-)Gedächtnis:

6	auditives Gedächtnis: Wiederholen des 2- bzw. 3-teiligen Auftrags
8	auditives Gedächtnis: Memorieren des 2- bzw. 3-teiligen Auftrages
11	visuelles Gedächtnis: Räuberlotto
13	auditives Gedächtnis: Memorieren der Verstecke für die Münzen

14	auditives Gedächtnis: Wiederholen sinnloser bzw. sinnvoller Silben
16	Wiedergeben der erlebten Abenteuer

1.2.4 Die Entwicklung der Sprache

Bestimmende Größen für den Spracherwerb sind zum einen Anlage- und zum anderen Umweltfaktoren, die sich wechselseitig beeinflussen: „Der Spracherwerb erfolgt durch Entfaltung angeborener Sprachfähigkeiten. Die Umwelt hat auslösende Funktion" (Wirth 1990, 101).

Vor dem eigentlichen Spracherwerb stehen zwei Perioden des kindlichen Lallens: Die erste Lallperiode beginnt ab dem 2. Lebensmonat, wobei spielerisch angewandte und spontan auftretende Laute gebildet werden (vgl. Wirth 1990, 106).

Im Verlauf der zweiten Lallperiode vom 6. bis zum 9. Lebensmonat werden die zufällig entstandenen Urlaute der ersten Periode auf das typische Lautsystem der Muttersprache reduziert. Selbstgesprochene Laute (Selbstnachahmung) und Laute der Umgebung (Fremdnachahmung) werden rhythmisch wiederholt (vgl. Wirth 1990, 107).

Grundlage für das Sprechen der ersten Wörter zwischen dem 11. und 14. Lebensmonat ist ein bestimmter Reifegrad des Gehirns, der Sprechmuskulatur sowie die Fähigkeit, Beziehungen zu erfassen. „Es handelt sich dabei um die ersten fixen Zuordnungen von bestimmten Lautkomplexen zu bestimmten Personen, Dingen, Situationen oder Merkmalen" (Schenk-Danzinger 1969, 45). Die erworbenen ersten Wörter, die aus richtigen Wörtern, Verkleinerungen, Eigenwörtern o.ä. bestehen können, werden schon bald zu Einwortsätzen, mit denen Gefühle, Empfindungen oder Wünsche ausgedrückt oder einfach nur Gegenstände benannt werden (vgl. Kiphard 1994, 89).

Ab dem 18. Lebensmonat folgen zunächst ungegliederte Mehrwortsätze, später werden Wunschsätze, Aussage- und Fragesätze (Ende des 2. Lebensjahres) und partikellose Aneinanderreihungen von Haupt- und Nebensätzen (Ende des 3. Lebensjahres) gebildet (vgl. Wirth 1990, 113).

Zwischen dem zweiten und vierten Lebensjahr beginnt das Kind, grammatikalische Regeln zu verinnerlichen. *Brown* ermittelte an drei in einer Längsschnittuntersuchung begutachteten Kindern den Erwerb von 14 grammatischen Morphemen in diesem Alter. Auffällig dabei ist nicht nur, dass „die Kinder trotz Schwankungen der jeweiligen Erwerbszeitpunkte dieselben Morpheme innerhalb eines bestimmten Entwicklungsabschnittes beherrschten, sondern daß sie diese auch in derselben Abfolge zu beherrschen lernten" (Oerter/Montada 1987, 612).

Komplexere und seltenere Satzkonstruktionen werden ab dem 6. Lebensjahr gebaut, schwierige komplexe Satzkonstruktionen erst mit 10 Jahren verstanden (vgl. Wirth 1990, 113).

Wichtige Voraussetzung für den Spracherwerb ist die Kommunikation des Kindes mit seiner Umwelt, da das Kind „nicht nur kognitiv motivierter Analysator, sondern auch und zuerst sozial und emotional motivierter Imitator" (Oerter/Montada 1987, 636) ist.

Übersicht über Beobachtungssituationen mit Schwerpunkt Sprache:

	Sprachgebrauch
	a) Wortschatz:
2	Benennung der Körperteile
3	Geld zählen
4	Benennen der Geschenke für den Räuber
8	Mitteilung an den Räuber
16	Bericht an Prinzessin
17	Farbnamen
	b) Satzbau/Grammatik
6	Wiederholen des Auftrages
8	Mitteilung an den Räuber
14	Satz des Zauberspruchs wiederholen
16	Bericht an die Prinzessin
	c) Lautbildung
1 – 17	Beobachtung in allen sprachlichen Äußerungen
	Sprachverständnis
9	Auftrag: Kette fädeln – Begriffe „rund" – „eckig" – „abwechselnd"
12	Auftrag: Suchblatt – Begriffe „der gleiche" – „genauso wie"
13	Begriffe „auf", „hinter", „in"

1.2.5 Die Entwicklung der Seitigkeit (Lateralität)

Unter dem Begriff der **Seitigkeit (oder: Lateralität)** versteht man das „funktionelle Überwiegen einer Seite paarig angelegter Organe" (Schenk, in Eggert/Kiphard 1972, 133). Ursache dafür sind die zwei „ähnlichen, von

138

ihrer Funktion her jedoch unterschiedlichen Gehirnhälften oder Hemisphären" (Brand et al. 1988, 60).

Während die beiden Hemisphären in den ersten beiden Lebensjahren gleichwertig sind, was sich in der unilateral gleichwertigen Ausführung von Bewegungen ausdrückt (vgl. Brand et al. 1988, 63), wird ab dem dritten Lebensjahr die bevorzugte Benutzung einer Hand (auch eines Ohres, Auges oder Beines) deutlich. Dieses Phänomen beruht auf der Spezialisierung der Hemisphären und ist abhängig vom „Heranreifen des cerebralen Gewebes und der Nervenbahnen" (Sovak 1968, 54). Aufgrund der Spezialisierung kommt es zu einer „arbeitsteiligen Schwerpunktbildung für verschiedene Funktionen zwischen beiden Hemisphären" (Schenk, in Eggert/ Kiphard 1972, 135).

Bis zum Abschluss der anatomischen Organisation des Gehirns im 7. Lebensjahr (vgl. Sovak 1968, 55) ist die Bevorzugung einer Seite noch recht labil. „Die frühzeitig beobachtbare Seitenbevorzugung unterliegt zunächst einem öfteren Wechsel und zeigt sich in den ersten Lebensjahren als nicht stabil" (Ullmann 1974, 246), d.h. es gibt rechts- und linksdominante Phasen bezüglich der Händigkeit und Phasen der Ambidextrie (Beidhändigkeit).

In einer Längsschnittuntersuchung 1947 bezeichneten *Gesell/Ames* Händigkeit als ein „Produkt des Wachstums" (Fischer 1988, 45) und ermittelten eine Periodizität der Seitigkeit in den ersten beiden Lebensjahren.

Bethe ermittelte anhand einer Untersuchung an 42 Kindern im Alter zwischen 1;9 und 4;0 Jahren sowie 53 Kindern zwischen 4;0 und 6;0 Jahren statistische Werte für die Entwicklung der Lateralität in den beiden angeführten Altersstufen.

ANZAHL	ALTER	L	L > R	L = R	L < R	R
42	1;9 – 4;0 Jahre	16,7 %	23,8 %	21, 4 %	21,4 %	16,7 %
53	4;0 – 6;0 Jahre	17 %	1,9 %	5,7 %	24,5 %	51 %

Tabelle nach Sovak 1968, 56

Somit gelangt *Sovak* zu der Überzeugung, dass anscheinend ein grundsätzliches Verhältnis von 1:1 zwischen Links- und Rechtshändigkeit vorherrscht, das sich im Verlaufe der Erziehung durch das rechtshändige Milieu zugunsten der Rechtshändigkeit verschiebt (vgl. Sovak 1968, 56).

Aus neuropsychologischer Sicht ist interessant, daß *Wernicke* zunächst höhere intellektuelle Fähigkeiten an die dominante Hemisphäre fixiert sah. Erst *Teuber et al.* widerlegten 1962 diese These und erkannten die Wichtigkeit der subdominanten Hemisphäre als Hilfsfunktion, wobei durch den

Balken als Verbindung zwischen beiden Hemisphären ein Informations-austausch stattfindet (vgl. Schenk, in Eggert/Kiphard 1972, 134).

Beobachtungssituationen mit Schwerpunkt Lateralität / Bilateralinte-gration:

	Bevorzugung einer Hand
2	Selbstbildnis zeichnen
3	Zählen des Geldes – in den Sack legen
4	Ertasten der möglichen Geschenke für den Räuber
7g	Zielwerfen mit dem Ball auf die Tür der Räuberhütte
12	Ankreuzen / Markieren der gesuchten Figuren
15	Öffnen des Käfig-Schlosses
	Überkreuzen der Körpermittellinie
2	Zeichnen des Selbstbildnisses
3	Einsammeln der aufgelegten Münzen
9	Fädeln der Perlenkette
	Integration beider Hände
2	Zeichnen des Selbstbildnisses: eine Hand hält Blatt – ande-re zeichnet
3	Einsammeln der Münzen: eine Hand hält Sack – andere sammelt ein
17	Öffnen der Streichholzschachtel: eine Hand hält die Schach-tel – andere schiebt

2. 'SVE-Aufnahme mit Pfiffigunde'

Das Screening-Verfahren besteht aus 17 Beobachtungssituationen, die anschließend dargestellt werden.

2.1 Märchenlogik

Ein Räuber hat die Prinzessin Pfiffigunde gefangen genommen und in einen Käfig gesperrt. Er erpresst den König und will den Schlüssel zum Käfig nur hergeben, wenn er viel Lösegeld dafür bekommt. Der König und Pfiffigunde benötigen einen tapferen Geldboten. (Das zu überprüfende Kind erklärt sich bereit.)

Der Helfer wird der Prinzessin vorgestellt, bekommt das Lösegeld und ein Geschenk und erhält den Auftrag an den Räuber.

Das Kind macht sich auf den langen, gefährlichen Weg zur Räuberhütte. Der/Die VersuchsleiterIn begleitet es dabei.

Es kommt an, sagt, was es will und muss einige Aufgaben für den Räuber erfüllen.

Es übergibt Geld und Geschenk und erhält drei Schlüssel. Damit der Rückweg nicht noch einmal bewältigt werden muss, kann sich das Kind zur Prinzessin zurückzaubern. Es befreit Pfiffigunde aus dem Käfig, erzählt von seinen Erlebnissen, erhält eine Belohnung und verabschiedet sich.

2.2. Allgemeine Beobachtungskriterien

Im allgemeinen werden die Beobachtungen lediglich wie bei Cárdenas nach den drei Kriterien 'unauffällig' (0), 'gelingt einigermaßen' (1) und 'gelingt nicht' (2) eingetragen.

Bei Beobachtungen, die sich auf den Muskeltonus beziehen, erweitert sich das Spektrum von -2 (extrem niedriger Tonus) bis +2 (extrem hoher Tonus) auf insgesamt fünf Stufen.

Weiterhin wird bei diversen Beobachtungssituationen Augenmerk auf die Entwicklung der Lateralität (L = links, W = wechselnd, R = rechts) im Bezug auf die Bevorzugung einer Hand gelegt.

2.3 Aufbau des Verfahrens

2.3.0 Einstieg

Der/Die TestleiterIn konfrontiert das Kind mit der Problematik der Prinzessin Pfiffigunde, die von einem Räuber gefangengenommen und in einen Käfig gesperrt worden ist. Die Prinzessin bittet das Kind, ihr zu helfen und sich als Geldbote zur Verfügung zu stellen.

Durch den hohen Aufforderungscharakter der Spielsituation mit der in den engen Käfig gesperrten Handpuppe der Prinzessin wird eine hohe Motivation des Kindes zur Mitarbeit erreicht.

2.3.1 Beobachtungssituation 1: VORSTELLUNG

Wie es sich für einen Diener der Prinzessin gehört, muss das Kind vor den Käfig der Prinzessin treten und sich ordnungsgemäß vorstellen. Die Prinzessin interessiert sich dabei für den Namen, das Alter und die Adresse des Kindes.

Bei der Beobachtung wird auf das vorhandene Alltagswissen des Kindes über seine persönlichen Daten geachtet.

2.3.2 Beobachtungssituation 2: SELBSTBILDNIS

Damit die Prinzessin für die lange Zeit des Wartens eine Erinnerung an ihre/n RetterIn hat, bittet sie ihn/sie, ihr ein Bild von sich zu zeichnen. Mit der Aufforderung „Zeichne dich gut für die Prinzessin!" soll das Kind eine

menschliche Gestalt malen. Es wird auf Anzahl, Anordnung und Größe bzw. Proportionen der Körperteile geachtet.

Neben der Beobachtung der Bevorzugung einer Hand, der Stifthaltung und der Strichführung liegt hierbei ein Schwerpunkt auf der Beurteilung des Entwicklungsstandes der Bilateralintegration. Sowohl das Überkreuzen der Körpermittellinie als auch die Integration beider Hände (eine Hand hält das Blatt, die andere zeichnet) werden genau festgehalten. Außerdem soll das Kind die gezeichneten Teile benennen.

Als Gegenleistung für seine zeichnerischen Bemühungen und als Gedächtnishilfe für seinen wichtigen Auftrag erhält das Kind von der Prinzessin ebenfalls ein Bild (s. Titelbild). Darauf hat sie ihre eigene missliche Situation in ihrem Käfig und den Räuber, der sie gefangengenommen hat und auf das Lösegeld wartet, verewigt. „Nimm dieses Bild mit", sagt die Prinzessin, „damit Du niemals vergisst, was Du tun sollst."

2.3.3 Beobachtungssituation 3: GELDÜBERGABE

Das Kind erhält von der Prinzessin das Lösegeld für den Räuber. Die zehn Geldstücke werden auf dem Fußboden (rauhe Oberfläche) in einer Linie vor dem Kind aufgelegt und sollen zunächst gezählt werden. Anschließend erhält das Kind die Aufgabe, das Lösegeld einzeln mit einer Hand einzusammeln (bevorzugte Hand, Pinzettengriff) und in einen Sack zu geben, der mit der anderen Hand gehalten wird (Integration beider Hände). Dabei wird wieder Augenmerk auf das Überkreuzen der Körpermittellinie gelegt.

Weiterhin wird die Auge-Hand-Koordination beobachtet und anhand der Aufgabenstellung, die letzten beiden Geldstücke mit verdeckter

Sicht (Geld, Hände und Säckchen abdecken) in den Sack zu legen, wird die kinästhetische Wahrnehmung beurteilt.

2.3.4 Beobachtungssituation 4: GESCHENK FÜR DEN RÄUBER AUSSUCHEN

Um den Räuber gnädig zu stimmen, sucht das Kind noch ein Geschenk für den Räuber aus. Dabei hat es die Auswahl aus drei bekannten Gegenständen (Auto, Ball, Kuscheltier), die sich in einem Säckchen befinden und 'blind' erfühlt und benannt werden müssen.
Schwerpunkt bei dieser Beobachtungssituation ist – neben der erneuten Feststellung der bevorzugten Hand – die Beurteilung der taktilen Wahrnehmung des Kindes, das 'blind' in das Säckchen faßt.
Hinweis: Die Größe des Säckchens sollte mindestens 30cm x 40cm betragen, und es sollte aus glattem Stoff gefertigt sein, damit Kinder mit taktilem Abwehrverhalten nicht durch Berührungen des Stoffes in der Lösung der Aufgabe irritiert werden.

2.3.5 Beobachtungssituation 5: GELD UND GESCHENK EINPACKEN

Um das Geschenk besser transportieren zu können, wird es mit in den Geldsack gepackt. Das Kind muss den Sack verknoten, wobei der/die TestleiterIn auf eine altersgemäß entwickelte Handlungsplanung achtet.

2.3.6 Beobachtungssituation 6: AUFTRAG EMPFANGEN

Das Kind bis 4;11 J. erhält von der Prinzessin einen zweiteiligen Auftrag: „Bring das Geld dem Räuber! – Er soll Dir den Schlüssel für den Käfig geben!" Bei Kindern ab 5;0 J. wird der Auftrag auf drei Teile erweitert, indem noch hinzugefügt wird: „ Dann musst du mich befreien!"
Bei der Wiederholung des Auftrages durch das Kind werden das Kurzzeitgedächtnis und die auditive Wahrnehmung überprüft. Hat es den Auftrag noch nicht (vollständig) verstanden, wiederholt die Prinzessin diesen noch einmal. Gegebenenfalls fragt die Prinzessin gezielt nach.

2.3.7 Beobachtungssituation 7: WEG VON DER PRINZESSIN ZUM RÄUBER

Hauptaugenmerk bei diesen Aufgaben liegt auf der Entwicklung der Grobmotorik.

a) Grobmotorik – rückwärts gehen
Da man der Prinzessin nicht den Po zuwenden darf, verabschieden sich das Kind und der/die TestleiterIn rückwärts nebeneinander gehend von ihr. Beurteilt wird dabei in erster Linie die Fähigkeit des Kindes, überhaupt rückwärts zu gehen, ebenso aber das Gleichgewicht und die Koordination.

b) Grobmotorik – vorwärts balancieren
Um zur Räuberhöhle zu gelangen, müssen TestleiterIn und Kind auf einer

schmalen Brücke über einen Bach balancieren. In der Testsituation wird die Brücke durch eine (ab 4;7 J. umgedrehte) Langbank symbolisiert.

Neben dem Gleichgewicht wird dabei vor allem auf einen angemessenen Muskeltonus geachtet.

c) Grobmotorik – Treppe raufsteigen

Da sich die Suche nach dem Räuber recht schwierig gestaltet, besteigen Kind und TestleiterIn einen hohen Berg (Treppe), der einen guten Aussichtspunkt darstellt.

Wie schon beim Rückwärtsgehen wird auch hier das Augenmerk auf eine altersgemäß entwickelte Koordination und das Gleichgewicht gelegt.

d) Grobmotorik – auf Stuhl steigen

Um auch wirklich den optimalen Überblick zu haben, erklettert das Kind den Aussichtsturm (Stuhl) oben auf dem Berg.

Beim Besteigen des Stuhles achtet der/die TestleiterIn neben Koordination und Muskeltonus vor allem darauf, nach welchem System das Kind seine Handlung durchführt (Handlungsplanung). Kniet es sich zunächst auf den Stuhl, kann das als ein verstärkender Reiz bezüglich der kinästhetischen Wahrnehmung gesehen werden, da die Kontaktfläche im Vergleich zum Auf-den-Stuhl-stellen erheblich vergrößert wird. Ein solches Verhalten ist im Protokollbogen auf jeden Fall zu vermerken.

Günstig ist es, wenn vom 'Aussichtspunkt' aus das Räuberhaus zu sehen ist.

e) Grobmotorik – Schlußsprung vom Stuhl

Mit einem Schlusssprung schwingt sich das Kind vom Aussichtsturm.

Der/die TestleiterIn beobachtet den Tonus und die Integration beider Seiten, wobei der beidbeinige Absprung und eine sanfte Landung auf beiden Füßen beurteilt werden.

f) Grobmotorik – Treppe runtersteigen

TestleiterIn und Kind müssen den Berg (Treppe) wieder hinabsteigen.

Beobachtet werden Gleichgewicht und Koordination sowie die Fähigkeit des Kindes, die Aufgabe mit Fußwechsel und ohne Festhalten am Geländer zu erfüllen.

h) Grobmotorik – Zielwerfen

Am Fuße des Berges befindet sich die Räuberhütte. Da der Räuber nicht zu sehen ist, versucht das Kind, auf sich aufmerksam zu machen, indem es aus 1,5 Metern Entfernung mit Tennisbällen auf die Tür der Hütte zielt.

Neben der Anzahl der Treffer wird die Auge-Hand-Koordination bewertet.

2.3.8 Beobachtungssituation 8: MITTEILUNG DES AUFTRAGES

Der Räuber fragt das Kind, nachdem es sich vorgestellt hat: „Was hast Du denn da unter dem Arm? Das ist doch ein Bild!?", und fordert es auf:

„Komm, zeig es mir mal und erzähle, was darauf zu sehen ist!".
Sollte das Kind dennoch nicht in der Lage sein, die dargestellte Situation in Worte zu fassen, greift der Räuber mit unterstützenden Fragen ein: „Der auf dem Bild schaut ja genauso aus wie ich. Soll das etwa ich sein? – (Reaktion des Kindes)
Du willst doch bestimmt etwas von mir! – Was möchtest du denn? (Forderung des Kindes nach den Schlüsseln)
Die Schlüssel willst du also! Und was hast du mir dafür mitgebracht? – (erwartete Antwort: 'Geld')."

2.3.9 Beobachtungssituation 9: KETTE FÄDELN FÜR DIE RÄUBERS-FRAU

Ehe er den Schlüssel herausgibt, bittet der Räuber das Kind, mit ihm zu spielen, weil er sonst immer so einsam sei. Da er selbst mit seinen dicken Händen etwas ungeschickt ist, soll ihm der Bote eine Kette mit runden und eckigen Perlen fädeln, die er seiner Frau schenken möchte. Dabei legt er Wert darauf, dass jeweils eine runde und eine eckige Perle abwechselnd aufgefädelt werden.
Diese Aufgabe stammt aus dem Kramer-Test. Eine richtige Ausführung weist darauf hin, dass das Kind die sprachliche Anweisung verstanden hat. Augenmerk wird auf die Feinmotorik der Hand, die Auge-Hand-Koordination und das Überkreuzen der Körpermittellinie beim Fädeln gelegt. Außerdem beurteilt der Testleiter, ob die Handlungsplanung altersgemäß ist und die Serie rund-eckig konsequent eingehalten oder zumindest zum Schluss verbessert wird, wenn der Räuber dem Kind die fertige Kette zur Begutachtung vorlegt: „Und – ist sie richtig geworden?"

2.3.10 Beobachtungssituation 10: BILDERSCHLANGE LEGEN

Der Räuber hat ein Spiel, bei dem es darum geht, aus verschiedenen, in der Mitte geteilten Motiven eine Bilderschlange zu legen. Leider kommt er selbst nicht darauf, wie diese Aufgabe zu lösen ist, so dass er dem Kind keine Hilfestellung geben kann, wie sie wohl am besten anzugehen sei.
In die Bewertung fließt ein, ob das Kind selbständig erkennt, worum es geht, ob die visuelle Figur-Grund-Wahrnehmung altersgemäß ist und ob es in der Lage ist, die Situation zu überblicken, indem es die einzelnen Hälften zuordnet und zu einer Bilderkette bzw. Bilderschlange legt.
Die einfachere Bilderkette wird Kindern zwischen 3;0 und 4;6 J. gegeben; die schwierigere Bilderschlange erhalten die Kinder ab 4;7 J..

2.3.11 Beobachtungssituation 11: RÄUBERLOTTO

Der Räuber bittet das Kind, mit ihm sein Lieblingsspiel 'Räuberlotto' zu spielen. Dabei wird eine bestimmte Anzahl (beginnend mit 2 Pärchen bis

4;6 J. und 3 Pärchen ab 4;7 J.) Memory-Kartenpaaren verdeckt auf den Tisch gelegt. Während der Räuber die eine Hälfte der Paare in Verwahrung nimmt, dreht das Kind die andere Hälfte um und prägt sich die Motive und deren Anordnung ein. Anschließend werden die Karten wieder verdeckt, und das Kind erhält vom Räuber die entsprechende andere Hälfte der Karten gemischt zurück, die es den verdeckten Karten 1:1 zuordnen soll. Löst das Kind die Aufgabe richtig, wird die Anzahl der Pärchen um eins erhöht, ansonsten abgebrochen.

Beurteilt wird dabei das visuelle Gedächtnis des Kindes. Es wird die maximale Anzahl an richtig zugeordneten Pärchen bewertet.

2.3.12 Beobachtungssituation 12: SUCHBLATT

Auf einem Suchblatt soll das Kind aus einer Reihe von Motiven ein vorgegebenes Motiv heraussuchen und markieren.

Entsprechend der Anzahl der richtig zugeordneten Motive wird die visuelle Diskriminationsfähigkeit beurteilt.

Es wurden zwei Suchblätter entwickelt (siehe Anhang), die zum Räuber passen. Das einfache erhalten die Kinder bis 4;6J., das schwierige die älteren. Der Räuber bittet das Kind: „Hilf mir doch, die Räubersachen zu finden!" und lässt die Dinge anschließend benennen.

2.3.13 Beobachtungssituation 13: ÜBERGABE VON GELD UND SCHLÜSSELN

Nachdem das Kind die vom Räuber gestellten Zusatzaufgaben gelöst hat, kommt es zur Übergabe von Geld und Schlüsseln. Da der Räuber mit dem Zählen Probleme hat, lässt er sich nicht sofort das ganze Geld geben, sondern nach und nach verschiedene kleine Mengen (1, 3, 4 + 2, evtl. „viele"). Es ist hier nach Alter und v. a. Vermögen des Kindes vorzugehen. Dabei wird die Mengenerfassung des Kindes beurteilt.

Aus Angst davor, dass ihm selbst wieder das Lösegeld geklaut wird, bittet der Räuber das Kind, das Geld an drei verschiedenen Plätzen **unter** .... / **hinter** .... / **in** ...." zu verstecken. Als Dank dafür erhält es aus den Händen des Räubers drei Schlüssel, da der Räuber nicht mehr weiß, welches der richtige ist.

2.3.14 Beobachtungssituation 14: ZAUBERSPRUCH FÜR DIE RÜCKKEHR

Um sich die Strapazen des Rückweges ersparen zu können, verrät der/die TestleiterIn dem Kind einen Zauberspruch, der es direkt zur Prinzessin zurückbringt. Dabei spricht der/die TestleiterIn die (zunächst sinnlosen, später sinnvollen) Silben vor, die das Kind reproduzieren soll. Das Kind wird aufgefordert, laut und deutlich zu sprechen, damit der Zauberspruch wirken kann.

1 (sinnlose) Silbe	„ze"
2 (sinnlose) Silben	„ba-du"
3 (sinnlose) Silben	„fo-wi-kein"
3 (sinnvolle) Silben	„Bal-dri-an"
4 (sinnvolle) Silben	„und Glit-zer-schein"
8 (sinnvolle) Silben	„bei der Prin-zes-sin will ich sein"
ab dem 6. Lj.12 Silben	„Die Schlüssel hab´ ich hier. Ich öffne gleich die Tür."

Tabelle 2

Der/die TestleiterIn legt dabei besonderes Augenmerk auf den Gedächtnisumfang (Anzahl der Silben), die Lautdiskrimination, die sereale Ordnung und die Artikulation.

2.3.15 Beobachtungssituation 15: BEFREIUNG DER PRINZESSIN

Nach der Rückkehr soll die Prinzessin möglichst schnell befreit werden. Das Kind muss aus den drei Schlüsseln den richtigen auswählen und das Schloss öffnen. Falls dem Kind ein Vorhängeschloss fremd ist, kann verbal durch Hinweise geholfen werden. Neben der Beobachtung der bevorzugten Hand und der Feinmotorik der Hand wird vor allem die Handlungsplanung und die Auge-Hand-Koordination beurteilt.

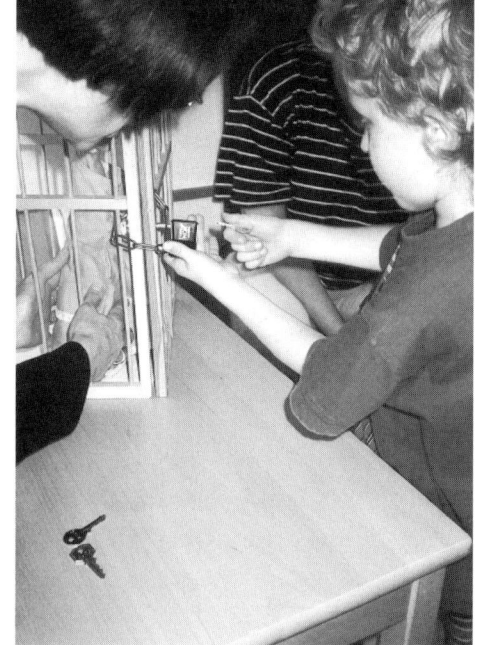

2.3.16 Beobachtungssituation 16: ERZÄHLUNG DES ABENTEUERS

Die Prinzessin möchte von ihrem/r RetterIn erfahren, was er/sie erlebt hat.

Der/die TestleiterIn achtet dabei auf Auffälligkeiten in der Spontansprache, den Wortschatz, den Satzbau und die Grammatik sowie auf den Informationsgehalt der Erzählung.

In den Fällen, in denen das Kind keine Anstalten zu eigenen Äußerungen macht, stellt die Prinzessin konkrete, nicht mit „ja" oder „nein" zu beantwortende Fragen wie „Wo warst du denn?" oder „Was hast du denn beim Räuber alles gemacht?", „Was hat denn der Räuber mit dir alles gemacht?".

2.3.17 Beobachtungssituation 17: BELOHNUNG

Für seinen großen Mut und die gewaltigen Anstrengungen erhält das Kind von der Prinzessin ein Geschenk. Aus dem Schatz darf es sich einen bunten Edelstein aussuchen, nachdem es die Farben benannt hat. Gelingt die aktive Benennung nicht, gibt der/die TestleiterIn dem Kind Gelegenheit, verschiedene Farben zu zeigen („Zeig mir den roten/grünen/gelben/blauen Edelstein!"). Treten auch dabei Probleme auf, sollen die Farben zugeordnet werden, wobei darauf geachtet wird, ob die visuelle Wahrnehmung beeinträchtigt ist.

Um den Transport der Belohnung zu erleichtern, erhält das Kind zum Abschluß seine eigene Schatztruhe (Streichholzschachtel), die zusätzlich mit einem Goldtaler (Kaubonbon) gefüllt ist. Beim Öffnen der Schachtel wird auf die Feinmotorik der Hand, einen angemessenen Muskeltonus und die Integration beider Hände geachtet.

Die Prinzessin bedankt sich abschließend noch einmal ganz herzlich bei ihrem/r tapferen RetterIn und verabschiedet sich.

2.4. Durchführung des Verfahrens

Das Kind kommt mit einem oder beiden Elternteilen zur Überprüfung. Meistens handelt sich sich um eine Erstbegegnung mit der TestleiterIn in einer fremden Umgebung.

2.4.1. Vorbereitung

Für die Durchführung sind 100 bis 120 Min. anzusetzen. Das Spiel selbst dauert ca. 1 Stunde, die die Kinder in der Regel gut durchhalten. Das anschließende Elterngespräch erstreckt sich über 30 bis 40 Min., Auf- und Abbau der Materialien brauchen je 10 Min.

Für die Durchführung wird ein Zimmer mit Treppenhaus benötigt. Im Zimmer sollen ein Tisch mit dem Käfig und Arbeitsfläche sowie das Räuberhaus mit Bodenfläche zum Spielen bequem Platz finden sowie alle agierenden und beobachtenden Personen mit Bestuhlung. Eventuell lässt sich das Räuberhaus so plazieren, dass es vom Weg aus – genauer vom 'Aussichtsturm' aus – zu entdecken ist. Alles ist so herzurichten, dass die benötigten Materialien an Ort und Stelle liegen. Selbstverständlich soll der Raum ruhig, hell und angenehm temperiert sein.

2.4.2. Beobachten und Protokollieren

Bis jetzt wird nur mit handschriftlichem Protokoll in die Bögen auf einem Klemmbrett gearbeitet. Der Protokollbogen ist so strukturiert, dass er den

Untersuchungsverlauf vorgibt, sodass Stichwörter genügen oder sogar gleich bewertet werden kann. Letzteres setzt natürlich einige Übungsdurchgänge voraus. Das wichtige Sprachprotokoll erfordert mehr Zeit und stört mitunter den Spielablauf. Kolleginnen erproben Aufzeichnungen mit Rekordern und fertigen danach Sprachprotokolle.

Es ist uns bewusst, dass durch die Komplexität der Überprüfungssituation der/die TestleiterIn allein nicht alle Informationen wahrnehmen kann. Er/Sie muss Beziehung zum Kind aufbauen und erhalten (helfen, ermutigen, loben, bremsen, konzentrieren...), die Rolle der Puppen spielen und als Testleitung agieren. Alles zusammen stellt hohe Anforderungen dar, sodass Reaktionen auch übersehen oder falsch eingeschätzt werden können oder ungenau protokolliert wird u.a.m.

Natürlich wäre dem mit einer Videoaufzeichnung abzuhelfen. Wir haben die Situation dennoch nicht dahingehend verändert, weil kein zusätzliches Personal für die Kameraführung zur Verfügung steht und die Arbeitszeit für Überprüfungen äußerst knapp bemessen ist. Die Ansicht der Aufzeichnung allein würde eine weitere Stunde erfordern.

Momentan wird der sonderpädagogischen Diagnostik nicht die dafür erforderliche Arbeitszeit im Lehrerstundenmaß eingeräumt, was zu vermeidbaren Fehlern führen kann. Es bleibt nur der Weg, immer wieder an geeigneter Stelle auf die sachliche und fachliche Notwendigkeit adäquater Bedingungen hinzuweisen und sich dafür einzusetzen.

2.4.3. Instruktionen der Aufgaben

Dem Spielcharakter der Durchführung kommt höchste Bedeutung zu. Er ist zu erhalten. Das Ziel des Spiels ist für das Kind die Befreiung der Prinzessin. Es wird darin soweit unterstützt, dass das gelingt.

Der/Die SpielleiterIn spricht in angepasster Stimmlage die Rollen der Prinzessin und des Räubers oder sich selbst als Begleitung auf dem Weg. Eventuell muss man die Puppe deutlich vor das eigene Gesicht führen, damit die Situation für das Kind klar ist. Auch die Puppen können den/die SpielleiterIn ins Geschehen einbeziehen.

Es hat sich herausgestellt, dass der/die SpielleiterIn als eigene Person sehr wichtig ist, um direkt mit dem Kind in Kontakt treten zu können – um Hilfen zu geben, die Situation zu klären, zu loben und zu ermutigen.

Einige Instruktionen sind wörtlich knapp im Protokollbogen vermerkt.

2.4.4. Variation der Durchführung

Die Durchführung ist an die Bedürfnisse des Kindes anzupassen, um einen möglichst hohen Grad an Mitarbeit, beobachtbarem Verhalten und somit bewertbaren Testergebnissen zu erhalten. Variationen im Ablauf sind möglich und erlaubt. Beispiele:

- Spricht das Kind in Beobachtungssituation Nr. 1 nicht mit der Prinzessin, fragt der Räuber noch einmal nach den persönlichen Daten.
- Ängstigt sich das Kind wegen des Räubers, wird er eben weggeschickt, und der/die TestleiterIn sichert ihm die Erledigung aller Dienste zu.
- Will das Kind gleich Geld und Geschenk übergeben, nimmt der Räuber alles dankbar und freundlich an und bittet dann wie geplant um Hilfe bei den Aufgaben.
- Lässt die Konzentration des Kindes rapide nach, so kann der Ablauf natürlich verkürzt werden. In der Regel halten aber auch die jüngeren Kinder unter 4 Jahren durch.
- Wagt sich das Kind nicht auf den Weg, möchte aber die Prinzessin befreien, so verhandelt der/die SpielleiterIn, ob die Sachen auch geholt werden können. Die Motorikaufgaben entfallen dann oder werden nebenbei beim Hinausgehen oder beim Spielplatzausprobieren o.ä. beobachtet.

2.4.5. Abschluss des Spiels

In der Regel verbleiben die Personen noch einige Zeit im Raum. Viele Kinder spielen die Geschichte weiter, und sehr oft wird der Räuber in den Käfig gesperrt und gerecht bestraft. Einmal wurde ihm sogar das Geld wieder abgenommen und der Prinzessin die Perlenkette umgehängt.

Die Kinder erleben sich im Spiel als die starken RetterInnen. Sie erinnern sich noch lange danach an die Figuren und erzählen davon, wenn sie die Materialien in der Einrichtung sehen. Vielfach wurde schon der Wunsch geäußert, die Geschichte noch einmal zu spielen.

2.4.6. Anwesenheit einer Vertrauensperson

Die Anwesenheit der Eltern hat sich in den allermeisten Fällen als notwendig und hilfreich erwiesen. Sie erhalten einen Platz neben dem Kind und werden gebremst, wenn sie unaufgefordert helfen oder sich einmischen. Andererseits werden sie aber auch zur Hilfe oder Auskunft herangezogen oder begleiten ihr Kind auf dem Weg.

In der Beratung kann über gemeinsam beobachtetes Verhalten des Kindes gesprochen werden. Der Förderbedarf und die Schwächen und Stärken des Kindes sind konkret beschreibbar, wodurch Verständnis für das Kind gewonnen werden kann. Viele Eltern wundern sich über die gute Mitarbeit und unerwartete Leistungen bzw. finden Bestätigung ihrer eigenen Beobachtungen und Anlass zum Fragen.

Die meisten Eltern sind erleichtert angesichts dieser Art von 'Test', alle waren positiv angetan vom spielerischen Charakter der Überprüfung. Die Einstellung der Eltern gegenüber ihrem Kind wird positiv beeinflusst. Sie können sich an den Fähigkeiten ihres Kindes mitfreuen und in der Regel Schwierigkeiten eher als solche akzeptieren.

3. Bewertung der Ergebnisse und Entscheidungsfindung

3.1 Variationen im Schwierigkeitsgrad

Durch die große Altersstreuung bedingt sind mehrmals zwei Schwierigkeitsgrade erforderlich, um altersentsprechende Anforderungen zu stellen. Die Differenzierungen sind dem Protokollbogen und den Bewertungskriterien zu entnehmen.

3.2. Umgang mit Hilfen

Die gegebenen Hilfen müssen natürlich als solche vermerkt und bei der Bewertung entsprechend berücksichtigt werden. Sehr oft finden sich dafür Richtlinien in den Bewertungskriterien.

Außerdem erlauben die Hilfestellungen vorsichtige Rückschlüsse auf Arbeits- und Emotionalverhalten des Kindes. Solche Grenzsituationen geben deutliche Hinweise auf seine Selbständigkeit, Belastbarkeit und Ausdauer. Sie zeigen sein Selbstvertrauen, seinen Umgang mit Frustrationen und Fehlern und die Fähigkeit, mit unterschiedlichen verbalen und konkreten Hilfen umzugehen. Teilweise lassen sie Schlüsse auf Lern- und Denkvermögen des Kindes zu bzw. auf geeignete Fördermethoden.

3.3 Beurteilungskriterien

Grundlage für die Formulierung der Beurteilungskriterien bildete ein intensives Studium der Fachliteratur, allen voran der Veröffentlichungen von KIPHARD, KRAMER und STRASSMEIER, sowie eine Umsetzung der Ergebnisse aus der praktischen Erprobung. Auch die Durchführung von einigen Teilen der „SVE-AUFNAHME MIT PFIFFIGUNDE" im Kath. Kindergarten Dinkelsbühl brachte wichtige Erkenntnisse.

Zur Vermittlung eines kurzen Überblicks werden die Entwicklungsskalen der drei angeführten Autoren, so weit sie die „SVE-AUFNAHME MIT PFIFFIGUNDE" betreffen, den einzelnen Beurteilungssituationen vorangestellt.

3.3.1 Beobachtungssituation 1: VORSTELLUNG

Literatur:

Beob.-sit.	KIPHARD	KRAMER	STRASSMEIER
1	**2;6 Jahre**: nennt sich beim Vornamen **3;0 Jahre**: spricht von sich als „ich" **4;6 Jahre** nennt Namen und Adresse		**2;0 Jahre**: nennt seinen Vornamen auf die Frage „Wie heißt Du?" **2;6 Jahre**: gebraucht „ich" **2;9 Jahre**: sagt seinen Vor- und Nachnamen

Tabelle 1

Name:

      3;0 – 4;5 Jahre

0   Das Kind nennt zumindest seinen Vornamen.

1   Das Kind antwortet auf die Frage nach seinem Namen mit „ich".

2   Das Kind gibt keine Antwort oder bestätigt nur seinen bereits von der Prinzessin vorgesagten Namen.

      ab 4;6 Jahre:

0   Das Kind nennt seinen Vor- und (evtl. auf Nachfrage) den Nachnamen.

1   Das Kind nennt nur seinen Vornamen oder verwendet das Pronomen „ich".

2   Das Kind gibt keine Antwort oder bestätigt nur den bereits von der Prinzessin vorgesagten Namen.

Alter:

0   Das Kind nennt, evtl. auch auf Nachfrage, sein Alter richtig.

1   Das Kind zeigt sein Alter richtig (keine oder falsche Benennung) oder ist zumindest auf gezieltes Nachfragen ("Bist Du vielleicht .... Jahre alt?") in der Lage, sein Alter zu bestätigen.

2   Das Kind ist nicht in der Lage, sein Alter richtig zu zeigen oder zu benennen.

Wohnort:

0   Der korrekte Wohnort und/oder die korrekte Straße werden genannt.

1   Das Kind bestätigt oder verneint korrekt von der Prinzessin vorgegebene Adressen ("Wohnst Du etwa in ...?").

2   Das Kind kann nicht einmal teilweise seine Adresse benennen oder bestätigen.

3.3.2 Beobachtungssituation 2: SELBSTBILDNIS

Literatur:

Beob.-sit.	KIPHARD	KRAMER	STRASSMEIER
2	**2;0 Jahre**: zeigt Körperteil an Puppe **3;0 Jahre**: malt Rundformen **3;6 Jahre**: hält Stift mit Fingern **6;6 Jahre**: zeichnet Mann (8 Teile)		**2;9 Jahre**: richtige Stifthaltung **4;3 Jahre**: zeichnet Männchen mit zwei Teilen (Kopf/ Rumpf) **4;6 Jahre**: zeichnet nach Vorlage ein Männchen mit Kopf, Rumpf und Beinen

Tabelle 2

Entsprechend dem Alter der Kinder wurden CÁRDENAS' Kriterien für die Beurteilung der **Graphomotorik/Stifthaltung** (CÁRDENAS 1997, S. 61) modifiziert:

0   Das Kind hält den Stift mit (drei) Fingern.

1   – Das Kind hält Stift zu weit hinten, zu steil.

           – Das Handgelenk ist angewinkelt.

           – Der Zeigefinger ist durchgedrückt, die Stifthaltung verkrampft.

           – Der Unterarm liegt nicht auf.

           – Die Bewegung erfolgt aus dem Ellenbogen und dem Schultergelenk.

2   – Die Hand wird um den Stift gefaustet.

Feinmotorik: Strichführung

0   Die Strichführung erfolgt flüssig, schwungvoll, mit angemessenem Druck.

1   Das Kind zittert leicht.

2   –   Die Strichführung erfolgt unwillkürlich.
        –   Tremor

Bilateralintegration (Überkreuzen der Körpermittellinie):

0   Das Kind kreuzt problemlos die Körpermittellinie.

1   Das Kind weicht mit dem Oberkörper aus bzw. setzt sich schräg zum Blatt.

2   Das Kind wechselt den Stift von der einen in die andere Hand bzw. dreht das Blatt um 180°

Bilateralintegration (Integration beider Hände):

0   Das Kind hält mit einer Hand das Blatt und malt mit der anderen.

1   Das Kind hält mit freier Hand das Blatt, das dennoch hin- und herrutscht

2   Das Kind hält das Blatt mit der freien Hand nicht fest

Körperschema:

bis 4;6 Jahre

0   3-4 Teile sind richtig angeordnet.

1   –   Die Figur ist zu wenig gegliedert.
        –   Es fehlen Extremitäten.
        –   Teile der Figur sind falsch verbunden.
        –   Teile der Figur sind im Vergleich zum Ganzen über-/unterproportioniert.

2   –   Teile der Figur sind nicht verbunden.
        –   Eine menschliche Gestalt ist nicht erkennbar.

ab 4;7 Jahre

0   Mehr als 4 Teile sind richtig angeordnet.

1   –   Die Figur ist zu wenig gegliedert.
        –   Es fehlen Extremitäten.
        –   Teile der Figur sind falsch verbunden.
        –   Teile der Figur sind im Vergleich zum Ganzen über-/unterproportioniert.

2   –   Teile der Figur sind nicht verbunden.
        –   Kopf-Füßler
        –   Eine menschliche Gestalt ist nicht erkennbar.

3.3.3 Beobachtungssituation 3: GELDÜBERGABE

Literatur:

Beob.-sit.	KIPHARD	KRAMER	STRASSMEIER
3	**1;0 Jahre**: Daumen-Zeigefinger-Griff **6;0 Jahre**: zählt 10 Dinge ab		**3;3 Jahre:** Kind zählt markierend bis 2 **4;3 Jahre:** Kind zählt markierend bis 4

Tabelle 3

Pinzettengriff:

0   Der Pinzettengriff wird beherrscht.
1   Der Pinzettengriff ist ansatzweise (Pfötchengriff) vorhanden.
2   Der Pinzettengriff wird nicht beherrscht.

(nach CÁRDENAS 1997, S. 51)

Bilateralintegration:

0   Die Bilateralintegration ist unauffällig, das Kind wechselt nicht die Hand.
1   Das Kind weicht leicht mit dem Oberkörper aus bzw. greift vor der Körpermitte beidhändig.
2   – Das Kind wechselt vor der Körpermitte die Hand und agiert vor jeder Körperhälfte mit der entsprechenden Hand.
    – Das Kind setzt sich links bzw. rechts neben die Münzen und vermeidet so das Kreuzen der Körpermittellinie.
    – Das Kind weicht mit dem Oberkörper stark aus.

Als schwer objektivierbar erwies sich die Beurteilung der **Auge-Hand-Koordination**, so dass die Aufstellung der Beurteilungskriterien aus den Beobachtungen bei der praktischen Durchführung abgeleitet wurde.

0   Das Kind ergreift die Münzen beim ersten Versuch und befördert sie zielsicher in den Sack.
1   Das Kind benötigt einmal mehrere Versuche zum Ergreifen der Münzen bzw. verfehlt mit einer Münze den Sack.
2   Das Kind benötigt mehrmals mehrere Versuche zum Ergreifen der Münzen bzw. verfehlt mit mehreren Münzen den Sack.

Ähnlich verhielt es sich im Hinblick auf die **kinästhetische Wahrnehmung** beim Einpacken der Münzen mit verdeckter Sicht.

0 Beide Münzen werden zielsicher beim ersten Versuch in den Sack gelegt.

1 Das Kind benötigt mehrere Versuche, um die Münzen in den Sack zu legen.

2 Die Münze fällt mindestens einmal neben dem Sack auf den Boden.

Bei der Beurteilung des **Abzählens bis zehn** wird berücksichtigt, dass es sich dabei eigentlich um einen schulischen Lerninhalt handelt, der von den SVE-Kindern noch gar nicht verlangt werden kann. Zumindest das Zählen bis sechs (Würfel) wird aber weiterhin von den Kindern ab 4;7 Jahren verlangt.

0 Das Kind ist mindestens in der Lage, bis sechs zu zählen, wobei die 1:1-Zuordnung klappt.

1 – Die Zahlenfolge ist fehlerhaft, die 1:1-Zuordnung ist erfasst.
– Das Kind zählt nur bis 3 oder weniger.

2 Das Kind hat noch keine Vorstellung vom richtigen Zählen (1:1-Zuordnung gelingt nicht).

Jüngere Kinder werden nicht bewertet.

3.3.4 Beobachtungssituation 4: GESCHENK FÜR DEN RÄUBER AUSSU-CHEN

Literatur:
Bei KIPHARD, KRAMER und STRASSMEIER finden sich keine Angaben, die diese Beobachtungssituation betreffen.

Taktile Wahrnehmung:

0 Drei Gegenstände werden erkannt.

1 Zwei Gegenstände werden erkannt.

2 Weniger als zwei Gegenstände werden erkannt.

Benennung:

0 Das Kind benennt alle drei Gegenstände richtig.

1 Das Kind kann nur einen oder zwei Gegenstände richtig benennen.

2 Das Kind kann keinen Gegenstand richtig benennen.

3.3.5 Beobachtungssituation 5: EINPACKEN DES GESCHENKES

Literatur:

Beob.-sit.	KIPHARD	KRAMER	STRASSMEIER
5	**6;6 Jahre:** bindet Knoten		**4;9 Jahre:** Versuch, Schleife zu binden **5 – 6 Jahre:** Knoten **6 – 7 Jahre:** Schleife

Tabelle 4

Handlungsplanung:

3;0 – 4;11 Jahre:

0 Das Kind hat zumindest eine Vorstellung davon, dass die beiden Schnurenden überkreuzt werden müssen.

1 Der Sack wird durch mehrmaliges Umwickeln mit der Schnur verschlossen.

2 Das Kind ist nicht in der Lage, den Sack zu verschnüren.

ab 5;0 Jahre:

0 Das Kind macht einen korrekten Knoten bzw. eine korrekte Schleife.

1 Das Kind überkreuzt die beiden Schnurenden, ohne einen richtigen Knoten zustande zu bringen.

2 Das Kind kann nicht einmal ansatzweise einen Knoten oder umwickelt den Sack nur mit der Schnur.

3.3.6 Beobachtungssituation 6: AUFTRAG EMPFANGEN

Literatur:

Beob.-sit.	KIPHARD	KRAMER	STRASSMEIER
6	**3;0 Jahre**: befolgt Doppelauftrag **5;0 Jahre**: befolgt dreiteiligen Auftrag	**6. Lebensjahr**: Ausführen dreiteiliger Aufträge	**4;9 Jahre**: erledigt Aufträge

Tabelle 5

Auditive Wahrnehmung / Sprachverständnis:

- 0 Der Auftrag wird bei der ersten Formulierung erfaßt.
- 1 Der Auftrag muß zweimal formuliert werden.
- 2 Der Auftrag wird trotz mehrmaliger (Um-)Formulierung nicht erfaßt.

Gedächtnis:

- 0 Alle Teile des Auftrages werden erinnert.
- 1 Ein bzw. zwei Teile des Auftrages werden erinnert.
- 2 Kein bzw. ein Teil des Doppelauftrages wird erinnert.

3.3.7 Beobachtungssituation 7: WEG ZUM RÄUBER

Literatur:

Beob.-sit.	KIPHARD	KRAMER	STRASSMEIER
7	**2;0 Jahre**: – geht rückwärts – treppauf mit Geländer – ersteigt Stuhl, faßt Lehne **2;6 Jahre**: – frei treppauf; nachgesetzt – treppab mit Geländer **3;0 Jahre**: – Beidbein-sprung von Treppe – frei treppab; nachgesetzt **3;6 Jahre**: – geht 3m-Streifen entlang – frei treppauf; Fußwechsel **4;0 Jahre**: – Schlußsprung von Couch – frei treppab; Fußwechsel		**1;6 Jahre**: mit Festhalten treppauf; nach-gesetzt **2;3 Jahre**: treppauf / -ab mit Festhalten; Fußwechsel **3;3 Jahre**: treppauf / -ab ohne Festhalten; nachgesetzt **3;6 Jahre**: treppauf ohne Festhalten; Fußwechsel **3;9 Jahre**: Beidbeinsprung von Couch **4;0 Jahre**: treppab ohne Festhalten; Fußwechsel **4;9 Jahre**: mit Ball Papp-scheibe von 25cm Durchmes-ser treffen

Tabelle 6

a) rückwärts gehen
Gleichgewicht (vestibuläre Wahrnehmung):

0	Das Kind geht mit herabhängenden Armen geradlinig rückwärts.
1	Das Kind macht leichte Balancierbewegungen mit den Armen.
2	Das Kind kann nicht (geradlinig) rückwärts gehen, macht deutliche Balancierbewegungen mit den Armen oder geht seitlich.

Koordination

0	Das Kind geht gut koordiniert rückwärts.
1	Es erfolgen leichte Mitbewegungen von Hand oder Mund.
2	Das Kind kann nur nachgesetzt rückwärts gehen.

b) vorwärts balancieren
Gleichgewicht:

0	Das Kind balanciert mit leichten Ausgleichbewegungen vorwärts.
1	Das Kind macht deutliche Ausgleichbewegungen (z.B. Rudern) mit den Armen oder benötigt beim Aufsteigen Hilfe.
2	Das Kind fällt ein- oder mehrmals von der Langbank oder benötigt kontinuierlich Handhaltung.

Muskeltonus:

+2	Das Kind geht nur auf dem Vorderfuß und kann dadurch kein Gleichgewicht halten, benötigt Handhaltung oder verweigert die Aufgabe.
+1	Das Kind 'stakst' vorwiegend auf dem Vorderfuß (nicht federnd, deutliche Ausgleichbewegungen).
0	keine Auffälligkeiten.
-1	Das Kind geht hörbar und eher schnell mit Gleichgewichtsunsicherheit.
-2	Das Kind geht sehr laut und verliert schnell das Gleichgewicht.

(nach CÁRDENAS 1997, S. 66)

c) treppauf steigen
Gleichgewicht

0	Das Kind geht frei treppauf.
1	Das Kind hält sich einmal kurz am Geländer fest.
2	Das Kind muß sich mehrmals bzw. durchgehend am Geländer festhalten.

Koordination:
0   Das Kind geht treppauf mit Fußwechsel.
1   Das Kind setzt ab und zu nach.
2   Das Kind setzt durchgehend nach oder geht seitlich.

Kinder unter 3;6 Jahren bekommen generell die Bewertung 0.

d) Stuhl steigen
Koordination/Gleichgewicht:
0   Das Kind kniet kurz und richtet sich dann auf, wobei es eventuell die Lehne fasst.
1   – Das Kind kniet ausgiebig, ehe es sich aufrichtet.
        – Das Kind benötigt die Lehne als ständigen Halt.
2   Das Kind benötigt Handhaltung als Hilfe beim Aufsteigen und wirkt ängstlich / unsicher.

Handlungsplanung:
0   Das Kind setzt den Auftrag zügig und sicher um.
1   Das Kind zögert, stockt im Bewegungsablauf und fragt evtl. nach.
2   Das Kind weiß nicht, wie es auf den Stuhl steigen soll.

e) Schlußsprung vom Stuhl
Koordination:
0   Das Kind springt mit beiden Füßen ab.
1   Das Kind macht Schrittsprung oder läßt sich 'herunterrutschen'.
2   Das Kind steigt evtl. mit Hilfestellung vom Stuhl.

Tonus:
+2   Das Kind kommt nicht-federnd auf den Fußballen am Boden auf und muss sich mit den Händen abstützen.
+1   Das Kind kommt wenig federnd auf den Fußballen auf und macht deutliche Ausgleichbewegungen.

0	unauffällig
-1	Das Kind kommt wenig nachfedernd laut auf den Fußsohlen auf.
-2	– Das Kind kommt nicht-federnd und laut auf den Fußsohlen auf, droht zu fallen. – Knie und Hüfte sind übermäßig gebeugt.

(nach CÁRDENAS 1997, S. 83)

Bilateralintegration:

0	Der Körper ist beim Sprung gerade, die Beine kommen symmetrisch am Boden auf.
1	Ein Bein springt etwas eher ab bzw. kommt eher an. Der Körper ist evtl. etwas zu einer Seite geneigt.
2	Eine Seite wird deutlich betont, d.h. ein Bein springt deutlich eher ab bzw. kommt eher an.

f) treppab steigen

Gleichgewicht:

0	Das Kind geht frei treppab.
1	Das Kind hält sich einmal kurz am Geländer fest.
2	Das Kind muss sich mehrmals bzw. durchgehend am Geländer festhalten.

Koordination:

0	Das Kind geht mit Fußwechsel treppab.
1	Das Kind setzt ab und zu nach.
2	Das Kind setzt durchgehend nach.

Kinder unter 4;0 bekommen generell die Bewertung 0.

g) Zielwerfen

Treffer:

0	Das Kind landet drei bis vier Treffer.
1	Das Kind landet zwei Treffer.
2	Das Kind landet weniger als zwei Treffer.

Auge-Hand-Koordination:

0	Die Tür der Räuberhütte wird genau anvisiert und getroffen.
1	Der Wurf erfolgt in die richtige Richtung, ist aber zu kurz.
2	Das Kind wirft, ohne zu zielen.

3.3.8 Beobachtungssituation 8: RÄUBERHÖHLE

Literatur:

Bei KIPHARD, KRAMER und STRASSMEIER finden sich keine diese Beobachtungssituation betreffenden Angaben.

Informationsgehalt:
0	Alle Teile des Auftrages werden verständlich mitgeteilt – auch auf Nachfrage hin.
1	Der Auftrag wird unvollständig mitgeteilt.
2	Der Inhalt des Auftrages wird nicht verständlich.

Merkfähigkeit:
0	Alle Teile des Auftrages werden erinnert.
1	Ein bzw. zwei Teile des Auftrages werden erinnert.
2	Trotz Hilfe durch das Bild kann kein oder nur ein Teil des Auftrages reproduziert werden.

3.3.9 Beobachtungssituation 9: KETTE FÄDELN

Literatur:

Beob.-sit.	KIPHARD	KRAMER	STRASSMEIER
9	**3;0 Jahre:** reiht Perlen auf Draht **3;6 Jahre:** zeigt rund und eckig	**3. Lebensjahr:** reiht lauter gleiche Perlen auf **4. Lebensjahr:** reiht runde und eckige Perlen abwechselnd auf	**2;6 Jahre:** fädelt mindestens vier Perlen mit ca. 12mm Größe auf

Tabelle 7

Sprachverständnis:
0	Der Auftrag wird zügig und richtig umgesetzt.
1	Die Anweisung muß wiederholt werden.
2	Trotz mehrfacher Wiederholung wird die Anweisung nicht verstanden. Die Aufgabe muß vorgemacht werden.

Feinmotorik: Hand
0	Die Perlen werden problemlos aufgereiht.
1	Beim Aufreihen der Perlen bestehen kleine Probleme, die Hand des Kindes zittert etwas.

2   Das Kind arbeitet unbeholfen und schwerfällig und lässt mindestens einmal eine Perle fallen.

Auge-Hand-Koordination:

0   Das Loch der Perle wird zielsicher getroffen.

1   Das Kind benötigt mehrere Versuche zum Auffädeln.

2   Das Loch der Perle wird mehrmals verfehlt, die Perle fallen-
gelassen.

visuelle Serie (rund-eckig):

0   Die Serie ist fehlerfrei, eventuelle Fehler wurden selbständig
korrigiert (maximal eine Ermahnung).

1   Ein Fehler wurde nicht beachtet oder die Serie ist aufgrund
zweimaliger Ermahnungen fehlerfrei.

2   Die Kette beinhaltet mehrere Fehler, es ist keine seriale Ordnung zu erkennen.

Bilateralintegration:

0   Das Kind kreuzt problemlos die Körpermittellinie.

1   Das Kind weicht mit dem Oberkörper aus.

2   Das Kind wechselt ständig den Faden von einer Hand in die
andere und vermeidet ein Kreuzen der Körpermittellinie.

3.3.10 Beobachtungssituation 10: BILDERSCHLANGE

Literatur:

Beob.-sit.	KIPHARD	KRAMER	STRASSMEIER
10	**2;0 Jahre:** ordnet zwei Dinge zum Bild **4;0 Jahre:** – Puzzle aus zwei Teilen – ordnet Detail zum Ganzen	**5. Lebensjahr:** Zusammenset-zen von Bildern aus zwei Hälften	**3;0 Jahre:** legt Puzzle mit 4 Teilen **3;9 Jahre:** legt ein in drei Teile zerschnitte-nes Bild zusam-men

Tabelle 8

Figur-Grund-Wahrnehmung:

0   Das Kind findet spontane Zusammenhänge bzw. benennt Teile.

1   Das Kind braucht einen Hinweis.

2   Das Kind ist von der visuellen Aufgabensituation überfordert
und braucht ständige Hilfe.

Zuordnen der Hälften bis 4;6 J.:

Diese Kinder erhalten die Bilderkette aus acht Teilen (d. h. sieben Bildern, die alle längs geteilt sind). Somit ist es möglich, drei bzw. vier Bilder zusammenzusetzen, auch wenn das Kind den Gesamtzusammenhang nicht erkennt.

Zuordnen der Hälften ab 4;7 J.:

Die gesamte Bilderschlange besteht aus zehn Teilen. Somit ist es möglich, fünf zusammengehörige Pärchen zu finden, auch wenn das Kind nicht erkennt, dass es sich um eine Schlange handelt.

0   Das Kind ist in der Lage, mindestens drei bzw. vier zusammengehörige Pärchen zu finden

1   Das Kind findet mindestens 3 bzw. 4 zusammengehörige Pärchen, ordnet sie aber falsch an.

2   Das Kind findet weniger als drei bzw. vier zusammengehörige Hälften.

beziehungsstiftendes Denken (Schlangenbildung):

0   Das Kind ordnet die gesamte Kette/Schlange richtig an. Bei den beiden schwierigeren Pärchen (Fischer – Angel, Junge – Drachen) ist Hilfestellung möglich.

1   Das Kind erkennt, dass mehr als zwei Teile in einer Reihe anzuordnen sind, bringt aber nicht die gesamte Kette/Schlange zustande.

2   Das Kind ordnet maximal zwei Hälften einander zu, erkennt aber nicht, dass es sich um eine längere Kette/Schlange handelt.

3.3.11 Beobachtungssituation 11: RÄUBERLOTTO

Als Maß für die Beurteilung des **visuellen Gedächtnisses** dient das Lebensalter des Kindes: Die Bewältigung von „Lebensalter minus 1"-Pärchen gilt als unauffällig, d.h. Dreijährige sollten zwei, Vierjährige drei, Fünfjährige vier und Sechsjährige fünf Pärchen meistern.

0	Anzahl der gemeisterten Pärchen ≥ Lebensalter -1
1	Anzahl der gemeisterten Pärchen = Lebensalter – 2
2	Anzahl der gemeisterten Pärchen < Lebensalter -2

3.3.12 Beobachtungssituation 12: SUCHBLATT

Literatur:

Beob.-sit.	KIPHARD	KRAMER	STRASSMEIER
12	**6;6 Jahre**: differenziert Gleiches von Ähnlichem		

Tabelle 9

Sprachverständnis:

0	Die Aufgabenstellung wird auf Anhieb verstanden und umgesetzt.
1	Die Aufgabenstellung muss einmal wiederholt und praktisch demonstriert werden.
2	Die Aufgabenstellung wird trotz mehrmaliger Formulierung und Demonstration nicht verstanden.

Visuelle Diskrimination:

Kinder unter 4;7 J. erhalten ein leichteres, Kinder über 4;6 J. ein schwierigeres Suchblatt. Zunächst werden zwei Übungsaufgaben gestellt, woran sich vier bewertete Prüfungsaufgaben anschließen

0	Alle Aufgaben werden gemeistert.
1	1 Fehler
2	mehr als 1 Fehler

Graphomotorik Stifthaltung:

0	Das Kind hält den Stift mit (drei) Fingern.
1	– Das Kind hält Stift zu weit hinten, zu steil.
	– Das Handgelenk ist angewinkelt.
	– Der Zeigefinger ist durchgedrückt, die Stifthaltung verkrampft.

- Der Unterarm liegt nicht auf.
- Die Bewegung erfolgt aus dem Ellenbogen und dem Schultergelenk.

2
- Die Hand wird um den Stift gefaustet.

(verändert nach CÁRDENAS 1997, S. 87)

3.3.13 Beobachtungssituation 13: GELDÜBERGABE 2

Literatur:

Beob.-sit.	KIPHARD	KRAMER	STRASSMEIER
13	**4;0 Jahre:** – ordnet Menge 2 optisch zu – befolgt: „Gib mir zwei!" **6;0 Jahre:** ordnet Menge 3 optisch zu **6;6 Jahre:** gibt 4 Stück	**3. Lebensjahr:** Begriff „zwei" **4. Lebensjahr:** Begriff „drei" **5. Lebensjahr:** Begriff „vier" **6. Lebensjahr:** Begriff „fünf"	**2;0 Jahre:** hat Zahlbegriff von „eins" **2;6 Jahre:** versteht Präpositionen „auf" und „unter" **3;6 Jahre:** hat Zahlbegriff von „zwei" **4;3 Jahre:** löst Aufgabe: „Gib mir drei!"

Tabelle 10

Feinmotorik: Schleife/Knoten öffnen

0 Das Kind kann den Knoten / die Schleife selbständig und zügig öffnen.

1 Der Knoten muss zunächst von einem Erwachsenen gelokkert werden, das Kind braucht Hilfestellung.

2 Das Kind kann den Knoten nicht öffnen.

Alltagswissen: Menge 1/2/3/4

0 Das Kind gibt auf Anhieb die richtige Menge.

1 Das Kind gibt zuerst eine falsche Menge, korrigiert sich aber selbst durch Abzählen der Münzen.

2 Das Kind gibt eine falsche Menge, ohne seinen Fehler zu bemerken.

Alltagswissen: Menge „viele"

  0   Das Kind gibt mehr als zwei Münzen.

  1   —

  2   Das Kind gibt eine oder zwei Münzen.

Sprachverständnis: „unter"/ „hinter" / „in"

Hierbei ist darauf zu achten, dass das Kind den Ort (Vorhang, Schreib-tisch, Kiste o.ä.), an dem das Geld versteckt werden soll, versteht, so dass das Verständnis der Präpositionen an sich überprüft werden kann.

  0   Das Kind versteckt das Geld zielsicher am gewünschten Ort.

  1   Nach einer Ermahnung wird das Geld am richtigen Ort ver-steckt.

  2   Trotz mehrmaliger Ermahnung wird das Geld am falschen Ort (andere Präposition) versteckt.

Auditive Merkfähigkeit:

  0   Das Geld wird zielsicher am gewünschten Ort versteckt.

  1   Das Kind visiert den Ort an, zögert aber und benötigt eine Wiederholung der genauen Anweisung.

  2   –   Das Kind bittet mehrmals um die Wiederholung der Anweisung.

            –   Das Kind reagiert nicht.

3.3.14 Beobachtungssituation 14: ZAUBERSPRUCH

Literatur:

Beob.-sit.	KIPHARD	KRAMER	STRASSMEIER
14	**3;0 Jahre**: wiederholt 4-Silbensatz **4;6 Jahre**: wiederholt 5-Wort-Satz	**3. Lebensjahr**: Nachsprechen sechssilbiger Sätze **4. Lebensjahr**: Nachsprechen achtsilbiger Sätze **5. Lebensjahr**: Nachsprechen zehnsilbiger Sätze **6. Lebensjahr**: Nachsprechen sechzehnsilbiger Sätze	**2;9 Jahre**: spricht 5-Silben-satz nach

Tabelle 11

Auditives Gedächtnis:

3;0 – 3;11 Jahre:

0 Das Kind reproduziert mindestens zwei sinnlose **und** vier sinnvolle Silben richtig.

1 Das Kind reproduziert mindestens zwei sinnlose **oder** vier sinnvolle Silben richtig.

2 Weder zwei sinnlose noch vier sinnvolle Silben können richtig reproduziert werden.

4;0 – 4;11 Jahre:

0 Das Kind reproduziert drei sinnlose **und** acht sinnvolle Silben richtig.

1 Das Kind reproduziert entweder drei sinnlose **oder** acht sinnvolle Silben richtig.

2 Weder drei sinnlose noch acht sinnvolle Silben werden richtig reproduziert.

ab 5;0 Jahre

0   Das Kind reproduziert den 12-silbigen Satz.

1   Das Kind reproduziert den Satz sinngemäß richtig.

2   Das Kind lässt Teile des Satzes weg.

Lautdiskrimination:

0   Die wiedergegebenen Silben werden korrekt lautiert nachge-
     sprochen (Ausnahme: Stammelfehler).

1   Einzelne Laute werden verwaschen ausgesprochen.

2   Einzelne Laute werden gegen ähnlich klingende ausge-
     tauscht.

(nach CÁRDENAS 1997, S. 57)

Seriale Ordnung:

0   Die vorgegebenen Silben (v.a. die Vokale) werden in der rich-
     tigen Reihenfolge reproduziert.

1   1-2mal werden Silben (v.a. die Vokale) vertauscht, die aber an
     anderer Stelle in dem Wort vorkommen.

2   Bei mehr als der Hälfte der vom Kind nachgesprochenen Sil-
     ben kommen Vertauschungen vor.

(nach CÁRDENAS 1997, S. 57)

3.3.15 Beobachtungssituation 15: BEFREIUNG

Literatur:

Beob.-sit.	KIPHARD	KRAMER	STRASSMEIER
15	**4;0 Jahre**: dreht Schlüssel		

Tabelle 12

Handlungsplanung:

0   Das Kind wählt durch Versuch-Irrtum-Methode den richtigen
     Schlüssel aus.

1   Das Kind versucht es mehrmals mit dem gleichen Schlüssel,
     ehe es (evtl. nach Ermahnung) die anderen probiert.

2   Der richtige Schlüssel wird nicht gefunden und muss dem
     Kind gezeigt werden.

Feinmotorik: Hand

0   Das Kind dreht den Schlüssel und anschließend den Bügel
     des Schlosses mit angemessenem Kraftaufwand.

1   Das Kind arbeitet mit zu hohem oder zu niedrigem Kraftauf-
     wand.

2   Das Kind ist nicht in der Lage, das Schloß zu öffnen.

Auge-Hand-Koordination:

0   Der Schlüssel wird zielsicher im ersten Versuch in das Schlüsselloch gesteckt.

1   Im zweiten Versuch gelingt es, den Schlüssel in das Schlüsselloch zu stecken.

2   Das Kind benötigt mehr als zwei Versuche bzw. schafft es nicht, den Schlüssel ins Schlüsselloch zu stecken.

3.3.16 Beobachtungssituation 16: BERICHTERSTATTEN

Literatur:

Beob.-sit.	KIPHARD	KRAMER	STRASSMEIER
16	**3;6 Jahre**: berichtet spontan Erlebnis		**3;6 Jahre**: berichtet über kurz zurückliegende Ereignisse

Tabelle 13

Merkfähigkeit:

0   Das Kind ist in der Lage, zumindest drei Aktivitäten beim Räuber selbständig zu reproduzieren.

1   Auf Nachfragen können zumindest zwei Aktivitäten reproduziert werden.

2   Trotz konkreter Nachfragen kann das Kind maximal **eine** Information über seine 'Reise' geben.

3.3.17 Beobachtungssituation 17: BELOHNUNG

Literatur:

Beob.-sit.	KIPHARD	KRAMER	STRASSMEIER
17	**2;6 Jahre:** ordnet 2 Formen / Farben / Größen zu **3;6 Jahre:** – sortiert Grundfarben – öffnet Zündholzschachtel – zeigt auf rote Farbe **4;6 Jahre:** benennt 3 Farben	**3. Lebensjahr:** Farben zuordnen	**2;9 Jahre:** sortiert Muggelsteine in Farben (rot/blau) zeigt Farben rot, gelb, blau auf Aufforderung **4;3 Jahre:** benennt mindestens sechs Farben

Tabelle 14

Alltagswissen: Farben

3;0 – 4;5 Jahre:

0   Das Kind ist in der Lage, alle Grundfarben zu zeigen.

1   Alle Grundfarben werden zugeordnet.

2   Das Kind ist nicht in der Lage, die Grundfarben zuzuordnen.

ab 4;6 Jahre

0   Das Kind benennt die Grundfarben.

1   Das Kind zeigt die Grundfarben auf Nachfrage.

2   Das Kind ordnet lediglich die Grundfarben zu.

Visuelle Wahrnehmung:

0   Das Zuordnen der Grundfarben erfolgt zügig und problemlos.

1   Die Grundfarben werden langsam und nach längerem Überlegen zugeordnet.

2   Beim Zuordnen der Grundfarben tritt ein Fehler auf.

Feinmotorik: Hand

0   Die Streichholzschachtel wird problemlos geöffnet.

1   Das Kind öffnet die Streichholzschachtel mit Anstrengung (verkrampft).

2   Das Kind ist nicht in der Lage, die Streichholzschachtel zu öffnen.

Bilateralintegration:

0   Eine Hand hält die Schachtel, die andere schiebt das Innere
     heraus.

1   Das Kind hat Probleme (die Schachtel fällt aus der Hand;
     Inneres schiebt sich nicht heraus)

2   Das Kind benötigt Hilfe oder zerreißt die Schachtel

3.3.18 Beurteilung der Sprache

Literatur:

Beob.-sit.	KIPHARD	KRAMER	STRASSMEIER
Sprache	**1;6 Jahre**: sagt zwei sinnvolle Worte **2;0 Jahre**: Einwortsatz als Wunsch **2;6 Jahre**: Zweiwortsätze **3;0 Jahre**: Dreiwortsätze **4;0 Jahre**: gebraucht Neben-sätze **4;6 Jahre**: Fünfwortsätze	**5. Lebensjahr**: Antworten in Sätzen	

Tabelle 15

Lautbildung:

bis 4;6 Jahre

0   Maximal ein Laut wird noch fehlerhaft gebildet.

1   Mehrere Laute werden gestammelt.

2   Das Kind spricht unverständlich.

ab 4;7 Jahre

0   Das Kind spricht lauttreu.

1   Einzelne Lautverbindungen werden gestammelt.

2   Multiple Dyslalie.

174

Satzbau/Grammatik:

     bis 4;6 Jahre

0   3- bis 5- Wortsätze werden gebildet.

1   Fehler bei Artikeln, Beugung, Mehrzahlbildung.

2   Ein- und Zweiwortsätze

     ab 4;7 Jahre

0   Die Sätze umfassen mindestens fünf Wörter.

1   leichter Dysgrammatismus: unregelmäßige Verben, Mehrzahl-
formen **oder** Fälle werden falsch gebildet

2   Sätze werden falsch gebildet.
Das Kind beschränkt sich in seinen Äußerungen auf Satz-
bruchstücke.
partikellose Aneinanderreihungen

Wortschatz:

0   Das Kind kann die in der Überprüfungssituation geforderten
Begriffe mühelos erbringen.

1   Einzelne Begriffe fehlen.

2   Viele Begriffe fehlen. Das Kind ersetzt Begriffe durch Zeigen
oder durch Umschreibungen.

Die obige Bewertung liefert nur Anhaltspunkte. Das gesamte Sprachverhalten des Kindes muss im Hinblick auf seine Persönlichkeitsentwicklung reflektiert und eingeordnet werden. Gegebenenfalls sind weitere diagnostische
Mittel (Bilderbücher, Stammlerprüfbogen, Wortschatztest) anzuwenden, um
die sprachliche Ausdrucksfähigkeit ausreichend einschätzen zu können.

3.4. Auswertung und Entscheidungsfindung

Hierzu wird zunächst auf die Ausführungen von *Barbara Cárdenas* in Kapitel 9 verwiesen.

Sehr wichtig ist es nochmal zu betonen, dass kein quantitativer Wert durch
Addition der Punkte errechnet werden kann. Die einzelnen Aufgaben sind
nämlich nicht gleichwertig. Ein schlechtes Ergebnis bei einer Aufgabe kann
viel schwerwiegender die Entwicklung des Kindes beeinträchtigen als ein
anderes. Deshalb ist '2' nicht gleich '2'.

Letztlich muss und wird immer die Erfahrung des/der TestleiterIn mit in die
Entscheidung einfließen. Aber diese **Einschätzung** des Förderbedarfs
des Kindes sollte auf sachlich-fachlichen Beobachtungen und vergleichba-
ren Feststellungen basieren, wie sie die 'SVE-Aufnahme mit Pfiffigunde'
ermöglicht.

Vor der Entscheidung über den SVE-Bedarf sind zusätzlich noch folgende Fragen zu beantworten:

Ist weitere Diagnostik notwendig? Muss verwiesen werden an Ärzte, Kliniken, pädoaudiologische Beratungsstelle, Beratung der Schule für Sehbehinderte, Körperbehinderte oder Geistigbehinderte?

Wie stellt sich das Gruppenverhalten im Kindergarten dar? Diese Frage stellt sich vor allem dann, wenn das Kind sehr abhängig von der Zweierbeziehung (Eltern, VLln) ist. Gegebenenfalls ist mit dem Einverständnis der Eltern Rücksprache mit dem Kindergarten notwendig.

Wie sieht das häusliche Umfeld des Kindes aus? Liegen besondere Belastungen vor? Kann das Kind von der Familie unterstützt werden?

Wie stabil waren Selbstsicherheit, Selbständigkeit, Mitarbeit, Ausdauer, Belastbarkeit und Denkvermögen des Kindes? Wie geht es selbst mit seinen Schwierigkeiten um (Verweigerung, Rückzug, Kaspereien, Aggressionen)?

Können die beobachteten Auffälligkeiten auch in ambulanter Betreuung befriedigend verbessert werden?

Wenn wenige, klar abgegrenzte Schwierigkeiten bei emotionaler und sozialer Stabilität des Kindes vorliegen, werden ambulante oder mobile Fördermöglichkeiten im Umkreis aufgezeigt (niedergelassene Therapeuten, Frühförderstellen, Erziehungsberatungsstellen), oder es werden die das Kind betreuenden Einrichtungen beraten.

SVE-Bedarf liegt dann vor, wenn Auffälligkeiten gehäuft und/oder schwerwiegend sind und mit langandauerndem Förderbedarf zu rechnen ist, wie folgende Beispiele beschreiben:

– Die Entwicklungsverzögerungen treten in vielen Bereichen auf, sind vermutlich basal verursacht und lassen dem Kind weniger Kompensationsmöglichkeiten.

– Ein Bereich ist sehr stark betroffen – das Kind spricht z. B. unverständlich bei relativ altersgemäßen nonverbalen Leistungen.

– Das Kind ist emotional unsicher, traut sich nur wenig zu, vermeidet Fehler, d. h. es blockiert sich selbst in der Entwicklung (Verhaltensauffälligkeiten).

– Sein Spielverhalten ist von Konzentrationsschwäche und geringem Durchhaltevermögen gekennzeichnet (Richtung Aufmerksamkeits-Steuerungs-Defizit-Syndrom).

– SVE-Bedarf liegt auch dann vor, wenn durch gezielte Förderung die Grundschulfähigkeit des Kindes erreicht werden kann.

Schließlich gilt es noch abzuwägen, in welcher SVE der verschiedenen Förderschularten Bayerns das überprüfte Kind die adäquateste Förderung bei günstigen lokalen Bedingungen erhalten kann. Häufig ist auch zu bedenken, welche Förderangebote dem Kind bis zur SVE-Betreuung, die meist mit dem Schuljahrsbeginn zusammentrifft, gemacht werden können. Diese Zeitspanne lässt sich auch hervorragend für notwendige diagnostische Befunderhebungen nützen.

4. Anhang

Materialliste für die 'SVE-Aufnahme mit Pfiffigunde'

1. Käfig mit Kette und Vorhängeschloß
2. Handpuppe Prinzessin Pfiffigunde
3. Handpuppe Räuber
4. Zeichenpapier
5. Buntstifte
6. 5 Tennisbälle
7. 10 Fünfzigpfennigstücke
8. 1 größerer Sack aus glattem Stoff zum Tasten, Größe mindestens 30cm x 40cm
9. 1 kleineres Säckchen für Geld und Geschenk
10. Gegenstände: Auto, Ball, Kuscheltier
11. Kordel, ca. 80 cm, zum Verknoten des Sackes
12. Langbank
13. Bild mit Märchensituation, evtl. Foto (siehe Buchdeckel)
14. 'Räuberhaus mit Türe'
15. 20 Perlen (rund-eckig) – Schnur (aus Kramer)
16. Selecta-Bilderkette Nr. 1439 – im Handel
17. Selecta-Bilderschlange Nr. 3524 – im Handel
18. Junior-Memory-Spiel (Räuberlotto)
19. 2 Suchblätter (siehe Anlage)
20. Abdeckblatt
21. 3 Schlüssel in Kästchen, einer davon zum Vorhängeschloß
22. Schatzkästchen der Prinzessin
23. bunte 'Edelsteine' in den Grundfarben
24. Schatztruhe (goldene Streichholzschachtel) für's Kind
25. Goldtaler (Kaubonbon)
26. bunte Kärtchen, Muggelsteine o. Ä. zum Zuordnen der Grundfarben

Protokollbogen

Nr.	Kurzbeschreibung	Erläuterungen	Beobachtungen	Bewertung		
1	**ALLTAGSWISSEN**	Kind stellt sich der Prinzessin vor				
a)	**Name**	Vor-/Nachname		<u>Z:</u> 0	1	2
b)	**Alter**	sagen - zeigen		<u>Z:</u> 0	1	2
c)	**Wohnort**	evtl. auch Straße		<u>Z:</u> 0	1	2
2	**SELBSTBILDNIS**					
	bevorzugte Hand	links/rechts		<u>L:</u> L	R	W
	Feinmotorik (FM)	Graphomotorik		<u>Z:</u> 0	1	2
	FM	Strichführung		<u>Z:</u> 0	1	2
	Muskelspannung-Druck		+/-<u>Z:</u> -2	-1 0	+1	+2
	Körperschema	Teile: Anordnung:		<u>Z:</u> 0	1	2
	Wortschatz					
	Bilateralintegration	Überkreuzen der Körpermittellinie		<u>Z:</u> 0	1	2
	Bilateralintegration	Integration beider Hände		<u>Z:</u> 0	1	2
3	**GELDÜBERGABE**					
	Alltagswissen	Geld abzählen		<u>Z:</u> 0	1	2
	bevorzugte Hand	links/rechts		<u>L:</u> L	R	W
	FM	Pinzettengriff		<u>Z:</u> 0	1	2
	Bilateralintegration	Überkreuzen der Körpermittellinie		<u>Z:</u> 0	1	2
	Bilateralintegration	Integration beider Hände		<u>Z:</u> 0	1	2
	Auge-Hand-Koordination					
	kinästhetische Wahrnehmung	Geld blind in den Sack		<u>Z:</u> 0	1	2

Protokollbogen

Nr.	Kurzbeschreibung	Erläuterungen	Beobachtungen	Bewertung L	R	W
4	**GESCHENK FÜR DEN RÄUBER AUSSUCHEN**					
	bevorzugte Hand			L: 0	1	2
	taktile Wahrnehmung			Z: 0	1	2
	Benennung		Ball - Auto - Kuscheltier (Teddy, was Weiches)	Z: 0	1	2
5	**GELD / GESCHENK EINPACKEN** (Sack zuknoten)					
	Handlungsplanung			Z: 0	1	2
6	**AUFTRAG**	**2-teiliger Auftrag** / **3teiliger Auftrag ab 5;0 J.**				
	auditive Wahrnehmung	1. Bring das Geld dem Räuber / 2. Er soll dir den Schlüssel geben.	3. Dann musst du mich befreien.	Z: 0	1	2
	Gedächtnis			Z: 0	1	2
	Sprachprotokoll					
7	**WEG ZUM RÄUBER**					
7 a)	**Grobmotorik (GM)** rückwärts gehen	Gleichgewicht: / Koordination:		Z: 0 / Z: 0	1 / 1	2 / 2
7 b)	**GM** vorwärts balancieren	Gleichgewicht: / Tonus:		Z: 0 / +/-Z: -2	1 / 0 +1	2 / +2
7 c)	**GM** treppauf gehen	Gleichgewicht: / Koordination:		Z: 0 / Z: 0	1 / 1	2 / 2
7 d)	**GM** auf Stuhl steigen	Koordination: / Tonus:		Z: 0 / -1 +/-Z: -2	1 / 0 +1	2 / +2
7 e)	**GM** Schlusssprung vom Stuhl	Tonus: / Bilateralintegration:		-1 +/-Z: -2	0 +1	+2
7 f)	**GM** treppab steigen	Gleichgewicht: / Koordination:		Z: 0 / Z: 0	1 / 1	2 / 2
7 g)	**GM** Zielwerfen	Trefferzahl: / bevorzugte Hand / Auge-Hand-Koordination:		Z: 0 / L: 0 / Z: 0	1 / 1 / 1	2 / W / 2

179

Nr.	Kurzbeschreibung	Erläuterungen	Beobachtungen	Bewertung
8	RÄUBERHÖHLE			
	Informationsgehalt:			Z: 0 1 2
	Merkfähigkeit:			Z: 0 1 2
	Sprache:			
9	KETTE FÄDELN			
	Sprachverständnis			Z: 0 1 2
	FM	Hand		Z: 0 1 2
	Auge-Hand-Koordination			Z: 0 1 2
	visuelle Serie	rund-eckig (abwechselnd)		Z: 0 1 2
	Bilateralintegration	Überkreuzen der Körpermittellinie		Z: 0 1 2
10	BILDERSCHLANGE	3 bis 4;6 Jahre: einfachere Version	4;7 bis 6 Jahre: schwierigere Version	
	visuelle Fig.-Grund-Wahrn.			Z: 0 1 2
	Zuordnen der Hälften			Z: 0 1 2
	Überblick (Schlange)	beziehungsstiftendes Denken		Z: 0 1 2
	Wortschatz			
11	RÄUBERLOTTO			
	maximale Anzahl:		visuelles Gedächtnis:	Z: 0 1 2
12	SUCHBLATT	3 bis 4;6 J.: leichtes Blatt	ab 4;7 Jahre: schwieriges Blatt	
	Sprachverständnis			Z: 0 1 2
	visuelle Diskrimination			Z: 0 1 2
	bevorzugte Hand:			L: L R W
	FM	Graphomotorik		Z: 0 1 2
	Wortschatz			

Protokollbogen

Nr.	Kurzbeschreibung	Erläuterungen	Beobachtungen	Bewertung
13	**GELDÜBERGABE**			
	FM	Schleife/Knoten öffnen		
13 a)	Alltagswissen: Menge 1			Z: 0 1 2
	Sprachverständnis:	**„unter"**		Z: 0 1 2
	auditive Merkfähigkeit			Z: 0 1 2
13 b)	Alltagswissen: Menge 3			Z: 0 1 2
	Sprachverständnis	**„hinter"**		Z: 0 1 2
	auditive Merkfähigkeit			Z: 0 1 2
13 c)	Alltagswissen: Mengen 4 + 2	evtl.: **„viele"**		Z: 0 1 2
	Sprachverständnis	**„in"**		Z: 0 1 2
	auditive Merkfähigkeit			Z: 0 1 2
14	**ZAUBERSPRUCH**	Rückkehr zur Prinzessin		
	1 Silbe (sinnlos)	**„ze"**		
	2 Silben (sinnlos)	**„ba-du"**		
	3 Silben (sinnlos)	**„fo-wi-kein"**		
	3 Silben (sinnvoll)	**„Bal-dri-an"**		
	4 Silben (sinnvoll)	**„und Glitzerschein"**		
	8 Silben (sinnvoll)	**„ich will bei der Prinzessin sein"**		
	12 Silben (sinnvoll)	**„Die Schlüssel hab' ich hier. Ich öffne gleich die Tür."**		
	Gedächtnisumfang	sinnlose Silben: 1 2 3 sinnvolle Silben: 3 4 8 12		Z: 0 1 2
	Lautdiskrimination:			Z: 0 1 2
	seriale Ordnung:			Z: 0 1 2
15	**BEFREIUNG**			
	Handlungsplanung			Z: 0 1 2
	bevorzugte Hand	entscheidend: Schlüssel-Hand		L: L R W
	FM-Hand	Öffnen des Schlosses		Z: 0 1 2
	Auge-Hand-Koordination			Z: 0 1 2

181

Protokollbogen

Nr.	Kurzbeschreibung	Erläuterungen		Beobachtungen	Bewertung
16	**BERICHTERSTATTEN**				
	Merkfähigkeit:				Z: 0 1 2
	Sprache:				
17	**BELOHNUNG**				
	Alltagswissen: Farben	passiv (zeigen)	aktiv (benennen)	gelb - rot - grün - blau - orange	Z: 0 1 2
	visuelle Wahrnehmung	evtl. zuordnen			Z: 0 1 2
	FM- Hand	Streichholzschachtel öffnen			Z: 0 1 2
	Muskelspannung, Druck				+/-Z: -2 -1 0 +1 +2
	Bilateralintegration	Integration beider Hände			Z: 0 1 2

NAME:

GEB.:   ALTER:

DATUM:

KINDERGARTEN:

TESTLEITER/IN:

ZEIT:

PROFILBOGEN

NAME:	ALTER:

I. WAHRNEHMUNG:

a) Auditive Wahrnehmung:

Nr.	Beob.-situation	Beschreibung	0	1	2
6	Auftrag empfangen	zwei- oder dreiteilig	⊗	⊗	⊗
14	Zauberspruch:	Lautdiskrimination	⊗	⊗	⊗
14	Zauberspruch:	sereale Ordnung	⊗	⊗	⊗

b) Visuelle Wahrnehmung:

Nr.	Beob.-situation	Beschreibung	0	1	2
9	Perlenfädeln:	Serie rund-eckig	⊗	⊗	⊗
10	Bilderschlange	Figur-Grund-Wahrn.	⊗	⊗	⊗
10	Bilderschlange	Detail-Ganzes (Hälften)	⊗	⊗	⊗
10	Bilderschlange	Überblick (Schlange)	⊗	⊗	⊗
12	Suchblatt	Formdiskrimination	⊗	⊗	⊗
17	Belohnung	Farbgleichheit	⊗	⊗	⊗

c) Taktile + kinästhetische Wahrnehmung

	Nr.	Beob.-situation	Beschreibung	0	1	2
taktil	4	Geschenk	Erfühlen d. Gegenstände	⊗	⊗	⊗
kinästhetisch	3	Geldübergabe	Geld blind in den Sack	⊗	⊗	⊗

II. GEDÄCHTNIS

	Nr.	Beob.-situation	Beschreibung	0	1	2
visuell	11	Räuberlotto	Bildgedächtnis	⊗	⊗	⊗
	6	Auftrag empfangen	2 bzw. 3teiliger Auftrag	⊗	⊗	⊗
	8	Räuberhöhle	2 bzw. 3teiliger Auftrag	⊗	⊗	⊗
auditiv	13a	Geldübergabe 2	„unter"	⊗	⊗	⊗
	13b	Geldübergabe 2	„hinter"	⊗	⊗	⊗
	13c	Geldübergabe 2	„in"	⊗	⊗	⊗
	14	Zauberspruch	Silben	⊗	⊗	⊗
operativ	16	Berichterstatten	erinnerte Handlungen	⊗	⊗	⊗

III. MOTORIK

a) Gleichgewicht

Nr.	Beob.-situation	Beschreibung	0	1	2
7a		rückwärts gehen	⊗	⊗	⊗
7b		vorwärts balancieren	⊗	⊗	⊗
7c		treppauf steigen	⊗	⊗	⊗
7f		treppab steigen	⊗	⊗	⊗

b) Grobmotorik

Nr.	Beob.-situation	Beschreibung	0	1	2
7a		rückwärts gehen	⊗	⊗	⊗
7c		treppauf steigen	⊗	⊗	⊗
7d		Stuhl steigen	⊗	⊗	⊗
7f		Schlußsprung	⊗	⊗	⊗
7g		treppab steigen	⊗	⊗	⊗
7h		Zielwerfen	⊗	⊗	⊗

c) Auge-Hand-Koordination

Nr.	Beob.-situation	Beschreibung	0	1	2
3	Geldübergabe	Geld in Säckchen	⊗	⊗	⊗
7h		Zielwerfen	⊗	⊗	⊗
9	Perlenkette	Perlenfädeln	⊗	⊗	⊗
15		Schloß öffnen	⊗	⊗	⊗

d) Feinmotorik:

Nr.	Beob.-situation	Beschreibung	0	1	2
2	Selbstbildnis	Stifthaltung	⊗	⊗	⊗
2	Selbstbildnis	Strichführung	⊗	⊗	⊗
3	Geldübergabe	Pinzettengriff	⊗	⊗	⊗
9		Kette fädeln	⊗	⊗	⊗
12	Suchblatt	Stifthaltung	⊗	⊗	⊗
13	Geldübergabe 2	Knoten/Schleife öffnen	⊗	⊗	⊗
15	Befreiung	Schloß öffnen	⊗	⊗	⊗
17	Belohnung	Schachtel öffnen	⊗	⊗	⊗

e) Muskeltonus:

Nr.	Beob.-situation	Beschreibung	-2	-1	0	+1	+2
2	Selbstbildnis	Muskelspannung	•	•	•	•	•
7b		vorwärts balancieren	•	•	•	•	•
7d		Stuhl steigen	•	•	•	•	•
7e		Sprung vom Stuhl	•	•	•	•	•
17	Belohnung	Schachtel öffnen	•	•	•	•	•

IV. HANDLUNGSPLANUNG

Nr.	Beob.-situation	Beschreibung	0	1	2
5		Knoten/Schleife binden	⊗	⊗	⊗
7d		Stuhl steigen	⊗	⊗	⊗
15	Befreiung	Schloß öffnen	⊗	⊗	⊗

184

V. LATERALITÄT UND PRÄFERENZDOMINANZ

a) Bilateralintegration

	Nr.	Beob.-situation	Beschreibung	0	1	2
Körper-mittel-linie	2	Selbstbildnis	zeichnen	⊗	⊗	⊗
	3	Geldübergabe 1	Geld zählen/einsammeln	⊗	⊗	⊗
	9		Perlen fädeln	⊗	⊗	⊗
2 Hände bzw. 2 Seiten	2	Selbstbildnis	zeichnen - Blatt halten	⊗	⊗	⊗
	3	Geldübergabe 1	Sack – Geld	⊗	⊗	⊗
	17	Belohnung	Schachtel öffnen	⊗	⊗	⊗
Körperschema	2	Selbstbildnis		⊗	⊗	⊗

b) Präferenzdominanz:

Nr.	Beob.-situation	Beschreibung	L	W	R
2	Selbstbildnis	bevorzugte Hand	•	•	•
3	Geldübergabe 1	bevorzugte Hand	•	•	•
4	Geschenk	bevorzugte Hand	•	•	•
7h	Zielwerfen	bevorzugte Hand	•	•	•
12	Suchblatt	bevorzugte Hand	•	•	•
15	Befreiung	bevorzugte Hand	•	•	•

VI. ALLTAGSWISSEN

Nr.	Beob.situation	Beschreibung	0	1	2
1a		Name	⊗	⊗	⊗
1b		Alter	⊗	⊗	⊗
1c		Wohnort	⊗	⊗	⊗
3	Geldübergabe 1	Zählen	⊗	⊗	⊗
13a	Geldübergabe 2	Menge 1	⊗	⊗	⊗
13b	Geldübergabe 2	Menge 3	⊗	⊗	⊗
13c	Geldübergabe 2	Menge 2	⊗	⊗	⊗
13c	Geldübergabe 2	Menge 4	⊗	⊗	⊗
13c	Geldübergabe 2	Menge „viele"	⊗	⊗	⊗
17	Belohnung	Farben benennen/zeigen	⊗	⊗	⊗

VII. BEZIEHUNGSSTIFTENDES DENKEN

Nr.	Beob.-situation	Beschreibung	0	1	2
10	Bilderschlange	Überblick	⊗	⊗	⊗
	Märchen	Gesamtzusammenhang	⊗	⊗	⊗

VIII. SPRACHE

Nr.	Beob. der Sprache	Beschreibung	0	1	2
2	Wortschatz	Körperteile	⊗	⊗	⊗
3	Wortschatz	Geld zählen	⊗	⊗	⊗
4	Wortschatz	Geschenke benennen	⊗	⊗	⊗
8	Wortschatz	Mitteilung an Räuber	⊗	⊗	⊗
10	Wortschatz	Bilderschlange	⊗	⊗	⊗
12	Wortschatz	Suchblatt	⊗	⊗	⊗
16	Wortschatz	Bericht an Prinzessin	⊗	⊗	⊗
17	Wortschatz	Farbnamen	⊗	⊗	⊗
		Gesamtbeurteilung	⊗	⊗	⊗

Nr.			0	1	2
6	Satzbau	Auftrag wiederholen	⊗	⊗	⊗
8	Satzbau	Mitteilung an Räuber	⊗	⊗	⊗
16	Satzbau	Bericht an Prinzessin	⊗	⊗	⊗
		Gesamtbeurteilung:	⊗	⊗	⊗

	fehlgebildete Laute:			
Lautbildung	_____	⊗	⊗	⊗
	_____			

Nr.			0	1	2
9	Sprachverständnis	Auftrag Kettefädeln	⊗	⊗	⊗
12	Sprachverständnis	Auftrag Suchblatt	⊗	⊗	⊗
13a	Sprachverständnis	„unter"	⊗	⊗	⊗
13b	Sprachverständnis	„hinter"	⊗	⊗	⊗
13c	Sprachverständnis	„in"	⊗	⊗	⊗
		Gesamtbeurteilung:			

Beobachtungssituation 12: Suchblatt

bis
4;6
Jahre

Üben

zum

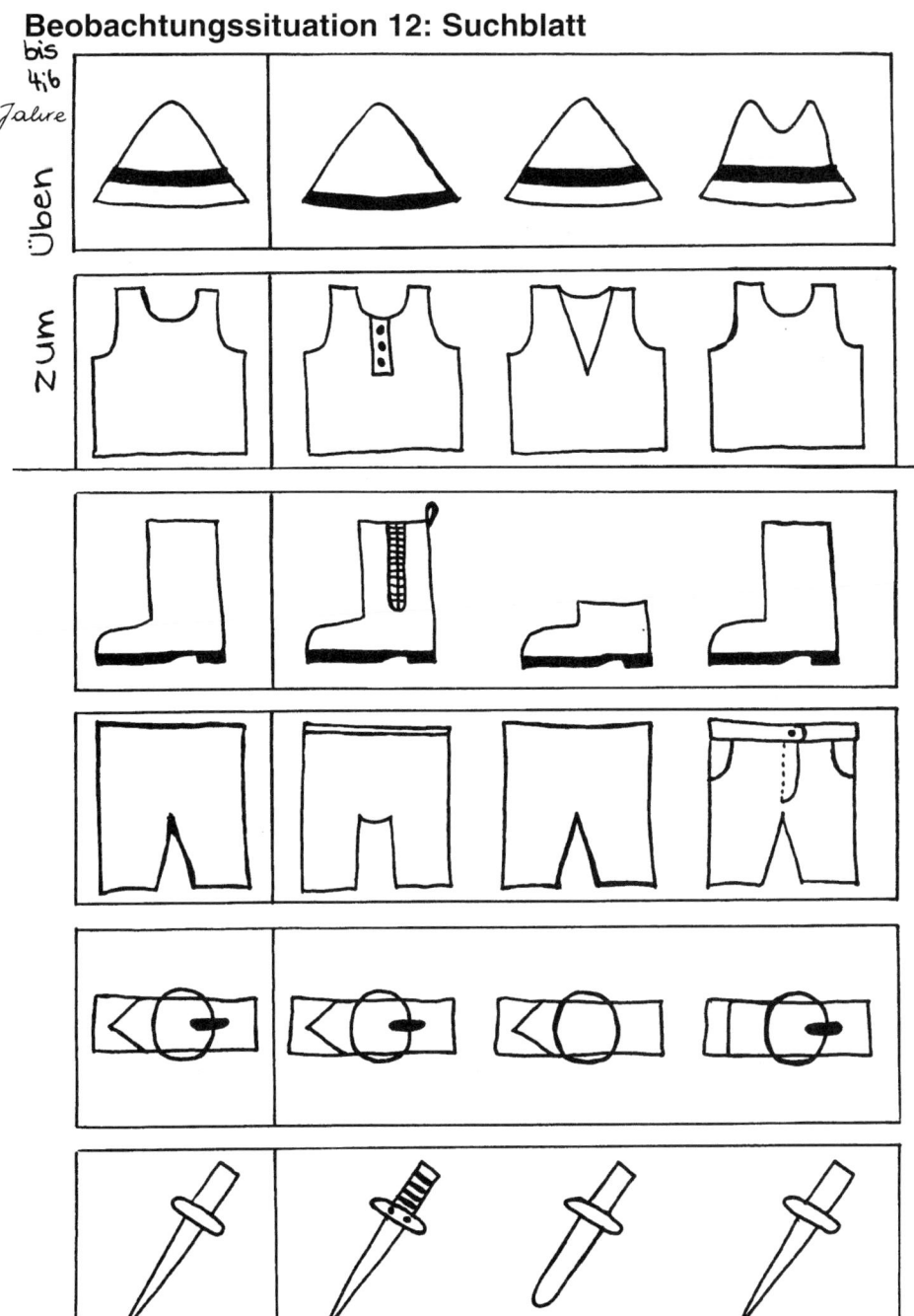

187

Beobachtungssituation 12: Suchblatt

ab
4:7
Jahre

Üben

zum

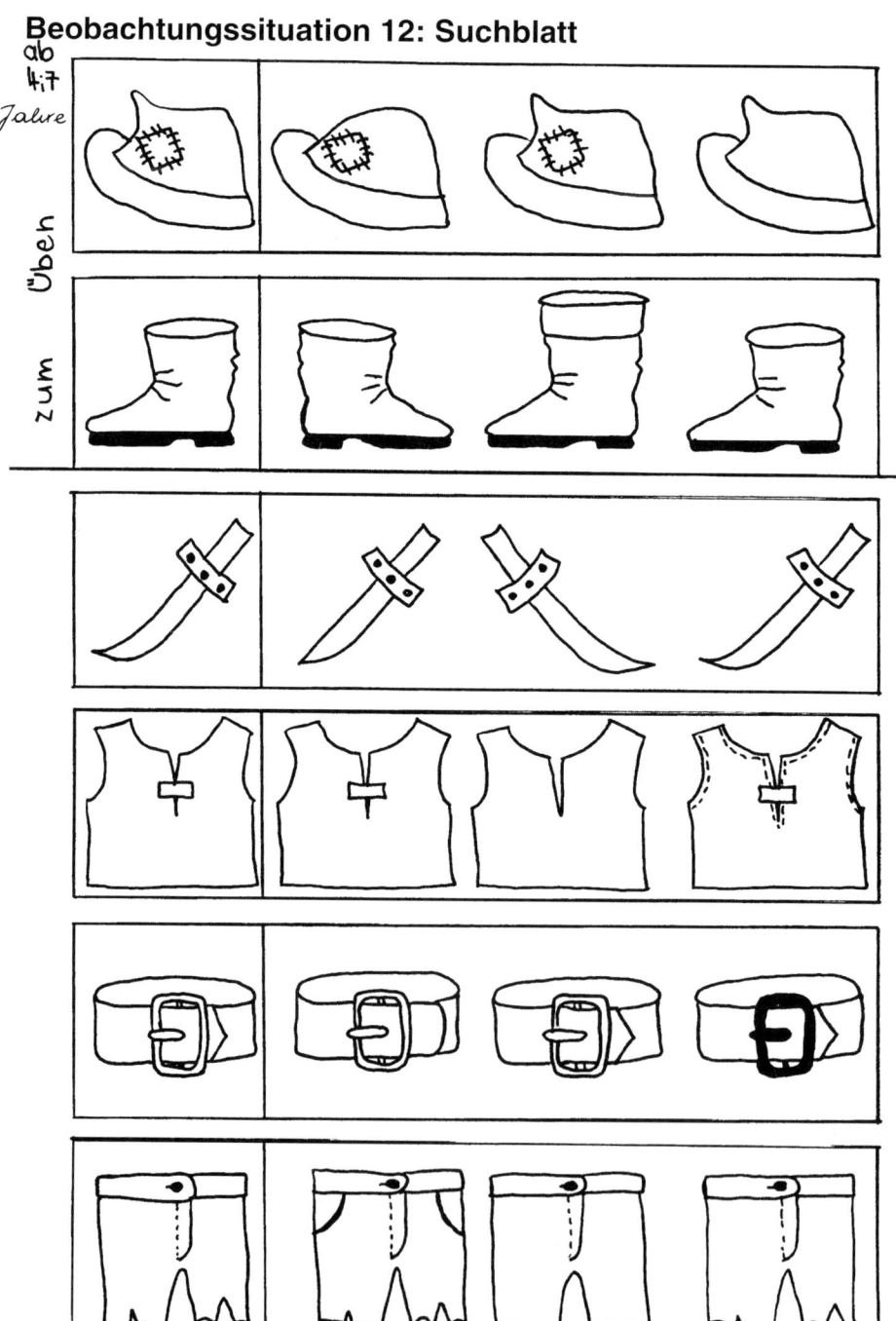

188

Literatur

Ayres, J.: „Bausteine der kindlichen Entwicklung"; Springer-Verlag, Berlin-Heidelberg-New York-Tokio 1984

Berger, E. (Hrsg.): „Teilleistungsschwächen bei Kindern"; Verlag Hans Huber, Bern-Stuttgart-Wien 1977

Brand, I. / Breitenbach, E. / Maisel, V.: „Integrationsstörungen"; Verlag Maria-Stern-Schule; Würzburg 1988 (4. Auflage)

Brand, I. / Breitenbach, E. / Maisel, V.: „Erziehung und Förderung in den Schulvorbereitenden Einrichtungen für behinderte Kinder; Verlag Maria-Stern-Schule; Würzburg 1987

Breitenbach, E.: „Material zur Diagnose und Therapie auditiver Wahrnehmungsstörungen"; Verlag Maria-Stern-Schule, Würzburg 1989

Bundschuh, K.: „Einführung in die sonderpädagogische Diagnostik"; Ernst Reinhardt Verlag, München-Basel 1991

Bundschuh, K.: „Heilpädagogische Psychologie"; Ernst Reinhardt Verlag, München-Basel 1992

Cárdenas, B.: „Diagnostik mit Pfiffigunde"; Borgmann-Verlag, Dortmund 1997 (5. Aufl.)

Eggert, D. / Kiphard, E. J.: „Die Bedeutung der Motorik für die Entwicklung normaler und behinderter Kinder"; Verlag Karl Hofmann, Schorndorf 1972

Esser, G. / Stöhr, R.-M.: „Visuomotorischer Schulreifetest VSRT – Handbuch"; Verlag Hans Huber, Bern Stuttgart

Fischer, K.: „Rechts-Links-Probleme in Sport und Training – Studien zur angewandten Lateralitätsforschung"; Verlag Karl Hofmann, Schorndorf 1988

Hammer, J.: „Sprachstörungen und ihre Beziehungen zu ausgewählten Dimensionen aus den Bereichen Wahrnehmung, Motorik und Intelligenz"; Deutsche Gesellschaft für Sprachheilpädagogik e.V. (Landesgr. Bayern) 1984

Kauter, H.-J. / Munz, W. / Sautter, H. / Schoor, U.: „Förderdiagnostik – eine Diagnostik für Zecken?"; in: Zeitschrift für Heilpädagogik, Heft 12/1985, S. 837-842

Kiphard, E. J.: „Wie weit ist ein Kind entwickelt?"; vml, Dortmund 1994

Kiphard, E. J.: „Motopädagogik"; vml, Dortmund 1980

Kramer, J.: „Anleitung zum Kramer-Test"; Antonius Verlag, Solothurn 1977

Lempp, R.: „Ursache und Bedeutung von Teilleistungsstörungen"; in: "Sprach- und Entwicklungsverzögerungen – Diagnostik im vorschulischen Bereich (Band 1)", Akademie-Berichte, Dillingen 1986

Nickel, H. / Schmidt-Denter, U.: „Vom Kleinkind zum Schulkind"; Ernst Reinhardt Verlag, München-Basel 1988

Oerter R. / Montada, L.: „Entwicklungspsychologie" (3. Auflage); Psychologie-Verlags-Union, Müchen-Weinheim 1987

Schenk-Danzinger, L.: „Entwicklungspsychologie"; Österr. Bundesverlag für Unterricht, Wissenschaft & Kunst, Wien 1969

Schor, B.: „Die Schulvorbereitende Einrichtung für sprach- und entwicklungsverzögerte Kinder"; ISB-Arbeitsbericht, Würzburg 1994

Sovak, M.: „Pädagogische Probleme der Lateralität"; VEB Verlag Volk und Gesundheit, Berlin 1968

Straßmeier, W.: „Frühförderung konkret"; Ernst Reinhardt Verlag, München-Basel 1992

Thomas, R. M. / Feldmann, B.: „Die Entwicklung des Kindes"; Beltz-Verlag, Weinheim-Basel 1986

Ullmann, J. F.: „Psychologie der Lateralität"; Verlag Hans Huber, Bern-Stuttgart-Wien 1974

Vester, F.: „Denken, Lernen, Vergessen"; dtv, München 1975

Wirth, G.: „Sprachstörungen, Sprechstörungen, kindliche Hörstörungen"; Deutscher Ärzte-Verlag, Köln 1990

„Fünfte Verordnung zur Durchführung des Gesetzes über die Errichtung und den Betrieb von Sonderschulen" (5. DVSoSchG); Bayerisches Staatsministerium für Unterricht und Kultus, München 1977

Und zum Vergnügen Babette Cole: „Prinzessin Pfiffigunde", Carlsen Verlag

Gretel Meyer, Ulrike Sanden

Prinzessin Pfiffigunde besucht die Vorklasse und verweilt für Spiel und Förderung

Pfiffigunde besuchte die Vorklasse, zunächst die drei Kinder, die überprüft werden sollten.
Dann lernten auch die anderen Kinder der Vorklasse Pfiffigunde kennen. Diese Vorgehensweise gab uns weitere wichtige Hinweise, die über die eigentliche Diagnostik hinausgingen.
Das Material stand den Kindern der Vorklasse dann während des gesamten weiteren Schuljahres zur Verfügung. Es wurde vom Diagnose- zum Fördermaterial.
Wir berichten im Folgenden von unseren Erfahrungen mit dieser Erweiterung der Diagnostik mit Pfiffigunde.

Wir haben die 'Diagnostik mit Pfiffigunde' unabhängig voneinander kennengelernt: bei einer Fortbildungsveranstaltung mit Barbara Cárdenas im Arbeitskreis für Vorklassenleiterinnen des Main-Kinzig-Kreises bzw. bei der Ausbildung zur Motopädin in Dortmund.

Diese Art der Diagnostik interessierte uns sehr, da uns aus unseren bisherigen Erfahrungen in der Arbeit mit Kindern bewußt war, dass der Einsatz von Geschichten es den Kindern erleichtert, sich auf Situationen einzulassen.
Sie kam daher unserer Arbeitsweise sehr entgegen, so dass wir uns entschlossen, die Diagnostik gemeinsam in der Vorklasse von Gretel Meyer einmal durchzuführen. Wir scheuten aber zunächst den Arbeitsaufwand der Materialerstellung. Es kam hinzu, dass wir räumlich weit voneinander entfernt wohnen.

In den Sommerferien 1997 trafen wir uns dann in einer Kleingruppe mit Kolleginnen aus anderen Vorklassen und nähten am heißesten Tag im Juli die 'Ritterrüstungen'. Auch die anderen Materialien entstanden dann nach und nach.

Im Februar 1998 war es endlich soweit. Wir überprüften aus Zeitgründen nur drei Kinder aus der Vorklasse, bei denen eine strukturiertere Beobachtung der Bereiche Wahrnehmung und Motorik notwendig war.

Die drei Kinder, Benjamin (6;10 Jahre), Marius (6;11Jahre), Karola (7;6 Jahre) wurden nach dem Unterricht in einem besonders vorbereiteten Raum an drei aufeinanderfolgenden Tagen überprüft und auf Video aufgenommen.

Hier wurde schon deutlich, wie sehr die Kinder durch das Märchen angeregt waren; sie erzählten den anderen Kindern ihrer Klasse am jeweils nächsten Tag von Drachen, vom Krokodil und waren sehr neugierig, wie es weitergeht, wann sie endlich beim Drachenschloß ankommen.

Nach den drei Tagen war die Diagnostik bzw. die Arbeit mit Pfiffigunde für uns noch nicht zu Ende. Da ein Märchen nicht nur selbst erlebt, sondern auch weitererzählt und -gespielt werden will, haben wir sowohl den drei 'überprüften' Kindern als auch ihren KlassenkameradInnen das Material weiterhin zur Verfügung gestellt.

Wir gewannen durch diese Vorgehensweise weitere wichtige Erkenntnisse, die über die eigentliche Diagnostik hinausgehen.

Zunächst durften alle Kinder der Vorklasse gemeinsam in den so geheimnisvollen Raum, von dem sie schon gehört hatten, wo es Drachen und Riesen gibt, hinein.
Benjamin, Marius und Karola erzählten den anderen Kindern nun Ausschnitte aus dem von ihnen erlebten Märchen. Außerdem machten sie die Bewegungen vor, die mit den jeweiligen Situationen verknüpft waren.

Hier wurde uns sehr deutlich, dass für die 'überprüften' Kinder eindeutig das Märchen und nicht die Überprüfung im Vordergrund stand. Es war sehr beeindruckend zu sehen, mit welcher Hingabe sie ihren KlassenkameradInnen von dem Märchen erzählten und wie hoch die Konzentration aller Kinder dabei war. Erstaunt und überrascht waren wir über die sehr gute Merkfähigkeit der drei Kinder, die viele Teile des Märchens wiedergeben konnten. Die Bewegungen wurden dann von den anderen Kindern nachgemacht. Interessant war an dieser Stelle, dass die 'überprüften' Kinder sich vorwiegend die Bewegungssituationen aussuchten. Alle feinmotorischen Übungen, Wahrnehmungsübungen usw. ließen sie weg. Dies deckt sich auch mit unserem Eindruck während der eigentlichen Diagnostik, bei der die Bewegungssituationen für die Kinder im Vordergrund standen und stimmt auch mit den Ergebnissen der Beobachtungsbögen überein.

Karola, die bei der Überprüfung und im Klassenverband eher zurückhaltend ist, stellte sich vor die Klasse und begann zu erzählen. Sie sprach dabei fest und sicher. Es war neu für sie, dass sie etwas konnte und wußte, was den anderen noch nicht bekannt war. Hat sie das plötzlich so sicher und mutig gemacht? Sie begann mit der Situation, bei der sie rückwärts in das Drachenland hineingehen sollten, das sie noch nicht sehen durften. Sie erklärte den Kindern, was sie machen sollten.

Unterdessen saß Benjamin schon im Drachenschloß und wartete ungeduldig darauf, dass die anderen Kinder nun doch endlich zu ihm kommen, damit er ihnen zeigen konnte, welche Geschenke Papa Drachen, Mama Drachen und das Kind bekommen hatten. Auch während der Diagnostik konnte es Benjamin nicht schnell genug gehen, beim Drachenschloß anzukommen. Er fragte immer wieder danach. Auch beim Krokodil wollte er immer wieder wissen, wo das Papa Krokodil ist. Benjamin lebt in seiner Familie ohne Vater.

Alle drei 'überprüften' Kinder saßen dann im Drachenschloß und luden ein Kind nach dem anderen ein, ins Drachenschloß zu kommen und dort mitzuspielen.
Karola erzählte, wie sehr sich die Drachenmama über die Stoffläppchen gefreut habe und legte sie ihr liebevoll zu Füßen, das Drachenkind wurde etwas später in ihren Arm gesetzt.[1]

Die Kinder zogen dann ihre Ritterrüstungen an und setzten sich noch mal für die Prinzessin 'gerade' hin.

Marius, ein ruhiger bedächtiger Junge, kommentierte alle Abläufe und stellte richtig, wenn eine Erklärung nicht genau genug war. Er zeigte, dass er alle Zusammenhänge sehr gut verstanden hat. Marius kennt Situatio-

---

[1] Die in diesen Artikel aufgenommenen Bilder wurden dem Videofilm durch Abfotografieren entnommen. Wir bitten, die schlechte Qualität zu entschuldigen.

nen, in denen er getestet wird, und wirkte während der eigentlichen Diagnostik angespannt. Als er nun den anderen Kindern erklärte, was sie gemacht hatten, war er locker und übernahm die Rolle des 'Spielleiters', der erklärt und Zusammenhänge herstellt.

Er machte den anderen Kindern vor, wie sie auf den Berg kletterten und von dort herunterhüpften, durch den Sumpf balancierten und durch den See schwammen.

Karola zeigte dann noch schnell, wie die Goldstücke für die Drachen eingesammelt werden. Es wurde mit Beifall von der Klasse belohnt.

Marius fesselte das Krokodil noch einmal. Er legte es vor sich hin, um ihm mit dem Seil das Maul zuzubinden. Karola saß derweil im Hintergrund und hypnotisierte es mit ihren Fingerbewegungen. Marius gab, ohne dass er Karola sehen konnte, die Anweisung an alle Kinder: „Ihr müßt das Krokodil verzaubern" und sie hypnotisierten voller Hingabe, auf ihre Finger schauend, das Krokodil.

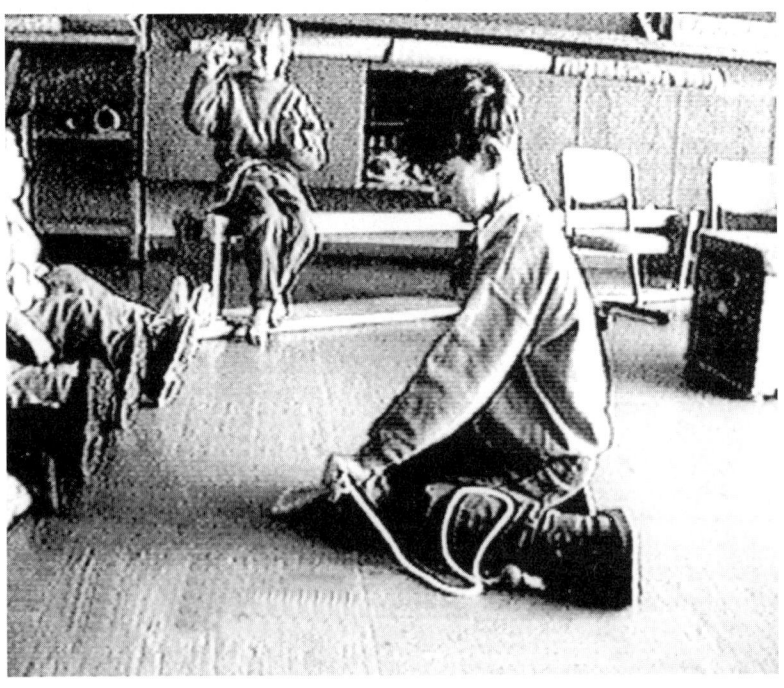

Der Riese durfte auch nicht fehlen, Marius holte ihn, er schaute aus dem Drachenschloß oben und unten heraus, wichtig war, dass er 'riesig ist'. Der Riese ging dann zu jedem Kind und fragt nach den Namen.

Die Hexe, die den Kindern vergiftete Plätzchen geben wollte, spielte keine Rolle mehr. Sie wurde zwar von Benjamin geholt, er wußte aber nicht mehr, welche Funktion sie im Märchen hatte.

Die drei Kinder zeigten ihren KlassenkameradInnen Ausschnitte aus dem gespielten Märchen. Sie hüpften in ihren Erinnerungen von einem Teil zum anderen. Es war aber möglich, den Zusammenhang der Geschichte zu finden. Deutlich wurde es auch daran, dass ein Kind, das nicht untersucht wurde, einem anderen Kind, das an diesem Tag gefehlt hatte, das Märchen folgerichtig erzählen konnte.

Wir haben auch dieses gemeinsame Erleben des Märchens in der Klasse auf Video aufgenommen. Dies gab uns die Möglichkeit, auch andere Kinder in ihrem Bewegungsverhalten genauer zu beobachten und weitere Förderungen anzuschließen.

Im Kleingruppenunterricht führten die nicht überprüften Kinder die feinmotorischen Übungen sowie die taktilen, visuellen und auditiven Wahrnehmungsübungen durch, so dass deren Förderplan präzisiert werden konnte.

Darüber hinaus stand den Kindern das Material auch weiterhin zur Verfügung. Viele Requisiten befanden sich in der Klasse und sie probierten in den nächsten Tagen und Wochen alles aus. Damit wird das Diagnostikmaterial zum Fördermaterial, ein Spielmaterial, das jeder nach seinen Bedürfnissen auswählt und ausprobiert.

Der Zauberstab spielte eine ganz wichtige Rolle. Er wurde für viele Tätigkeiten geholt, auch für das Verzaubern eines Apfels.

Mit viel Ausdauer wurden die Stoffläppchen in der Fühlbox geprüft. Bei Marius und Karola stellte sich heraus, dass das Ergebnis außerhalb der Diagnostiksituation nach oben korrigiert werden konnte. Wir sahen uns daraufhin das Video noch einmal an. Die Situation während der Diagnostik war dadurch geprägt, dass es die letzte Übung des ersten Drittels war und Benjamin nun doch endlich zu den Drachen wollte. Die Beiden waren in der ruhigeren Atmosphäre der Klasse in der Lage, die Stoffläppchenpaare zu ertasten.
Die Kinder nahmen sich die Stoffläppchen immer wieder, um die Pärchen zu erfühlen. Sie wurden zur Partnerarbeit angeregt, in dem einer die Rolle des 'Lehrers' übernahm und dem anderen auch andere Gegenstände zum Ertasten unter die Fühlbox legte.

Benjamin, der während der Diagnostik die graphische Gestalt, die die Kamarafrau ihm gezeigt hatte, nicht wiederzuerkennen schien, war im Anschluß durchaus dazu in der Lage. Er hat während der Diagnostik die Aufgabe nicht verstanden. Er wollte ja auch zum Drachenschloß.

Hier zeigt sich für uns noch einmal sehr deutlich, wie vorsichtig man mit den Ergebnissen umgehen sollte, die in einer bestimmten Situation erfaßt werden. Es spielen viele äußere Faktoren mit hinein.

Die Zauberseile wurden von den Kindern häufig geholt. Sie legen sich gegenseitig die Seile vor und versuchten das Seil mit ihrer Kugel mit den Augen zu verfolgen und herauszuziehen.

Die Kreise auf den Drachenplätzchen wurden angemalt, die auf dem Bild versteckten Küchengeräte gesucht.

Die Kinder legten die Geldstücke immer wieder hin und sammelten sie ein, so wie Karola es ihnen gezeigt hatte.

Die Zauberlandkarte wurde zum Fernrohr und es gab viel im Klassenraum zu entdecken.

Durch diese weitere Auseinandersetzung mit den Aufgabenstellungen ergaben sich Fortschritte bei den Kindern, die durch die Beobachtungsbögen direkter vergleichbar waren. Die weitere Förderung wurde daraufhin abgestimmt.

Die Figuren des Märchens nutzten die Kinder immer wieder für Rollenspiele. Die Drachenfamilie spielt dabei eine besondere Rolle.

Einige Szenen:

Zwei Kinder sitzen im Schaukelstuhl und spielen mit den Drachen; mit dem Zauberstab zaubern sie aus der Tüte einen Tütenmenschen.

Eines Tages hat 'der Kleine' (der Drachen, Anmerkung der Autorinnen) den Zauberstab weggenommen und ist weggeflogen.
Was ist damit passiert?
Benjamin: „Der Kleine hat die Drachen in Menschen verzaubert, in liebe Menschen".

Schließlich werden auch wir mit einbezogen und verzaubert: „Die Drachenmama verwandelt dich, Frau Meyer, in einen Frosch und die Uli auch. Die Frösche streiten sich und werden nie wieder Freunde. Da kommt eine Fee und zaubert, dass ihr wieder spielt im Matsch. Dann wascht Ihr Euch, da seht ihr zwei Jungen, die heiratet ihr."

Gerade die Rollenspiele der Kinder geben Möglichkeit zu weiteren Fragestellungen:

- welche Figuren des Märchens stehen für das Kind im Vordergrund?

- welche Situationen des Eingreifens greift es heraus (verzaubern, helfen, fesseln)?

- identifiziert sich das Kind besonders mit einer Figur?

- lassen sich daraus Rückschlüsse auf die allgemeinen Lebensstrategien des Kindes ziehen (z.B. 'Träumer', 'Helfer', 'Kämpfer')?

Die Charaktere des Märchens müßten dazu noch näher aufgeschlüsselt werden und wir werden bei einem weiteren Einsatz des Märchens unser Augenmerk noch stärker auf diese Aspekte lenken.

Die Diagnostik mit Pfiffigunde wurde zu einer gemeinsamen Geschichte aller Kinder, zu einem Abenteuer, das erzählt wird bzw. aus dem Aufgaben und Situationen (immer wieder) gemeinsam erlebt werden und neue Ideen entstehen.

Sie wurde auch zu einer gemeinsamen Geschichte von uns Autorinnen. Durch unser Verwandtschaftsverhältnis (Gretel Meyer ist die Schwester der Mutter von Ulrike Sanden) haben wir eine gemeinsame persönliche Geschichte. Durch unsere Arbeit mit den Kindern in der Vorklasse während der Diagnostik kam erstmals eine gemeinsame berufliche Geschichte dazu. Wir haben uns im Vorfeld schon viel miteinander ausgetauscht, diese gemeinsame praktische Arbeit war eine neue wichtige Erfahrung für uns im Miteinander, die uns sowohl persönlich als auch beruflich weitergebracht hat.

Die Arbeit mit Pfiffigunde hat uns trotz der vielen Arbeit sehr viel Spaß gemacht, wir haben viel gelernt und freuen uns auf das nächste Mal.

5

'Diagnostik mit Pfiffigunde'
im 'Sonder'schulbereich

Susanne Pietsch

Pfiffigunde hilft bei der Feststellung von besonderem oder sonderpädagogischem Förderbedarf

Vorbemerkung

Als Sonderschullehrerin muß ich jedes Jahr Überprüfungen zur Feststellung von besonderem oder sonderpädagogischem Förderbedarf durchführen. Zur Datenerhebung arbeite ich mit standardisierten und informellen Überprüfungsverfahren. In diesem Zusammenhang entdeckte ich 1995 das Beobachtungsverfahren mit 'Pfiffigunde', welches jedoch für meine Arbeitsbedingungen zu komplex und aufwändig war. Die zugrunde liegende Idee aber, eine Überprüfung in eine zusammenhängende Geschichte einzubinden, faszinierte und motivierte mich so sehr, daß ich das Verfahren veränderte, meinen Bedürfnissen und Bedingungen anpaßte und flexibel handhabbar gestaltete. Ich habe für mich damit einen Weg gefunden, eine zwar zeitaufwändigere, aber motivierende und zugleich fördernde Diagnostik durchzuführen.

1. Einleitung

Seit Juli 1994 arbeite ich als Sonderschullehrerin an einer Schule für Lernhilfe. Meine sonderpädagogischen Schwerpunkte sind die Behinderungsrichtungen Lernbehinderten- und Verhaltsgestörten- sowie die Sprachheilpädagogik. Seit vier Jahren bin ich mit 25 Stunden an eine Grundschule abgeordnet. Im Gemeinsamen Unterricht behinderter und nichtbehinderter Kinder arbeite ich zurzeit in einer dritten Klasse u.a. mit einer Schülerin mit Down-Syndrom und in einer zweiten Klasse mit drei sprachauffälligen Schülern und Schülerinnen mit.

200

Zu meinen Aufgaben als Sonderschullehrerin gehört u.a. auch die jährliche Überprüfung gemeldeter Schüler und Schülerinnen zur Feststellung sonderpädagogischen oder besonderen Förderbedarfs. Hierfür fahre ich stundenweise an die jeweiligen Grundschulen. Sind mehrere Kinder aus einem Jahrgang zur Überprüfung gemeldet, besteht die Möglichkeit, gemeinsam mit anderen Sonderschullehrern und –lehrerinnen einzelne Überprüfungssequenzen in Kleingruppen durchzuführen. In den meisten Fällen überprüfe ich die Kinder jedoch einzeln.

Die Überprüfung führe ich entweder im Elternberatungszimmer oder, wenn vorhanden, in einem Gruppenraum der jeweiligen Schule durch.

Zu Beginn einer Überprüfung liegen mir nur die im Melde- und Überprüfungsbogen von dem Grundschullehrer oder der -lehrerin aufgezeigten Schwierigkeiten des gemeldeten Kindes vor.

Der zeitliche Rahmen der Überprüfung ist einerseits abhängig vom Umfang der zu überprüfenden Bereiche, andererseits von dem Kind selbst, seiner Aufgeschlossenheit und seiner Konzentrations- und Ausdauerfähigkeit. Kinder aus der Vorklasse benötigen abwechslungsreiche und spielerische 'Angebote' in kurzen Sequenzen und mit häufigen Pausen. Sind Kinder sehr verschlossen, können oder wollen sie nur sehr kurzfristig bei einer Aufgabe mitarbeiten oder nehmen nur schwer Kontakt zu mir auf, muß ich meine Informationen und Daten mehr aus Beobachtungen und Spielsituationen gewinnen.

Je nachdem wie komplex die Fragestellung der Überprüfung ist und wie eindeutig und schlüssig oder widersprüchlich die Ergebnisse während der Überprüfungen sind, versuche ich, weitere Daten zu erheben, um beobachtete Schwierigkeiten des Kindes oder widersprüchliche Ergebnisse versuchsweise erklären und interpretieren zu können. Diese unterschiedlichen Faktoren erschweren es, in diesem Rahmen eine eindeutige und genau festgelegte Zeitplanung anzugeben. In den vergangenen Überprüfungen, bei welchen ich auf sehr differenzierte Fragestellungen eingehen mußte, fielen die gesamten Überprüfungen entsprechend umfassend aus, so daß die Sitzungen an drei bis vier Vormittagen mit jeweils drei bis vier Unterrichtsstunden stattfanden. Darin sind Hospitationen im Klassen- und, wenn möglich, im Sportunterricht enthalten. Am ersten Tag hospitiere ich zumeist ein bis zwei Stunden und beginne danach mit der ersten 'Sitzung' (zwei Unterrichtsstunden). An den folgenden Tagen nehme ich das zu überprüfende Kind jeweils eine oder zwei Doppelstunden aus dem Klassenverband heraus, um die Überprüfung durchzuführen, so daß ich in den meisten Fällen für die Datenerhebung insgesamt fünf bis sieben Doppelstunden benötige.

Hinzu kommen Gespräche mit den Klassen- und Fachlehrern oder -lehrerinnen, den Eltern und gegebenenfalls mit Erziehern aus dem Hort und/oder Therapeuten, die mit dem Kind außerschulisch arbeiten.

Während der Überprüfungssituationen mache ich mir Notizen über das Verhalten des zu überprüfenden Kindes, über Auffälligkeiten und vom Kind benannte 'Lösungsstrategien'. Mit Genehmigung der Eltern mache ich in einigen Fällen Tonbandaufnahmen und verschriftliche diese, um die Sprache des Kindes genauer analysieren zu können.

Für die Gespräche mit dem Klassenlehrer oder der Klassenlehrerin und mit den Eltern habe ich aus unterschiedlichen Anamnesebögen eigene zusammengestellt, bei welchen ich Einschätzungen der Eltern oder Lehrer z.T. nur noch ankreuzen muß. Zu einigen Tests habe ich mir Beobachtungsbögen entwickelt, die ich während der Überprüfungen ausfüllen kann.

2. 'Diagnostik mit Pfiffigunde' – erster Zugriff

Bei den Überprüfungen arbeite ich zur Datenerhebung mit unterschiedlichen standardisierten und informellen Überprüfungsverfahren. In diesem Zusammenhang entdeckte ich 1995 die 'Pfiffigunde' und war spontan begeistert von der Leitidee, eine Überprüfung in eine Geschichte einzubetten. Nach der ersten Durchsicht und Erarbeitung des Buches wurde mir jedoch deutlich, daß ich dieses Verfahren in seiner Komplexität unter meinen Arbeitsbedingungen (vorwiegend allein und in fremden Örtlichkeiten zu 'testen') nicht durchführen wollte und konnte. Aber warum sollte ich nicht die Idee des Verfahrens aufnehmen und nur teilweise, auch mit anderen Materialien, verändert und um andere Aspekte erweitert durchführen? Dies erprobte ich bisher 1996, 1997 und 1998 bei Überprüfungen von gemeldeten Schülern aus Vorklassen und ersten und zweiten Klassen zur Feststellung von besonderem oder sonderpädagogischem Förderbedarf.

Auf Flohmärkten hatte ich drei alte Handspielpuppen gefunden: ein Mädchen, einen alten, weißhaarigen Mann und einen lustigen Jungen mit Schlenkerbeinen. Diese drei Figuren schienen mir geeignet, um sie in der Geschichte mit Pfiffigunde einzusetzen.

Außerdem ersetzte ich den im Märchen mitspielenden Riesen durch die Handspielpuppe des weisen Raben 'Abraxas'.

Alle vier Handspielpuppen wurden bisher von den Kindern ausgesprochen gut angenommen. Der Einsatz von Handspielpuppen konnte in den Überprüfungssituationen das Augenmerk der Kinder von mir als Testleiterin ablenken – sie waren fasziniert von der Person 'Pfiffigunde' und ihrer Geschichte.

Bereits zu Beginn der ersten 'Testsituation' konnten die Kinder durch die Vorstellung von Pfiffigunde spielerisch handeln, Scheu und Zurückhaltung der Kinder mir gegenüber traten gar nicht erst auf. In einem lockeren Gespräch mit Pfiffigunde erfuhr ich eine Menge von persönlichen Daten, Hintergründen und Einschätzungen von dem Kind selbst. Zudem gab mir die spielerische Situation mit den Handspielpuppen viele Hinweise auf spontansprachliche und feinmotorische Fähigkeiten der zu überprüfenden Kinder:

- Wie äußert sich das Kind spontansprachlich, wie spricht es zu Pfiffigunde? (Satzbau, Wortschatz, Wortwahl, Intonation, Melodik, Redetempo und Dialogfreudigkeit)
- Will das Kind auch selber mit einer Handspielpuppe spielen, will es in der Dialogsituation auch in die Rolle von Pfiffigunde oder einer anderen Puppe schlüpfen? Bleibt es in der eigenen Person oder 'nur' in der Rolle des Zuschauers?
- Wie geht es mit der Handspielpuppe um? (vorsichtig, behutsam, brutal, unachtsam, etc.)
- Wie ist die Fingergeschicklichkeit/Feinmotorik im Spiel mit Pfiffigunde? (kann das Kind seine Finger richtig in die Puppe stecken?)
- Mit welcher Hand wird die Puppe geführt?
- Gibt es Vorerfahrungen im Puppenspiel mit Handspielpuppen?

Alle weiteren Testsituationen werden von 'Pfiffigunde' und dem König eingeführt und beendet. Dabei kann ich auch feststellen, ob und inwieweit sich die Kinder den Namen 'Pfiffigunde' merken und diesen richtig aus- und nachsprechen können. Diese frühen Beobachtungen geben einen ersten Einblick in die Bereiche Sprachgedächtnis- und kinästhetische Differenzierungsleistung. Die im Namen 'Pfiffigunde' enthaltene Frikativhäufung[1] erschwert es häufig Kindern, insbesondere wenn sie im sprachlichen Bereich beeinträchtigt sind.

Der Rabe 'Abraxas' hat eine besondere Funktion während der Überprüfung: er begleitet das zu überprüfende Kind an allen Vormittagen. Je nach Einrichtung und Ausstattung der Beratungszimmer sitzt er mal auf oder in einem Regal oder auf einem Kleiderständer, von wo aus er beobachtet und oder mit 'Testmaterialien' im Schnabel zu dem Kind am Tisch 'geflogen' kommt und neue Aufgaben erklärt. Er berät oder motiviert, lenkt ab und lockert auf, wenn das Kind eine Pause benötigt oder überfordert ist. Nach der Vorstellung der Handpuppen erzählte ich im folgenden die Geschichte von 'Pfiffigunde'. Hierfür habe ich die Form des Märchens beibehalten, dieses aber inhaltlich etwas verändert.

---

[1]   Def. **Frikativ**: „Konsonant, bei dessen Bildung durch Verengung im Ansatzrohr eine Reibung entsteht (v, w). Sym.: Spirant, Reibelaut, Engelaut)". Aus: Franke, U.: Logopädisches Handlexikon. München 1978

3. Das Märchen in seiner Variation

Es beginnt damit, daß Pfiffigunde von ihrem Unglück und ihrer Traurig-keit erzählt:

Die Drachen aus dem Drachenland haben Pfiffigundes größte Kostbar-keit, die Krone, gestohlen und irgendwo in ihrem Drachenland ver-steckt. Ihr Vater, der König, ist sehr unglücklich darüber, daß seine Tochter gar nicht mehr lacht und an nichts mehr Spaß findet. Nun sucht er in seinem Lande jemanden, dem es gelingt, seine Tochter wieder zum Lachen zu bringen und so mutig ist, die Krone im Drachenland zu suchen. Schon viele Fremde haben versucht, die Prinzessin zum La-chen zu bringen – sie haben Witze erzählt und Kunststücke gemacht, aber nie hat Pfiffigunde gelacht. Auch der Hofnarr (dritte Handspielpup-pe) versucht täglich, die Prinzessin zum Lachen zu bringen. Er überlegt sich lustige Namen und erzählt witzige Geschichten; vergebens. Zwar ist er mutig und würde auch die Aufgaben auf dem Weg ins Drachen-land zu lösen versuchen, aber er darf den königlichen Hof nicht verlas-sen. Die schwierigen Aufgaben auf dem Weg ins Drachenland hat bis-her noch keiner lösen können. Der Weg ins Drachenland ist lang und beschwerlich. Aber keine Angst, der Rabe 'Abraxas' wird dir helfen, wann immer du es willst. Um in das Drachenland zu kommen, muß man durch verschiedene andere Länder gehen und dort Aufgaben lö-sen. Zuerst muß man durch das Rechenland und durch das Hüpfeland. Danach kommt man in das Spieleland, und in das Buchstaben- und Zahlenland. Erst wenn man durch diese vier Länder gegangen ist und dort alle Aufgaben lösen konnte, erreicht man das Drachenland, wo die Krone versteckt ist. Dort im Drachenland ist es nicht ungefährlich, denn die Drachen mögen nicht in ihrer Ruhe gestört werden. Wer es aber schafft und die Krone dort findet, der wird reich belohnt.

Nach der Vorstellung der vier Handspielpuppen und der Hintergrundge-schichte lasse ich alle vier Puppen das zu überprüfende Kind fragen, ob es sich zutraut, die Krone für Pfiffigunde zu suchen und auf dem Weg ins Drachenland die Aufgaben zu lösen, um damit Pfiffigunde zu helfen. Bis-her haben die Kinder dies immer bejaht und waren sehr motiviert.

4. Übernahme von verschiedenen Items aus Pfiffigunde und eigene Ergänzungen – (m)eine Form der Umsetzung

In den Überprüfungssituationen habe ich einige Items übernommen, andere ließ ich weg. Je nach entwickelter Fragestellung für die Überprüfung auf Feststellung besonderen oder sonderpädagogischen Förderbedarfes habe ich weitere Tests und/oder informelle Überprüfungen integriert. In die Version der Pfiffigunde habe ich folgende standardisierte Verfahren eingefügt[2]:

- Intelligenztest CFT1
- Sprachüberprüfung (zumeist mit dem Prüfbogen zur Lautbildung von H. Metzker)
- Bei zurückgestellten oder schulpflichtigen, aber noch nicht schulreifen, entwicklungsrückständigen sechs- bis siebenjährigen Kindern integriere ich die gesamte Testbatterie für Entwicklungsrückständige Schulanfänger (TES) in die Überprüfung. Sie überprüft die Bereiche Wortschatz, Gesetzmäßigkeiten erkennen, fein- und grobmotorische Koordination, optische Figur-Grund-Differenzierung, Raumlage erkennen und optische Unterscheidung. Die gesamte Durchführung dieser Testbatterie dauert bei störungsfreiem Ablauf ohne Pausen ca. 70 Minuten.
- Hamburger Schreibprobe (HSP) zur Feststellung der Rechtschreibentwicklung
- Gut vorbereitet auf das Lesen- und Schreibenlernen? (Breuer-Weuffen)

Je nach Fragestellung füge ich ggf. noch weitere, informelle Überprüfungen zu den Bereichen Mathematik und Deutsch hinzu. Zur Feststellung der Leseentwicklung arbeite ich z.B. mit Auszügen aus der Limburger Leseprobe (LLP), zur Überprüfung mathematischer Einsichten und Basiskompetenzen nach Kutzer.

---

[2] Nach Erlaßlage können in hessischen Schulen zur Feststellung des Lernerfolges und von Lerndefiziten standardisierte und informelle Schulleistungstests durchgeführt werden (Hessischer Kultusminister: Erlaß zu Tests und Erhebungen in Schulen vom 25.9.1985 – II A 6 – 170/524 – 1 -/ABl 1985, S. 800). „Diese Tests dürfen von Lehrern durchgeführt werden, wenn ihnen Möglichkeiten und Grenzen des Testanweisung in der Schule allgemein bekannt sind und wenn sie die Methoden der Testdurchführung, -auswertung und – interpretation sicher beherrschen. Werden Schulleistungstests nicht als Schriftliche Arbeiten nach §2 Nr.4 der VO über Schriftliche Arbeiten vom 3. Juli 1978 (Abl S. 328 und S. 814) eingesetzt, so bedarf ihre Durchführung eines besonderen pädagogischen Anlasses" (Dienst- und Schulrecht für Hessen, Stand 12/96, 5-43). Die Durchführung von Intelligenztests, Konzentrations-Leistungstests, Tests zur Prüfung spezieller Funktionen und Fähigkeiten, z.B. der Hand-Dominanz-Test, psychometrische Persönlichkeitstests und Projektive Verfahren sind Lehrern in der Schule nicht gestattet (ebd.5-45). Sie dürfen von Psychologen, dem Schulpsychologischen Dienst und von Sonderschullehrern bei sonderpädagogischen Überprüfungen durchgeführt werden. Dabei wird die Zustimmung der Erziehungsberechtigten oder der volljährigen Schüler benötigt und der Schulelternbeirat ist zu unterrichten. Die Ergebnisse sind auf Verlangen den Erziehungsberechtigten oder den volljährigen Schülern bekanntzugeben.

In der folgenden tabellarischen Darstellung zeige ich auf, welche Items ich aus dem Beobachtungsverfahren „Pfiffigunde" übernommen habe. Die Reihenfolge der Auflistung entspricht ungefähr – aber nicht zwingend – der chronologischen Abfolge der Testsituationen, die ich in der Vergangenheit an durchschnittlich vier Vormittagen durchgeführt habe. Eigene Ergänzungen sind grau unterlegt. Je nach Ausdauer und Motivation des zu überprüfenden Kindes legte ich dabei Pausen ein oder führte die Überprüfung am nächsten Tag weiter.

		VORBEREITUNG FÜR DEN WEG INS DRACHENLAND		
Nr.	Nr. bei Pfiffigunde	Instruktionen Handlungsanweisung	Item	Kommentar
A1	23	„Zuerst musst du dir einen Ausweis malen, damit du später wieder aus dem Drachenland heraus kommst: Male dich von Kopf bis Fuß ganz genau und schreibe deinen Namen darunter."	Präferenzdominanz Grafomotorik Körperschema	Geänderte Anweisung
A1		„Diese miteinander verknoteten farbigen Seile sind Zauberseile. Versuche sie zu entknoten. Ein Seil darfst du dir danach aussuchen. Du brauchst es für den weiteren Weg ins Drachenland."	Gezielte Handlungen Handlungsplan Geduld/Ausdauer Selbsteinschätzung	Vorbereitung für den Weg ins Drachenland
A3		„Wickle dir das Seil zweimal um den Bauch und mache vorne einen Knoten hinein."	Anweisungsverständnis Sprachgedächtnis Feinmotorische Koordination Handmotorik	In Anlehnung an Item Handmotorik, Nr. 12 der Pfiffigunde. Das Seil wird später auf dem Weg ins Drachenland wieder benötigt

		RECHENLAND		

Nr.	Nr. bei Pfiffi-gunde	Instruktionen Handlungsanweisung	Item	Kommentar
B1	3	„Hier liegen viele Gold-stücke auf dem Boden. Kannst du sie bitte aufle-sen und auf den Tisch legen?"	Pinzettengriff Präferenzdominanz (Hand) Körpermittellinie kreu-zen	Goldstücke werden spä-ter benötigt, um auf dem Weg ins Drachenland den Zauberstab zu kaufen
B2		„Vielleicht brauchst du später auch ein paar Münzen. Hier sind ganz viele durcheinander gera-ten. Sortiere sie bitte nach Einer, Zweier, Fünfer und Zehner."	Kann das Kind Geld-münzen richtig be-nennen? Zählt es die Münzen spontan? Sortiert es richtig?	Überprüfung mathemati-scher Basiskompetenzen (Kutzer) durch einen spielerischen Umgang mit Münzen
		„Lege mir die Reihe mit Münzen genauso nach."	Herstellung einer Stück - für – Stück - Zuordnung bei linear geordneten Mengen auf der Ebene des konkreten Handelns	
		„Sag mir, wo mehr oder weniger sind."	Beurteilung der Mächtigkeitsrelation Repräsentanz Invarianz der Anzahl	

		HÜPFELAND		

Nr.	Nr. bei Pfiffi-gunde	Instruktionen Handlungsanweisung	Item	Kommentar
C1	9	Über den Baumstamm balancieren: Variation: „Dieses Seil soll eine schmale Brücke sein, über die du balancieren musst – vorwärts und rückwärts."	Gleichgewicht Muskelspannung Präferenzdominanz (Fuß) Vestibuläre Wahr-nehmung Mitbewegungen	In Anlehnung an Item Nr. 24 der Pfiffigunde Das Seil am Schluss weg-nehmen – es wird für wei-tere Aufgaben benötigt
C2		„Ich lege dir Formen vor. Schau gut zu, du sollst sie mir bitte gleich nachle-gen."	Visuelle Wahrneh-mung Feinmotorik Raum-Lage-Wahrnehmung	

Nr.	Nr. bei Pfiffi- gunde	Instruktionen Handlungsanweisung	Item	Kommentar
C3		„Lege mit zwei Seilen ei- nen schmalen, geraden Weg. Nun sollst du zwi- schen den Seilen auf je- dem Bein mehrmals hüp- fen – dabei nicht vom Weg abkommen"	Leistungsdominanz (Bein/Fuß) Seitendifferenz/Asym- metrien (Arme/Beine) Muskelspannung Grobmotorische Ko- ordination	Variation der Übungs-Nr. 17 der Pfiffigunde
C4		Ein Seil wegnehmen. „Nun springe im Wechsel rechts-links über das Seil – wie oft schaffst du das?"	Kraft Ausdauer Schnelligkeit	In Anlehnung an DMB, Übung Nr. 4, S. 126 Auch eine Übung in der TES
C5		„Steige auf diesen Berg (Stuhl) und bleibe dort ruhig stehen: - auf beiden Füßen mit offenen / geschlossenen Augen - auf je einem Bein bei offenen / geschlosse- nen Augen."	Muskelspannung Gleichgewicht Höhenangst	
C6	18	„Hüpfe mit beiden Beinen zusammen vom Berg her- unter"	Bilateralintegration Muskelspannung	

HILFE FÜR DEN RABEN

Nr.	Nr. bei Pfiffi- gunde	Instruktionen Handlungsanweisung	Item	Kommentar
D1		Unterwegs findet das Kind eine schriftliche Anwei- sung: „Bitte sei leise – der Rabe schläft. Er will nicht gestört werden. "	Lesefähigkeit Buchstabenkenntnis Synthese Sinnentnahme	Statt des Riesen habe ich die Handspielpuppe des Rabens „Abraxas" einge- setzt
D2	19	Kind nähert sich im Ze- hengang dem Raben	Muskelspannung Mitbewegungen Gleichgewicht Seitendifferenz/Asym- metrien	
D3		Der Rabe wacht auf und erzählt, dass er eine schwierige Aufgabe lösen soll. „Kannst du diese Auf- gaben für mich lösen?"	Nichtsprachlicher Intelligenztest	CFT1

SPIELELAND

Nr.	Nr. bei Pfiffigunde	Instruktionen Handlungsanweisung	Item	Kommentar
E1		Der Rabe lässt das Kind konkrete Gegenstände bei verbundenen Augen ertasten und benennen: „Kannst du meine Schätze erfühlen?"	Taktile Wahrnehmung	Der Rabe hat im Laufe der Zeit viele Dinge gefunden, die sein Schatz sind
E2		Kimspiel: „Schau dir diese Gegenstände und geometrischen Formen genau an und merke sie dir. Ein oder mehrere Gegenstände verschwinden gleich unter dem Zaubertuch. Du musst mir dann sagen, was fehlt."	Merkfähigkeit Konzentration	
E3	21	Der Rabe flüstert dem Kind etwas zu (Schatz, Geheimnis).	Hörprüfung Präferenzdominanz (Ohr)	Instruktion wie bei Pfiffigunde
E4		Richtungshören eines akustischen Signals bei verbundenen Augen: „Kannst du mir bei geschlossenen Augen mit dem Finger zeigen, wo du die Geräusche hörst, die ich gleich machen werde?"	Auditive Wahrnehmung	Das Klingen verweist auf die unsichtbare Fee, welche den Zaubersfab bringt
E5		„Ich habe dir ganz viele verschiedene `Spiele´ mitgebracht. Mal sehen, was dir dabei besonderen Spaß macht"	Testbatterie für entwicklungsrückständige Schulanfänger TES	

ZAUBERLAND

Nr.	Nr. bei Pfiffigunde	Instruktionen Handlungsanweisung	Item	Kommentar
F1		Einen Zauberstab kaufen: „Wieviele Goldstücke hast du in der Dose? Der Stab kostet X Goldstücke – kannst du sie bezahlen? Wieviele Goldstücke hast du noch übrig?"	Umgang mit Zahlen Rechnerische Operationen	Der Rabe zeigt dir einen Zauberstab, der bezahlt werden muss. Er kostet je nach den Zählfähigkeiten des Kindes X Goldstücke

210

Nr.	Nr. bei Pfiffi-gunde	Instruktionen Handlungsanweisung	Item	Kommentar
F2	5	„Ich spreche dir einen Zauberspruch vor und du sollst ihn nachsprechen. Der Zauberstab funktio-niert nur, wenn du dir ei-nen Zauberspruch merkst."	Auditives Kurzzeitge-dächtnis (verbale Erfassungsspanne, sequenzielle Spei-cherung) Auditive Differenzie-rung	
F3		Kunststücke mit dem Stab erproben und nachma-chen: „Schau, was ich jetzt mache – kannst du das auch?" - Über den Gymnastik-stab steigen - Gymnastikstab greifen (senkrechten Stab un-ten fassen, loslassen und oben wieder zu fassen bekommen) - Gymnastikstab auf der Handinnenfläche, -außenfläche und auf dem Zeigefinger ba-lancieren	Gelenkigkeit Koordination Reaktion Geschicklichkeit Balance	Entnommen aus dem DMB Nr.5, S. 127 DMB Nr. 10.1, S. 217
F4	13	„Hier habe ich verschie-dene Stoffstücke aufge-klebt. Immer zwei passen zusammen. Finde sie her-aus."	Taktile Differenzierung	
F5		„Diese Zauberzeichen sollst du nachmalen."	Optische Differenzie-rung	Überprüfung nach Breuer-Weuffen
F6		Klangähnliche Benen-nungen von Bildern (z.B. Topf-Kopf) „Immer zwei Wörter zu den Bildern hören sich ganz ähnlich an. Eines davon sollst du mir immer auf dem Bild zeigen."	Fonematische Diffe-renzierung	Breuer-Weuffen
F7		„Hier habe ich ganz viele Bilder. Sag mir bitte, was du auf den Bildern siehst."	Überprüfung der korrekten Lautbildung in einzelnen Wörtern	Laut-Prüfbogen
F8		„Ich sage dir jetzt Wörter vor und du sollst sie mir nachsprechen."	Kinästhetische Diffe-renzierung	Breuer-Weuffen
F9	5	„Weißt du noch den Zau-berspruch? Ich sage ihn dir noch einmal vor und du sprichst ihn nach."	Auditives Kurzzeitge-dächtnis (verbale Erfassungsspanne, sequenzielle Spei-cherung) Auditive Differenzie-rung	
F10		„Kannst du mir ein Lied vorsingen? Die Drachen mögen das nämlich."	Melodische Differen-zierung	Breuer-Weuffen

BUCHSTABEN- UND ZAHLENLAND

Nr.	Nr. bei Pfiffi-gunde	Instruktionen Handlungsanweisung	Item	Kommentar
G1		„In diesem Heft sollst du zu den Bildern die Wörter dazu schreiben."	Überprüfung der Rechtschreibent-wicklung	HSP
G2		Überprüfung der Lesefä-higkeit	Buchstabenkenntnis Synthesefähigkeit	Limburger Leseprobe LLP
G3		„Kannst du diese Re-chenaufgaben schon lösen?"	Mathematische Grundrechenarten	Je nach Entwicklungs-stand lege ich Materialien und Arbeitsblätter vor
G4		Entspannung in Rücken-lage als Ausruhphase vor der letzten Aufgabe: „Le-ge dich einmal auf den Rücken und schließe die Augen. Ich tippe einzelne Körperteile an und du sollst mir sagen, wo ich dich berührt habe."	Körperkenntnis Körperschema Rechts-Links-Unterscheidung	ggf. mit Rechts-Links-Unterscheidung
G5		Der Rabe möchte der Prinzessin einen Brief schreiben – er kann aber nicht schreiben: „Jetzt bist du fast im Dra-chenland. Ich würde der Prinzessin gerne einen Brief schreiben und ihr erzählen, dass du es bald geschafft hast. Kannst du den Brief für mich schrei-ben?"	Wie schreibt das Kind selbstständig in an-geleiteten Schreibsi-tuationen? Beachtet es die Li-neatur? Benötigt es Hilfestel-lungen?	
G6	31	Durchs Drachenschlosstor schlüpfen Anweisung wie bei Pfiffigunde	Körperschema	

Nr.	Nr. bei Pfiffi-gunde	Instruktionen Handlungsanweisung	Item	Kommentar
H1		„Ich werfe dir jetzt viermal ein Zaubersäckchen (Reis-säckchen) zu. Das sollst du fangen: - mit einer Hand - einhändig zurück werfen - vor dem Fangen ein-mal klatschen und mit beiden Händen fan-gen."	Schnelligkeit Gelenkigkeit Reaktionsfähigkeit	In Anlehnung an DMB, Übung Nr. 11, S. 134
H2		„Im Drachenland ange-kommen, musst du die versteckte Krone suchen. Der Rabe gibt dir Rich-tungshilfen durch die Be-nennung von `heiß´ und `kalt´."	Orientierung im Raum Umsetzung von ver-balen Hilfestellungen Handlungsplan	
H3		„Zum Schluss kannst du dir eine eigene Krone basteln."	Feinmotorik Umgang mit Schere Visuelle Wahrneh-mung	Das Kind bekommt zum Abschluss Glanzpapier mit vorgezeichneter Kronen-form, Tacker und Schere und kann eine eigene Krone basteln

Das Seil soll eine schmale Brücke sein, über die du ba-lancieren mußt – vorwärts und rückwärts.

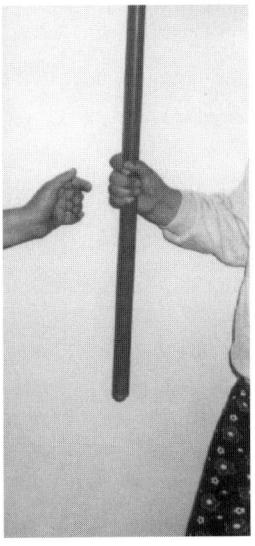

Kunststücke mit dem Stab ⇨

Der Rabe Abraxas schaut beim Schreiben zu

Immer zwei gleiche Fühlkarten mußt du ertasten

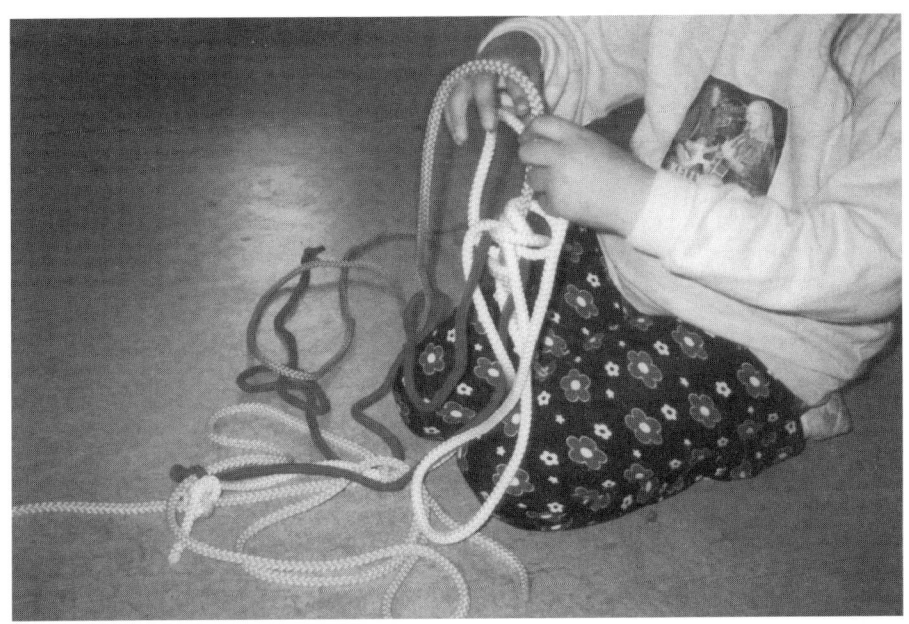

Versuche die Seile zu verknoten

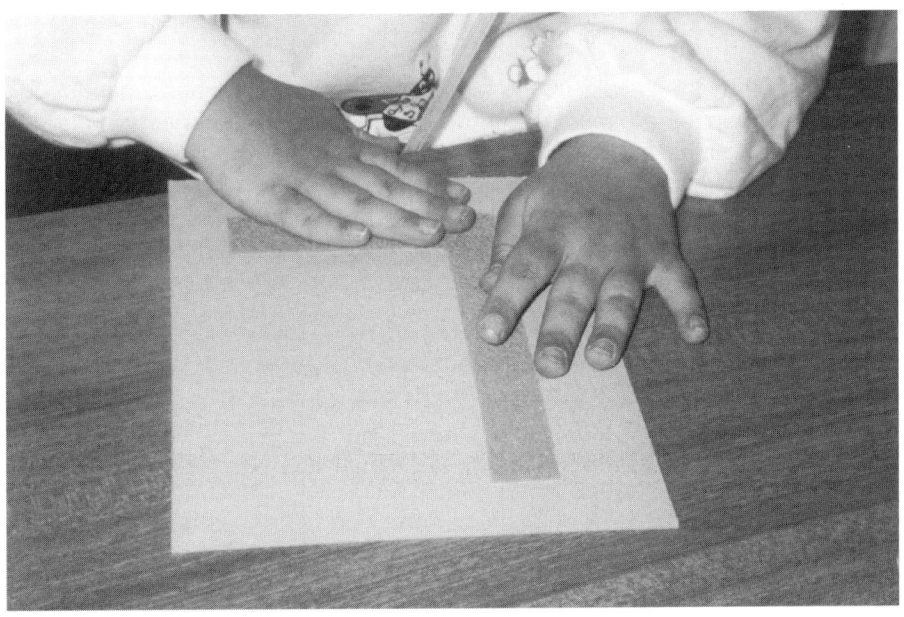

Buchstaben ertasten

5. Abschließende Anmerkungen

Die Abfolge der Überprüfungsverfahren ist von Fall zu Fall flexibel gestaltbar. Bei Überprüfungen älterer Schüler und Schülerinnen kann die TES z.B. nicht mehr eingesetzt werden.

Stattdessen können andere Items aus der 'Pfiffigunde' wieder verwendet werden, welche in meiner Darstellung wegfallen, da sie in der 'Pfiffigunde' auch aufgenommen sind.

Da ich bei meinen Überprüfungen häufig mit sprachauffälligen bzw. sprachentwicklungsverzögerten Kindern gearbeitet habe, konnte ich beobachten, daß der Zauberspruch von 'Pfiffigunde' (Beobachtungssituation Nr. 5) zu komplex und zu schwer war. Aus diesem Grunde habe ich ihn verändert und vereinfacht eingesetzt:

Nima – Nimaro – Katipolo – Fakipotemo – O A E – Salimonegute

Zu Beginn eines jeden Überprüfungstages lasse ich das Kind alle Handpuppen mit Namen begrüßen und leite spielerisch die weiteren Überprüfungstage ein. Auch den Zauberspruch lasse ich aus der Erinnerung aufsagen.

Bei der Überprüfung der Entwicklung der Rechtschreibfähigkeit des Kindes ist neben der Hamburger Schreibprobe (HSP) auch die Schreibentwicklungstabelle von Gudrun Spitta[3] hilfreich.

In der tabellarischen Darstellung der veränderten Form der „Pfiffigunde" habe ich die einzelnen Tests mit ihren verschiedenen Untertests aufgrund des Umfanges nicht ausführlich dargestellt. Zum Teil werden sie bekannt sein. Es ist jedoch für eine differenzialdiagnostische, förderdiagnostische Arbeit nicht zwingend notwendig, mit aus standardisierten Tests gewonnenen 'harten Daten' zu arbeiten. Gezielte Beobachtungen und informelle Überprüfungen können sehr aussagekräftig und Ausgangsbasis für die Förderung sein.

Zwar erfordert diese Form der Überprüfung, wenn sie denn komplett durchgeführt wird, einen erheblichen Zeitaufwand, man gewinnt jedoch eine Vielfalt an Daten, um ein Kind mit seinen unterschiedlichen Fähig- und Fertigkeiten umfassend zu beobachten und zu erfahren. In diesem Sinne ist es eine Diagnostik, die nicht als Prüfungssituation mit Streß erfahren wird und mit Ergebnissen in Form von festgeschriebenen Zahlen die Leistung bemißt, um zu segredieren, sondern eine Diagnostik, die mir

---

[3] In: Die Grundschulzeitschrift 12/1988, 11

mit dem Kind zusammen Spaß bereitet und nicht festlegt, sondern zur Förderung gehört und integriert.

Wenn ich die verschiedenen Ergebnisse und Beobachtungen miteinander und zueinander in Beziehung setze, können weitere Fragen auftreten. Schwierigkeiten können aufgezeigt, verdeutlicht oder ggf. erklärt und Stärken des Kindes erkannt werden.

Denn letztendlich kann ich ein Kind nur dann gezielt fördern, wenn ich um die individuellen Stärken und Schwächen weiß. Erst dann kann ich einen individuellen Entwicklungsplan erstellen und zur Förderung bei den Stärken des Kindes ansetzen.

Literatur und Tests

Breuer, H. und Weuffen, M.: Gut vorbereitet auf das Lesen- und Schreibenlernen? VEB Deutscher Verlag der Wissenschaften, Berlin 1990

Bundschuh, K.: Einführung in die sonderpädagogische Diagnostik. UTB Reinhard, München, Basel 1984

Cárdenas, B.: Diagnostik mit Pfiffigunde. Borgmann, Dortmund 1995

Dummer-Smoch, L./R. Hackethal: Handbuch zum Kieler Leseaufbau. Veris Verlag, Kiel 1994

Eggert, D.: Diagnostisches Inventar Basiskompetenzen bei lern- und entwicklungsauffälligen Kindern im Grundschulalter. **(DMB)** Borgmann, Dortmund 1993

Eggert, D.: Von den Stärken ausgehen... Individuelle Entwicklungspläne (IEP) in der Lernförderungsdiagnostik. Borgmann, Dortmund 1997

Herm, S.: Psychomotorische Spiele. Fipp-Verlag, Berlin 1991

Heuer, G. U.: Beurteilen Beraten Fördern. Materialien zur Diagnose, Therapie und Bericht/Gutachtenerstellung bei Lern-, Sprach- und Verhaltensauffälligkeiten in Vor-, Grund- und Sonderschule. Verlag modernes lernen, Dortmund 1997

Kornmann, R.: Testbatterie für Entwicklungsrückständige Schulanfänger **(TES)**, Beltz Verlag, Weinheim 1977

Kutzer, R. : Mathematik entdecken und verstehen, Bd.1, Lehrerband. Diesterweg, Frankfurt/M. 1983, 34ff.

Limburger Lese-Probe **(LLP)** – Was können meine Schülerinnen und Schüler schon lesen? Ergebnisse Regionaler Lehrerfortbildung, Heft 18, Außenstelle Limburg, ehem. Hessisches Institut für Lehrerfortbildung (HILF), Reinhardswaldschule Kassel 1991

May, P.: Hamburger Schreib-Probe **(HSP)** zur Erfassung der grundlegenden Rechtschreibstrategien (für die Klassen 1-9). verlag für pädagogische medien, Hamburg 1994

Metzker, H.: Stammler-Prüfbogen. Herstellung und Vertrieb: H. Metzker, Marburg/Lahn. 3. verbesserte Auflage. Wissenschaftliche Beratung: Prof. Dr. M. Grohnfeld

Weiß-Osterland: Grundintelligenztest **CFT1**, Westermann Verlag, Braunschweig 1979

Zimmer, R. und Cicurs, H.: Psychomotorik. Verlag Hofmann, Schorndorf 1990

Glossar

Ergänzungen zum Glossar in 'Diagnostik mit Pfiffigunde' von Barbara Cárdenas, Dortmund 1998[6].

Sonderpädagogischer Förderbedarf:
Aufgabe der Grundschule ist es, „durch vorbeugende Maßnahmen einer drohenden Beeinträchtigung der Schülerinnen und Schüler entgegenzuwirken und ihre Auswirkungen zu verringern" (Hessischer Kultusminister: Verordnung über die sonderpädagogische Förderung VO-SF, vom 27. Mai 1993, ABl 1993 S. 658 – §1, I). „Kinder und Jugendliche, die zur Gewährleistung ihrer körperlichen, sozialen und emotionalen sowie kognitiven Entwicklung in der Schule sonderpädagogische Hilfen bedürfen, haben einen Anspruch auf sonderpädagogische Förderung" (Hessisches Schulgesetz in der ab 1. August 1997 geltenden Fassung, §49,1). Durch die Überprüfung soll u.a. die aktuelle Lernausgangslage mit den individuellen Stärken und Schwächen sowie der gegenwärtige Stand der Entwicklung des Kindes aufgezeigt werden. Festgestellt werden muß, ob und inwieweit sonderpädagogischer Förderbedarf besteht: kann das Kind seine Lernprozesse im Wesentlichen selbstständig organisieren, braucht es aber in einzelnen Lerngegenständen vorübergehend Hilfen, oder benötigt es zusätzlich begrenzt eine Einzelförderung durch einen Sonderpädagogen in der Grundschulklasse? Benötigt das Kind dauernde sonderpädagogische Unterstützung und Förderung in Teilbereichen oder gar in umfassender Weise? Überlegt werden muß, wie diesem Förderbedarf im Einzelnen bestmöglichst entsprochen werden kann. „Grundlage der Entscheidung über Art, Umfang und Dauer des sonderpädagogischen Förderbedarfs und über die Voraussetzungen für einen angemessenen Unterricht sind eine sonderpädagogische Überprüfung durch eine Sonderschullehrerin oder einen Sonderschullehrer, bei Bedarf eine schulärztliche Untersuchung und in Zweifelsfällen eine schulpsychologische Untersuchung" (ebd., §54, 2).

Verbosensomotorische Fertigkeiten
Sprachbezogene Wahrnehmungsbereiche als Basisfunktion für die Entwicklung und Ausformung von Laut- und Schriftsprache.

Kinästhetische Differenzierung im sprachlichen Bereich
Kinästhesie: (med.) Bewegungsempfindung, Muskelgefühl
Die Kinästhetische Differenzierungsfähigkeit ist eine der verbosensomotorischen Fertigkeiten. Voraussetzungen für das Sprechen und Schreiben sind automatisierte Bewegungskoordinationen. Sprech- und Schreibbewegungsvorstellungen bilden kinästhetische Muster, welche für die Aussprache der Laute und Wörter bzw. für deren graphomotorische Umsetzung im

Gedächtnis gespeichert werden. Ist die kinästhetische Differenzierungsfähigkeit zur Herausbildung von Bewegungsmustern nicht ausreichend entwickelt, können Mängel im sprechmotorischen Vollzug auftreten. Eine kinästhetische Differenzierungsschwäche kann u.a. in sprechmotorischen Retardierungen oder in einer unzureichenden akustischen oder rhythmischen Gliederungsfähigkeit begründet liegen. Bei der Überwindung sprechkinästhetischer Retardierungen geht es um die Herausbildung des Lagegefühls für die Lippen, den Unterkiefer, die Zunge und das Zäpfchen sowie um eine besser koordinierte Atmung und Kräftigung der Sprechorgane (vgl. Breuer-Weuffen 1990)

Raumwahrnehmung
Für die Wahrnehmung des Raumes gibt es keinen eigenen Sinneskanal. Verschiedene Sinneswahrnehmungen müssen miteinander verbunden und verarbeitet werden, damit wir wissen, wo wir uns im Raum befinden, um sich orientieren zu können, um Entfernungen erfahren und einschätzen und die eigene Person zu anderen Personen oder Gegenständen in Beziehung (über, neben, unter, etc.) setzen zu können. Eine gute Raumwahrnehmung ist u.a. die Voraussetzung, um z.B. zwischen 41 und 14 oder zwischen Saum und Maus zu unterscheiden (Raum-Lage).

Körperschema
Als Körperschema wird das Bewußtsein des eigenen Körpers bezeichnet. Unsere Empfindungen können wir jederzeit auf bestimmte Körperteile konzentrieren, dort sind wir uns unserer Körpergrenzen bewußt. Dazu gehört auch die Kenntnis der Funktionen und Bewegungsmöglichkeiten unserer verschiedenen Körperteile.

VO-SF
siehe Sonderpädagogischer Förderbedarf.

Karla Wendeler

Pfiffigunde im SI-orientierten Unterricht einer Schule für Lernbehinderte

1. Was ist eigentlich los mit unserer Klasse 1/2?
Die Beobachtungsmöglichkeiten der Pfiffigunde vor dem Hintergrund der SI

Ein beliebiger Mittwochmorgen, 7.40 Uhr: Ich betrete den Gang vorm Klassenraum der 1/2 und werde von einer ohrenbetäubenden Schallwelle erfaßt. „Einmal tingelt, jetzt reintomm?" schreit Daniel auch noch an seinem 89. Schultag erst Frau Herbers, dann mir ins Ohr. Während Sabra in einem kaum noch zu überbietenden Zeitlupentempo dabei ist, ihren Schal auszuziehen, kämpft Dennis schon seit geraumer Zeit mit seinem Anorak. Er verheddert sich dabei so hoffnungslos, daß nur noch die lebenspraktische Steffi ihn retten kann. Dabei stößt sie versehentlich leicht gegen

Mareike, die sofort ins Schwanken gerät, ein erbostes „Manno!" von sich gibt und so böse guckt, als habe man gerade versucht, sie eine Treppe herunterzustürzen. Nun wird es für Stina aber Zeit, die Aufmerksamkeit auch mal auf sich zu lenken: „Du, ich hab heute Trinkpäckchen mit, Macajuja", aber bei Maca... spritzt sie Willi, der zu seinem großen Pech dicht neben ihr steht, schon die erste Ladung durch den Strohhalm ins Gesicht. Willi heult auf, ist aber glücklicherweise zu perplex, um gleich loszuschlagen. Ich hole meinen Schlüssel aus der Tasche, es wird leiser. Ich höre aus dem Hintergrund nur noch Howards überzeugtes „Ich bin heute Herr Pohlmann!", um mich dann Behrams Jacke zu widmen, die achtlos auf dem Boden herumliegt. „Behram, hängst Du bitte Deine Jacke an den Haken?" Behram guckt mich an, dann wandert sein Blick wieder auf meinen Schlüssel. Ich wiederhole meine Frage. Keine Reaktion. Ich spreche ihn noch mal an und bekomme die Antwort: „Waaas, kann ich die Tür aufschließen?" ... und während ich endlich den Klassenraum aufschließe, frage ich mich:

War das gerade eine unglückliche Anhäufung von Zufällen, oder gibt es eine übergreifende Erklärung für ein derartiges SchülerInnenverhalten? Gibt es vielleicht sogar Zusammenhänge mit dem spezifischen Lernverhalten dieser Kinder, das gekennzeichnet ist durch kurze Aufmerksamkeits- und Erfassungsspannen, eine oftmals benötigte direkte Ansprache, um überhaupt irgend etwas 'mitzubekommen', schnelle Ermüdung, besonders bei Schreibarbeiten am Tisch und das Angewiesensein auf den raschen Wechsel starker Reize, um den Unterricht nicht „wangweilig" zu finden? Was ist mit dem Sozialverhalten der SchülerInnen, das eine solch breite Palette an Verhaltensweisen beinhaltet, daß eine evtl. gemeinsame Ursachenerklärung zunächst recht abwegig erscheint? Da gibt es SchülerInnen, die sich ängstlich immer nur zu verstecken suchen, zu keiner selbständigen Handlung fähig scheinen, SchülerInnen, die besonders Körperkontakten möglichst aus dem Wege gehen, sich auf nichts einlassen können, SchülerInnen, die immer gleich drauflosschlagen und solche, die immer die größten sind.

In unserer Klasse 1/2, die wir im team-teaching unterrichten, versuchten wir zu klären, inwieweit das **Modell der sensorischen Integration (SI)** eine mögliche Erklärungshilfe für die eben vermuteten Zusammenhänge sein kann und welche Konsequenzen sich daraus für unsere Unterrichtspraxis ergeben.

Unter SI wird dabei die Aufnahme und Verarbeitung der sinnlichen Eindrücke (Wahrnehmungen) und die Organisation von Gedanken und Gefühlen zu sinnvollen und befriedigenden Handlungen auf der Basis einer sich vervollständigenden Hirnfunktion verstanden. Die SI als Funktionsprinzip des Gehirns ist der Prozeß des Ordnens, Sortierens und Verarbeitens sinnlicher Eindrücke, damit das Verhalten eines Menschen sinnvoll und für ihn bedeutsam werden kann (vgl. Ayres, 1984, S. 37). Ein zentrales Konzept dieser Theorie ist die Weiterentwicklung des Gehirns aufgrund von immer komplexeren Funktionen, die das Gehirn im Rahmen von Anpassungsreaktionen zu erfüllen hat. Die so gewonnene Komplexität ist jedoch nur effektiv, wenn ältere und jüngere Hirnareale zu einem funktionierenden Ganzen integriert werden. So sind solche komplexen Funktionen wie Denken, Sprechen etc. des jüngeren Kortex ohne den älteren Hirnstamm, der die eintreffenden Reize aus dem peripheren Nervensystem bzw. dem Rückenmark empfängt und für den Kortex gewissermaßen aufbereitet, nicht möglich. Von Störungen der sensorischen Integration sprechen wir dann, wenn das zentrale Nervensystem nicht in ausreichendem Maße in der Lage ist, die Fülle der über die Sinne einlaufenden Informationen zu ordnen und zu koordinieren, mit bereits vorhandenen Daten zu vergleichen und daraus eine dem Reiz angemessene Reaktion zu organisieren (vgl. Brand u. a., 1995, S. 26).

Bei Störungen des Integrationsprozesses ist es nötig, die Förderung auf der jeweils entwicklungsmäßig tiefsten intakten Stufe anzusetzen. Lern- und Wahrnehmungsstörungen auf der kortikalen Ebene müssen beispielsweise durch eine Verbesserung der sensorischen Integration auf der subkortikalen Ebene angegangen werden. Dies geschieht durch Ansprache der ontogenetisch früh entwickelten Wahrnehmungsmodalitäten, wie dem taktil-kinästhetischen und vestibulären System.

Aus diesem Konzept ergeben sich folgende hierarchisch geordnete Förderschwerpunkte:

- Normalisierung des taktil-kinästhetisch-vestibulären Systems,
- Verbesserung der Gleichgewichtsreaktionen, Normalisierung des Muskeltonus, Steuerung der äußeren Augenmuskeln,
- Entwickeln eines Körperschemas, Bilateralintegration, Überkreuzen der Mittellinie,
- Fördern der Sprachbenutzung und der auditiven Wahrnehmung, Entwickeln der Rechts-Linksunterscheidung, Fördern der visuellen Form- und Raumwahrnehmung, Koordination von Auge und Hand (vgl. Breitenbach, 1992, S. 67).

Schulisches Lernen sollte sich entsprechend an folgenden Prinzipien orientieren:

- Der *Bewegung* kommt eine zentrale Bedeutung zu. Durch sie werden umfangreiche Organisations- und Integrationsprozesse bei der Reizverarbeitung erzwungen.

- Um komplexe Anpassungsaufgaben zu bewältigen, ist ein hohes Maß an sensorischer Integration erforderlich. Das schulische Lernangebot sollte möglichst *viele Sinne* gleichzeitig ansprechen, um vor allem eine *Verknüpfung der Informationen aus verschiedenen Sinnesbereichen* zu fördern.
- Das *Spiel* ist die Lernform des Kindes. Die geplanten Förderangebote sollten deshalb auch immer mit einer Spielidee verknüpft, in ein Spiel eingebettet sein. Durch Lernspiele, die *Spaß* machen, wird das Kind emotional am Lernprozeß beteiligt und es kommt zu einem ganzheitlichen Lerngeschehen.
- Durch ein *gezieltes Spiel- und Materialangebot* soll die Aufnahme sensorischer Informationen geplant und kontrolliert werden nach dem Prinzip der *Individualisierung*.

Aus den Prinzipien der *Individualisierung und des gezielten Spiel- und Materialangebots* ergibt sich die Forderung nach einer unterrichtsbegleitenden Bewegungs- und Wahrnehmungsdiagnostik qualitativer Art (vgl. Brand, 1995, S. 71). Aus den Prinzipien der *Bewegungsorientierung*, der Einbindung des Lernprozesses ins kindliche *Spiel* und der Betonung der *Freude am Lernen* ergibt sich die Forderung nach einem Testverfahren, das diese Elemente hinreichend berücksichtigt. **Das Verfahren 'Diagnostik mit Pfiffigunde'** scheint diese beiden Forderungen zu verbinden: Es versteht sich als ein Screeningverfahren, dessen „ ... ausgesprochenes Ziel es ist, *Hinweise auf das Vorliegen von Hirnfunktionsstörungen* zu gewinnen, die Hintergrund für vielfältige Bewegungs- und Wahrnehmungsstörungen sein können" (Cárdenas, 1996, S. 21).

> „Im Verfahren 'Diagnostik mit Pfiffigunde' stehen die Aufgaben in einem sinnhaften Zusammenhang, der die *kindliche Phantasie anspricht*. Die Kinder sind Akteure in einem *Märchenspiel* mit Drachen Hexen und Feen Sie haben Mitstreiter, mit denen sie gemeinsam die Abenteuer bestehen" (ebd., S. 19).

Bedingt durch diese Eigenmotivation werden die SchülerInnen nicht durch Streß blockiert und es ergibt sich ein realistisches Abbild ihrer Leistungsfähigkeit.

Die *beobachtbaren Leistungsbereiche des Verfahrens* decken sich überwiegend mit den auch von Kesper/Hottinger (1994, S. 46) angegebenen Bereichen, in denen sich SI vollzieht (in Klammern die Nummern der entsprechenden Beobachtungssituationen der Diagnostik mit Pfiffigunde):

- **Der taktil-kinästhetische Bereich (taktile Wahrnehmung, Muskelspannung, Nr. 13, 2,9,17,18,19)**

Das taktile System (Nr. 13) ist das erste sensorische System, welches sich bereits im Mutterleib entwickelt und von Anfang an voll funktioniert. Es umfaßt die aktive, vom Kind selbst eingeleitete Wahrnehmung, welche das Erkennen von Gegenständen durch Ertasten ermöglicht und Voraussetzung ist zum kritischen Erkennen und unterscheiden Können.

Bei Störungen dieser Wahrnehmung kann die Formwahrnehmung gestört sein und als Folgeerscheinung das *Erfassen und Behalten von Mustern, geometrischen Formen und Schriftzeichen* (vgl. Brand in: Döring, 1996, S. 58). Störungen im Bereich der taktilen Wahrnehmung können sich auch zeigen durch *Hängenbleiben an bestimmten Gewohnheiten oder Gedanken, bzw. Panik bei Veränderungen von Strukturen* (vgl. Kesper/Hottinger, 1994, S. 57).

Im Verfahren 'Diagnostik mit Pfiffigunde' wird der *Muskelspannung* eine besondere Bedeutung beigemessen (vgl. Cárdenas, S. 29 – Beobachtungssituationen Nummer 2, 9, 17, 18, 19). Es gibt einen funktionalen Zusammenhang zwischen der Höhe des tonischen Aktivierungsniveaus und der Weite des Bewußtseinsfokus.

„Die Bedingungen bei niedrigem tonischen Aktivitätsniveau entsprechen denen der *Einschlafsituation*, ... der Schüler ist nicht mehr in der Lage, z. B. einen Gedanken für längere Zeit zu verfolgen. Bei *aufmerksamkeitsgestörten* Kindern ist das allgemeine tonische Aktivierungsniveau konstant zu niedrig. Der Fokus des Bewußtseins ist zu weit und die Wahrnehmungsselektion sowie die Auswahl der Verhaltensprogrmme zu wenig zielgerichtet. ... Jeder Reiz ist in der Lage, ein neues Verhaltensprogramm zu aktivieren und ein bereits laufendes zu beenden" (Breitenbach, 1996, S. 411).

Bei einem schwachen Muskeltonus fallen einige schulische 'Leistungen' schwer, z. B. langes Sitzen auf dem Stuhl und *das Halten des Stifts* beim Malen. Schnelles Ermüden ist die Folge.

Rein äußerlich können Kinder mit schwachem Muskeltonus durch ihre *schlaffe Körperhaltung*, *ausdrucksarme Mimik* und einen immer *leicht geöffneten Mund auffallen* (vgl. Kesper/Hottinger, 1994, S. 49).

Es besteht auch ein Zusammenhang zwischen taktil-kinästhetischer Erkennensleistung und Sprachentwicklung (Schwerpunkt: lexikalisch-semantische Entwicklung). Dem Aufbau sprachlicher Symbole muß die Symbolisation aus den sensumotorischen Operationen mit Körperteilen, Objekten oder Personen vorausgehen. Die primären sensumotorischen Erfahrungen werden taktil-kinästhetisch gemacht. Defizite im Aufbau symbolischer Repräsentationen können also aus einer beeinträchtigten taktil-kinästhetischen Wahrnehmung resultieren (vgl. Kriese-Himmel, S. 137).

- **Der vestibuläre Bereich (Gleichgewicht, vestibuläre Wahrneh-mung, Nr. 9,16,19,22,24)**

„Das vestibuläre System befähigt den Organismus, Bewegung wahrzuneh-men, besonders Beschleunigung, Verlangsamung und Schwerkraft. Es hilft bei der Unterscheidung von Raum und Selbst (Ich drehe mich – der Raum dreht sich)" (Kesper/Hottinger, 1994, S. 49). Bewegungen unter Beteili-gung dieses Systems haben eine starke *Weckfunktion* (vgl. Breitenbach, 1996, S. 411).

Der Vestibularapperat hat eine enge Verbindung zum *auditiven System*, da die *Sinnesorgane für den Hör- und Gleichgewichtssinn im Innenohr ange-siedelt* sind und ihre Botschaften von dem gleichen Nerv an die entspre-chenden Hirnzentren gesendet werden (vgl. Brüggebors, 1992, S. 55). Diese Verbindung hat erhebliche Auswirkungen auf die Sprachentwick-lung. „So kann, bei intaktem Gehör, die auditive Aufnahme bei vestibulären Problemen gestört sein und die Ursache einer Sprachentwicklungsverzö-gerung darstellen" (Kesper/Hottinger, 1994, S. 50).

„Das vestibuläre System befähigt den Organismus, Bewegung wahrzuneh-men, besonders Beschleunigung, Verlangsamung und Schwerkraft. Es hilft bei der Unterscheidung von Raum und Selbst (Ich drehe mich – der Raum dreht sich)" (Kesper/Hottinger, 1994, S. 49). Bewegungen unter Beteili-gung dieses Systems haben eine starke *Weckfunktion* (vgl. Breitenbach, 1996, S. 411).

Der Vestibularapperat hat eine enge Verbindung zum *auditiven System*, da die *Sinnesorgane für den Hör- und Gleichgewichtssinn im Innenohr ange-siedelt* sind und ihre Botschaften von dem gleichen Nerv an die entspre-chenden Hirnzentren gesendet werden (vgl. Brüggebors, 1992, S. 55). Diese Verbindung hat erhebliche Auswirkungen auf die Sprachentwick-lung. „So kann, bei intaktem Gehör, die auditive Aufnahme bei vestibulären Problemen gestört sein und die Ursache einer Sprachentwicklungsverzö-gerung darstellen" (Kesper/Hottinger, 1994, S. 50).

- **Das Körperschema (grobmotorische Koordination, Mundmotorik, Körperschema, Bilateralintegration, Nr. 17,23,31,28)**

Aufgrund der Informationen des taktil-kinästhetischen und vestibulären Sy-stems bilden sich „innere Landkarten" des eigenen Körpers, d. h. „Vorstel-lungen vom, das Wissen um und die Orientierung am eigenen Körper" (Milz, 1996, S. 73).

Störungen dieses Körperschemas (Nr. 23, 31) zeigen sich besonders in Bewegungen, bei denen die Körpermittellinie gekreuzt werden muß (Nr. 28

b. c), und führen häufig zu Schwierigkeiten beim Raumlageempfinden (sowohl motorisch als auch visuell und akustisch). Diese äußern sich im schulischen Lernen z. B. in Buchstabenvertauschungen (b d p) oder Ziffernvertauschungen (34 – 43) und können den Lernprozeß stark behindern. Störungen des Körperschemas können sich auch auf den Mundinnenraum beziehen und somit Ursachen für eine verminderte Sprechfähigkeit sein (Mundmotorik, Nr. 30). Sie können das Selbstbild und Selbstbewußtsein des Kindes beeinträchtigen und ziehen oft Schwierigkeiten bei der grobmotorischen Koordination (Nr. 17) nach sich. Typische Verhaltensweisen bei Kindern mit einem gestörten Körperschema sind (vgl. Kesper/Hottinger, 1994, S. 61):

- *Das Kind dreht das Arbeitsblatt bei Richtungsänderung oder ändert statt dessen die Körperhaltung.*

- *Es wechselt die Hand beim Überkreuzen der Mittellinie.*

- *Die Linien werden ab Mitte des Blattes schwächer, sie steigen oder fallen.*

- *Buchstaben oder Zahlen werden seitenverkehrt geschrieben.*

- *Umrisse von Gegenständen können nicht nachgezeichnet werden (besonders Dreiecke).*

- *Das Kind stößt durch ungeschickte Bewegungen mit dem Körper ein gerade beendetes 'Bauwerk' um.*

- **Die Praxie (grobmotorische Koordination, Praxie, Nr. 1, 8a)**

Praxie (erfolgreiche Bewegungsplanung) ist die Übertragung des Körperschemas auf den Raum, ergänzt durch die *zeitliche Ordnung*. Aufgrund der Informationen des taktil-kinästhetisch-vestibulären Systems werden immer feinere, gesteuertere Bewegungen möglich und das Kind lernt schließlich Bewegungen zu planen und in eine zeitliche Reihenfolge zu bringen. Aus einzelnen Handlungsmustern werden Handlungsfolgen und schließlich zweckmäßige Handlungen.

Gelingt dieser Planungsvorgang nicht oder nur mit großer Mühe, so muß das Kind sehr viel Energie aufbringen, um auch nur zu kleinen Handlungserfolgen zu kommen. Dadurch erschöpft sich sein Energievorrat schnell und es wirkt unaufmerksam. Bei differenzierteren motorischen Handlungen (z. B. beim Ziffernschreiben) ist es *so sehr mit Bewegungsplanung beschäftigt, daß es schnell unkonzentriert wird und auf den eigentlichen Rechenvorgang gar nicht mehr achten kann.*

„Von besonderer Bedeutung ist das Wissen um die Dyspraxie für das *Erlernen des Sprechens. Gesprochene Sprache* entwickelt sich über das Hören und über das Empfinden motorischer Bewegungsmuster, an denen sowohl sensorische Anteile *(Kinästhesie)* wie motorische Anteile – die motorische Planung und Programmierung, die Reihenfolge der Bewegungsabläufe – und schließlich das Gedächtnis beteiligt sind. ... *Wenn ein schwaches auditives Gedächtnis mit einer Dyspraxie verbunden ist,* kommt es zu einem sehr schwachen Sprechgedächtnis. ... Ein langer Satz wird nicht verstanden, weil er nicht in seiner ganzen Länge aufgenommen wird. Das Kind beginnt nicht zeitgerecht zu sprechen. ... Es hat Schwierigkeiten, die Wörter und ihre Bedeutung zu erhalten und daher zu verarbeiten. Die morphologischen Änderungen werden entweder nicht aufgenommen oder nicht behalten. Die ganze *Syntax gerät in Verwirrung*" (Milz, 1996, S. 72).

Kesper/Hottinger (1994, S. 62) listen eine ganze Reihe typischer Störungen bei Dyspraxie auf:

- Bilder können nicht logisch nach Vorgängen geordnet werden.
- Auftragsketten werden nicht behalten oder in der falschen Reihenfolge ausgeführt.
- Das Organisieren von Handlungsfolgen gelingt nicht, weil die Vorstellung vom Ziel fehlt.
- Es dauert länger als bei anderen Kindern, bis tägliche Abläufe und Strukturen verstanden werden.
- Die Kombination von Bewegungen fällt schwer, z. B. Singen und dazu klatschen, gehen und nach dem Ball greifen.

Milz (1996, S. 69 f.) macht noch auf weitere charakteristische Verhaltensmerkmale aufmerksam:

- Das Kind tut Dinge uneffektiv.
- Es hat eine schlaffe Muskulatur.
- Es braucht mehr Schutz als andere Kinder – hat Schwierigkeiten, „groß zu werden". Seine Mutter war vielleicht immer zu stark um das Kind bemüht, da es ihrer Meinung nach ein so schweres Leben hat.
- Es ist sehr gefühlsbetont gegenüber Dingen, die ihm passieren. Seine Gefühle sind leicht verletzbar. Es kann keine plötzlichen Änderungen hinsichtlich Plänen oder Erwartungen ertragen.

- **Die Bilateralintegration/Lateralitätsentwicklung (Mitbewegungen, Seitendifferenzen, Bilateralintegration, Lateralität)**

Voraussetzung für die Bewältigung der oben beschriebenen komplexeren motorischen Abläufe sowie für differenzierte Wahrnehmungsleistungen im auditiven und visuellen Bereich ist die harmonische Entwicklung und Zusammenarbeit der beiden Hirnhälften. Zunächst müssen sich die beiden Hemisphären symmetrisch entwickeln und in gleichem Maße Aufgaben bewältigen. Erst wenn das Empfinden über beide Körperseiten so integriert ist, daß ein Gefühl der Zusammengehörigkeit entsteht (simultane Bewegungsmuster, Nr. 10, 28a; Seitendifferenz/Asymmetrien, Nr. 17a/b, 18, 19a/b, 22, 24, 26), ist auch das Überkreuzen der Körpermittellinie und daraufhin die Dominanzentwicklung einer Körperseite (Lateralität) möglich. Tonisch assoziierte Mitbewegungen der nicht geforderten Seite (Nr. 4, 11, 19, 24) geben einen Hinweis darauf, daß die Integration beider Gehirnhälften noch nicht vollständig abgeschlossen ist. Bereitet das Überkreuzen der Körpermittellinie noch Schwierigkeiten (Nr. 3, 28 b/c), so wird auch die Seitigkeit noch nicht eindeutig festgelegt sein (Nr. 3, 4, 6, 7, 8, 11, 13, 20, 23, 14, 17, 9, 16, 21). Schwierigkeiten beim Überkreuzen der Mittellinie können sich auch in *fehlenden Diagonalen* bei Zeichnungen äußern (Kesper/Hottinger, 1994, S. 61). Die bessere Ausprägung einer Körperseite geht mit der *zunehmenden Spezialisierung der einzelnen Hirnhälften (z. B. der beiden Sprachzentren auf der dominanten Hirnseite)* einher.

Eine unzureichende *kinästhetische Wahrnehmung* kann die Entwicklung der Lateralität verhindern, wenn Berührungsreize nicht richtig lokalisiert werden können. Eine unausgeprägte Lateralität wirkt sich auf das *Körperschema* aus. Das Kind weiß nicht um seine linke und rechte Seite und kann auch diese *Richtungskonzepte nicht auf den Raum übertragen.*

In Anlehnung an *Breitenbach* (1992, S. 38f) werden diese oben beschriebenen Bereiche in der Diagnostik mit Pfiffigunde noch erweitert auf die Subsysteme

- **Die auditive und visuelle Wahrnehmung**

Für unsere Zwecke erschien der auditive Aspekt allerdings nicht umfassend genug berücksichtigt, sodaß wir noch die **Items 'auditive Figur-Grund-Wahrnehmung', 'Richtungshören' und 'Geräuschdiskrimination' ergänzt** und folgendermaßen in die Handlung eingebettet haben:

Neu hinzugefügte Beobachtungssituationen

Nr.	ITEM	MÄRCHENLOGIK/HANDLUNG	BEWERTUNG
5a	Richtungshören	Pfiffigunde muß wissen, ob die Ritter auch gut hören, damit sie eine Gefahr rechtzeitig erkennen können. Richtung der Klanghölzer, die dicht hinter den Rittern geschlagen werden, anzeigen.	0 = alle Richtungsangaben richtig, 1 = zweifelhaft, besonders der mittlere Klang kann nicht sicher geortet werden, 2 = Richtung wird <u>gar nicht</u> oder falsch gezeigt.
8a	Praxie	Tuch zusammenfalten	0 = gelingt mühelos, 1 = Falten dauert lange, Kind muß evtl. von vorne beginnen, 2 = Falten gelingt nicht in der vorgegebenen Art.
21a	Einzelgeräusche zuordnen	Die Ritter müssen dem Riesen bei einer weiteren Aufgabe helfen. Geräuschmemory (zwei gleich-klingende Döschen müssen gefunden werden)	0 = gelingt mühelos, 1 = zweifelhaft, ein Fehlversuch, 2 = passende Döschen können nicht gefunden werden.
22a	Auditive Figur-Grund-Wahrnehmung	Der Riese sagt den Rittern noch ein wichtiges Stichwort, wie der Weg weitergeht. Die Riesenkinder machen im Hintergrund ziemlichen Lärm. Das gesprochene dreisilbige Wort (z. B. Drachenland, Zauberkreis oder Höhlentor) muß vor dem Geräuschhintergrund (Cassette mit Kinderstimmen wird im Hintergrund abgespielt) gehört werden.	0 = Wort wird richtig nachgesprochen, 1 = Wort muß wiederholt werden, 2 = Wort wird nicht gehört.

2. Und was machen wir daraus? Entwicklung eines Unterrichtskonzepts auf der Basis unserer Untersuchungsergebnisse

Nachdem wir alle SchülerInnen unserer Klasse 1/2 in 3er-Gruppen mit dem Verfahren 'Diagnostik mit Pfiffigunde' getestet hatten, stellten wir fest, daß bis auf drei SchülerInnen alle in unterschiedlichem Maß an Integrationsstörungen litten. Besonders betroffen waren die Bereiche

- Muskelspannung
- Augenmotorik
- Koordination komplexer Bewegungsabläufe
- Lateralitätsentwicklung.

Für diese Bereiche entwickelten wir Fördermaßnahmen, die wir mit der ganzen Klasse durchführen konnten. Förderbereiche, die nur einzelne SchülerInnen betrafen, wollten wir nicht als 'Ver'einzelförderung planen, sondern so, daß sie ins normale Unterrichtsgeschehen integrierbar waren.

Wir mußten also zuerst einen unterrichtlichen Rahmen schaffen, in dem dies beides möglich war:

- **„Immer gleich im Rhythmus"– Rhythmisierung des Tagesablaufs als Unterrichtsprinzip**

Unser Schultag beginnt jetzt im _Sitzkreis_ mit einem bewegungsorientierten _Morgenlied_ (Weckfunktion). Anschließend wird die _Reihenfolge der Wochentage,_ später auch der Monate, geübt. Das Erlernen von Reihenfolgen ist besonders für leicht dyspraktische Kinder von großer Bedeutung. Anschließend ergibt sich im Sitzkreis die Möglichkeit für kleine _'Einzelübungen'._ Jedes Kind hat ein Namenskärtchen. Wenn sein Kärtchen gezogen wird, bekommt es eine bestimmte Aufgabe gestellt, die es zu lösen gilt. Sind alle Kinder einmal dran gewesen, ist noch Zeit für eine _Entspannungsübung._ Anschließend gibt es ein _Müslifrühstück._

Die Kinder organisieren das Mitbringen der Zutaten selbst. Sie haben eigene Schälchen und Löffel und können jetzt in Übungen des täglichen Lebens ihr _Handgeschick, die Auge-Hand-Koordination und die Regulierung ihres Muskeltonus_ üben: Müsli ins Schälchen füllen, Milchtüte öffnen, Milch aus der Tüte ins Schälchen gießen, das Müsli einigermaßen manierlich essen, schließlich das Schälchen und den Löffel abspülen – das alles sind Tätigkeiten, die noch geübt werden müssen.

Nach der Hofpause geht es dann weiter mit Arbeiten am Tisch im _Wahrnehmungsförderungsheft._ Dieses Element wurde eingeführt, weil die meisten

SchülerInnen Probleme mit der visuellen Wahrnehmung haben und die selbständige Arbeit (bzgl. Arbeitstempo und Art der Gestaltung) im Heft zu ersten Formen der Freiarbeit überleiten soll. Die Arbeit im Wahrnehmungsförderungsheft kann durch *differenzierende Aufgaben* ergänzt werden.

Ein kleiner, meist handlungsorientierter *'Mathe-Block'* mit der ganzen Klasse schließt sich an. Er endet mit der Bearbeitung eines Arbeitsblattes, das zu Hause fertig bearbeitet werden soll. Zu guter Letzt folgt nach gleichem Muster noch der kleine *'Lese-Schreib-Block'.*

Nach nun getaner harter Arbeit versammeln sich alle wieder im *Sitzkreis,* um den Tag kurz zu reflektieren ('Was hat Dir am meisten Spaß gemacht?'). Meist erinnern die SchülerInnen von sich aus nur Elemente der zweiten Morgenhälfte und gezielte Nachfragen nach Ereignissen der ersten Stunden sind nötig. Die *Reflexion* ist *eingebettet* zwischen den sich wiederholenden Strophen des *Schlußliedes* (lustbetontes Ende, um die Aufmerksamkeit noch einmal zu sammeln).

Innerhalb dieses unterrichtlichen Rahmens ist jetzt Platz für

3. Fördermaßnahmen mit der ganzen Klasse:

- **'Es rumpelt und pumpelt' – Rhythmik als Unterrichtsinhalt**

Rhythmus als elementares Lebensprinzip muß für jedes Kind erfahrbar gemacht werden, damit es seine Handlungen *zeitlich und räumlich ordnen* kann.

> *„Die Unfähigkeit, der eigenen Bewegung eine zeitliche Ordnung zu geben, ist ein Merkmal der Dyspraxie. Die Unfähigkeit, der Sprache eine zeitliche Ordnung zu geben, ist Bestandteil des Dysgrammatismus"* (ISB, 1992, S. 185).

Im *Morgenkreis* lassen sich rhythmische Fingerspiele einbauen, die die Fingergeschicklichkeit, Sprechfreude und die Lateralitätsentwicklung fördern.

Die SchülerInnen machen sich ein vorher aufgefädeltes Armband um die rechte Hand (Lateralität). Sie sprechen rhythmisch den Spruch „Erb/sen rol/len auf die Stra/ße und sind platt" (KJG, 1994, S. 154). Dann tippen sie dazu mit der rechten Hand rhythmisch einen Finger nach dem anderen auf ihren Oberschenkel (Fingergeschicklichkeit). Es folgt die linke Hand und bei „platt" schlagen die flachen Hände laut auf die Oberschenkel.

In der *Rhythmikgeschichte* 'Es rumpelt und pumpelt' haben wir an die Rahmenhandlung der 'Prinzessin Pfiffigunde' angeknüpft:

Spielform: Kreis, zwischen sechs SchülerInnen sitzt jeweils eine LehrerIn

	Förderbereiche	Aktivitäten	Rahmenhandlung
1	Lateralität/ Überkreuzen der Körpermitte

Auge-Hand-Koordination | Steine werden nach und nach im Kreis in der angegebenen Richtung weitergegeben | Es war einmal der König Pfiffikus, der hatte eine schlaue Tochter, sie hieß Prinzessin Pfiffigunde. Eines Tages schenkte er jedem Kind einen Edelstein.

Lied: 'Immer gleich im Rhythmus' |
| 2 | Lateralität

Taktile Wahrnehmung

Feinmotorische Koordination | Steinformen werden mit geschlossenen Augen erfühlt und dann in vorgegebener Richtung nach und nach zur LehrerIn zurückgegeben | Da wurde die Prinzessin plötzlich schwer krank und der Zauberer des Königs sagte: „Wenn mir jedes Kind seinen Stein gibt, werde ich die Prinzessin damit vielleicht heilen können, denn alle Steine zusammen haben eine große Heilkraft. Schließt jetzt die Augen und fühlt Euren Stein genau an, damit ihr ihn später als Euren Stein wiedererkennen könnt." |
| 3 | Lateralität

Taktiles Gedächtnis

Feinmotorische Koordination | Steine werden mit geschlossenen Augen in vorgegebener Richtung weitergegeben und sollen an ihrer Form wiedererkannt werden. | Bald schon war die Prinzessin Pfiffigunde geheilt und der Zauberer sprach: „Schließt jetzt Eure Augen. Ich werde Euch die Edelsteine wiedergeben, aber nur, wenn Ihr die Augen nicht öffnet und Euren Stein mit geschlossenen Augen erkennt." |
| 4 | Praxie/ Reihenfolgen bilden | Mit den Steinen werden nach Vorgaben Muster gelegt. | Die Kinder freuten sich sehr, als sie ihre Steine wieder hatten, aber sie dachten: „Wir suchen die Höhle des Riesen, da gibt es noch viel mehr Steine und die klauen wir ihm. Sie kamen an drei kleinen Häusern vorbei. (Drei Kinder, die kleine Steine haben, legen diese hintereinander auf die Erde – verbalisieren lassen). Dann kamen sie an vier großen Häusern vorbei, usw. Aber sie fanden die Höhle nicht und mußten den ganzen Weg wieder zurückgehen. (Anhand der Steine den Rückweg verbalisieren lassen). |

	Förderbereiche	Aktivitäten	Rahmenhandlung
5	Praxie/ rhythmische Reihenfolgen bilden Richtungshören/ auditive Figur-Grund- Wahrnehmung	Vorgegebener Rhythmus wird nachgeklopft. Klopfendes Gräusch der Steine muß vor dem schabenden Hintergrundgeräusch erkannt und lokalisiert werden	Endlich aber kamen sie in der Höhle des Riesen an. Der schnarchte fürchterlich (Steine aufeinanderreiben). Ganz hinten hörte man etwas klopfen, das klang wie „Komm herein" (rhythmisch zwei Steine gegeneinanderklopfen). Ein Kind war ganz mutig, es antwortete ... usw. In der Höhle wurde es immer dunkler, bis man gar nichts mehr sehen konnte (Augen verbinden). Das Kind ging immer dem Klopfen nach. Das Geräusch kam von ... (Richtung anfangs ansagen). Immer, wenn das Kind das Klopfen gefunden hatte, bekam es vom Klopfgeist einen Stein.
6	Körperschema	Form des Steins wird mit dem Körper nachgelegt	Plötzlich aber wachte der Riese auf. Er war schrecklich sauer und dachte sich etwas Fürchterliches aus: Er verwandelte jedes Kind in den Stein, den es sich geklaut hatte.
7	Praxie/ rhythmische Reihenfolgen Muskelspannung Feinmotorische Koordination	Sechs Kinder klopfen ihre Steine im vorgegebenen Rhythmus gegeneinander	Die anderen Kinder waren ganz traurig, daß sie nicht mehr mit den versteinerten Kindern spielen konnten und sie wollten den Riesen bitten, die Kinder zurück zu verwandeln. Der Riese schnarchte aber wieder ganz fest. Ein Kind klopfte an seine Tür, doch er hörte nichts, da kam das zweite Kind dazu, usw.
8	Kinästhetische Wahrnehmung Muskelspannung	SchülerInnen lassen sich wegrollen, bzw. rollen weg	Endlich wachte der Riese ein wenig auf und er war so verschlafen, daß er gar nicht merkte, daß er den Kindern das Geheimnis verriet: „Das geht ganz einfach, Ihr müßt nur die Kinder aus der Höhle rollen, dann werden sie wieder lebendig." Und genau so war es.

- **„Flieg' mit dem bunten Luftballon"** – **Übungen zur Normalisierung des Muskeltonus**

Für unsere SchülerInnen sind neben *kräftigenden Zug- und Druckübungen* besonders *Übungen zur Entspannung* wichtig.

Zug- und Druckerfahrungen im Bereich der Handmotorik werden gemacht, wenn die SchülerInnen ihre Kissen für die Entspannungsübungen selbst herstellen. Sie zupfen dazu gewaschene Schafwolle locker auseinander. Da die Wollhaare in unterschiedlichem Maß verfilzt sind, muß der Zug mal stärker und mal schwächer ausfallen. Anschließend wird die Wolle in die Kissenbezüge 'gedrückt', wobei die aufzuwendende Kraft wieder so gering ist, daß es nicht zu Verkrampfungen kommt, sie aber andererseits dem Material immer wieder neu angepaßt werden muß.

Als *Entspannungsübung* kann eine zu Beginn höchstens fünfminütige *Phantasiereise* folgen, deren Text der kindlichen Vorstellungswelt entsprechen muß. Ein wesentliches Moment für den Verlauf von Entspannungsprozessen ist die Umschaltung der Aufmerksamkeit von der Umgebung auf den eigenen Körper. Dies fällt hypotonen Kindern sehr schwer. Während der Geschichte wird daher im Hintergrund eine zum Thema (hier: Kirmes) passende, aber dennoch beruhigende Musik gespielt. Sie erfüllt dabei 'die Funktion eines Aufmerksamkeitsobjekts, das der Veränderung und nach Möglichkeit der Erweiterung des Wahrnehmungsfeldes dient' (vgl. Tischler, 1995, S. 24).

Musik: Yah Ribbon, eine ruhige Tanzmusik. Text: 'Im Riesenrad' aus *Meimberg* (1992, S. 51)

- **„Komm, wir streicheln die Sonne!"** – **Übungen zur Augenmuskelkontrolle**

Neben einem gezielten Augenmuskeltrainingsprogramm (z. B. vgl. Kiphard in: ISB, 1991, Anhang S. 7) und psychomotorischen Übungen (z. B. Rollbrett fahren auf dem Bauch) bieten sich kleinere spielerische Übungen während des normalen Unterrichts an. Beginnen sollten diese sehr anstrengenden Übungen mit einer *Entspannung der Kopf- und Nackenmuskulatur* (z. B. Kopfkreisen).

Bei *sonnigem Wetter* kann die folgende Übung im Stuhlkreis auf der kleinen, *abgeschiedenen Hoffläche vor der Klasse* durchgeführt werden:

Alle SchülerInnen 'gucken' mit geschlossenen Augen in die Sonne. Sie setzen sich eine imaginäre Feder auf die Nase und beginnen, mit dieser Feder den Sonnenrand zu streicheln – links und rechts herum (dient der

Lockerung der Nackenmuskulatur). Dann nehmen sie die Feder wieder ab und streicheln den Sonnenrand nur mit den Augen (darauf achten, daß der Kopf ruhig gehalten wird). Die Augenfolgebewegungen werden geübt und durch das Fixieren mit geschlossenen Augen *innerlich* wahrgenommen. Da starke visuelle Reize von außen fehlen, ist diese Übung für die SchülerInnen nicht so anstrengend. Die SchülerInnen setzen sich die Feder nun wieder auf die Nasenspitze und kitzeln die Sonnenstrahlen (Lockerung). Jetzt wird die Feder wieder abgenommen und die Augen tun das Gleiche (Kopf muß wieder ruhig gehalten werden, darauf aufmerksam machen, daß die Strahlen ganz lang sind, um Augenbewegungen bis zur Endstellung zu provozieren). Zum Abschluß bewegen die SchülerInnen ihre gespreizten Finger einige Minuten vor den geschlossenen Augen hin und her und beobachten innerlich die entstehenden Farben. Zur Erholung lassen sie ihre Augen anschließend in der Dunkelheit der geschlossenen Handflächen ruhen.

Mit dieser Übung wird nicht nur die Augenmuskelkontrolle, sondern die Sehfähigkeit insgesamt gefördert, denn

> „durch das Drehen des Kopfes um die Sonne herum haben die Sonnenstrahlen Gelegenheit, durch die geschlossenen Augenlider alle Bereiche der Netzhaut zu berühren und so die auf der Netzhaut befindlichen Sehzellen zu stimulieren" (Gillessen/Werkmeister, 1995, S. 150). „Das Sonnenlicht stimuliert außerdem über den großen Sehnerv den Hypothalamus und wir werden fröhlicher, ausgeglichener und aufnahmefähiger" (ebd. S. 149).

- **'Fang Dir einen!' – Übungen zur Auge-Hand-Koordination**

Übungen zur Auge-Hand-Koordination im Sitzkreis können z. B. *'Weitergebspiele'* (z. B. schmale Holzstäbchen als „heiße Pommes" mit der Zuckerzange aufnehmen und weitergeben) oder *bewegungsorientiertere Spiele* sein.

Die SchülerInnen sitzen im Sitzkreis, werfen sich ein Stofffrisby zu und versuchen, es mit einer Hand aufzufangen. Oder sie spielen mit einem Luftballon im Kreis 'Volleyball'. Diese Übung kann mit musikalischer Begleitung noch interessanter gestaltet werden. Einige SchülerInnen stehen außerhalb des Sitzkreises und spielen auf einem Stabspiel oder Rhythmusinstrument (auch das gilt es an der richtigen Stelle zu treffen!) einen bestimmten Ton, sobald die jeweils von ihnen ausgewählte SpielerIn den Ball hat. Wenn die SchülerInnen ruhig spielen, können sie eine interessante Begleitmelodie hören.

Im *Kunstunterricht* ergeben sich viele Möglichkeiten zur Förderung der Auge-Hand-Koordination und zur *Förderung der Feinmotorik der Hand* (z. B. Ausschneide-, Klebe- und Faltarbeiten).

Zur Lockerung der Handgelenke aber auch zur Förderung der Zusammenarbeit der beiden Hirnhälften dient das schwungvolle Malen großer liegender Achten z. B. in Kleisterpapiertechnik (vgl. Brüggebors, 1996, S. 111).

Eine SchülerIn malt mit Ölkreide (gleitet fließender übers Papier als Wachsmalkreide) auf einer 1x2 Meter großen Fläche (unbedrucktes Zeitungspapier wurde auf einem alten Türblatt befestigt) freihändig parallele Wellenlinien, die sich annähernd rechtwinklig kreuzen (vgl. Milz, 1996, S. 283). Zwei andere SchülerInnen malen die entstandenen Felder nach einem bestimmten Muster an, z. B. 2 dunkelblau, 3 mittelblau, 1 hellblau (*Bilden von Reihenfolgen*). Eine blaue und eine grüne Reihe wechseln sich ab. Die anderen SchülerInnen der Klasse falten Schiffchen aus bemaltem Zeitungspapier, an denen ein Band befestigt wird. Fertig ist ein Spiel, das die *Auge-Hand-Koordination* und die *Handgelenkbeweglichkeit* schult, wenn die Schiffchen durch Aufrollen des Bandes auf ihrer Wellenreihe zur SpielerIn hingezogen werden.

- **Lalilu, der Mann im Mond – Übung zur Raum-Lage-Wahrnehmung**

Die Aufgaben zur visuellen Raum-Lage-Wahrnehmung im Wahrnehmungsförderungsheft können ergänzt werden durch Elemente spezieller Förderprogramme zur Raum-Lage-Orientierung.

In dem Programm von Röttgen/Müllenbruch (1997) wird das Richtungsgefühl ' ... von der Orientierung am eigenen Körper über die Lokalisation körperfremder Objekte bis zum Hineinversetzen in den Standpunkt eines Partners' geübt (vgl. S. 13). In der Einheit 'Füße' wird beispielsweise auf lustvolle und kindgerechte Art über die taktil-kinästhetische Wahrnehmung die Seitigkeit der eigenen Füße erfahren, anschließend wird die Seitigkeit der Füße des gegenübersitzenden Kindes benannt und zum Abschluß werden in einem Arbeitsblatt Richtungen von Fußabdrücken zugeordnet (vgl. S. 45-87).

Im Sprachunterricht kann das Zusammenschleifen der Buchstaben in Zusammenhang mit der Förderung der Raum-Lage-Wahrnehmung geübt werden.

Im Sitzkreis singen die SchülerInnen das Lied 'Lalilu, der Mann im Mond'. Dabei werden Duplosteine verteilt, die mit den Buchstaben L, A, I, und U beklebt sind. Die LehrerIn spricht 'LA' vor und zeigt die dazugehörigen Lautgebärden. Eine SchülerIn nimmt sich die passenden Duplosteine, spricht die Einzellaute, baut die Steine richtig herum zusammen (Förderung der visuellen Raum-Lage-Wahrnehmung und der feinmotorischen Koordination) und schleift dabei die Laute zusammen. Andere SchülerInnen verfahren genauso mit den Silben 'LI', 'LU' bzw. mit 'LALI', 'LALILU'. Am Tisch wird in der nächsten Stunde ein Arbeitsblatt zum Mann im Mond bearbeitet, die SchülerInnen summen den Refrain des Liedes mit den LehrerInnen schon leise mit. Anschließend legen sich jeweils zwei SchülerInnen in Form eines der Buchstaben bäuchlings auf den Boden und verbalisieren dabei ihre Handlung „Leg' Dich rechts von mir hin" (Förderung der Raum-Lage-Wahrnehmung). Ein drittes Kind prüft, ob alles stimmt. Zwei SchülerInnen mit guter vestibulärer Wahrnehmung machen die Übung zusammen in der Vertikalen.

In unserem normalen Unterrichtsalltag sind auch Fördermaßnahmen mit einzelnen SchülerInnen möglich:

4. Zum Beispiel: Fördermaßnahmen für Daniel, den 'Hilfsbedürftigen'

> 'Der Hilfsbedürftige hat sich darauf spezialisiert, jemanden zu finden, der ihm bei der Lösung seiner Probleme hilft' (vgl. Milz, 1996, S. 237).

Daniel wächst als Nachkömmling mit zwei erwachsenen Brüdern auf. Er konnte erst mit 6,5 Jahren den Kindergarten besuchen, da er vorher noch nicht trocken war.

Hilfsbedürftig erschien Daniel vom ersten Schultag an: Beim Verlassen des Klassenzimmers standen der Mutter die Tränen in den Augen und Daniels letzter schutzsuchender Blick war wirklich herzzerreißend. Um so erstaunlicher, daß er bereits am zweiten Tag – immer noch von der Mutter bis an seinen Platz gebracht – einen Freund gefunden hatte und sich in der Klasse recht wohl zu fühlen schien. Dennoch ist Daniel bis heute kaum in der Lage, eine selbständige Handlung durchzuführen, ohne sich dreimal (bei jeder Lehrkraft einzeln) rückzuversichern. Er scheint ein sehr schwaches Selbstbewußtsein zu haben und wundert sich dann des öfteren über seine eigenen Fähigkeiten: Im Sportunterricht z. B. fängt er nicht an, zu balancieren, ohne sich die Hand der LehrerIn als Hilfe geben zu lassen. Probiert er es dann nach langem Überreden endlich alleine, ist er unglaublich stolz, es als einer der besten geschafft zu haben.

Daniel ist einer der leistungsschwächeren Kinder der Klasse 1/2. Auffallend ist, daß er fast nie eine Arbeitsanweisung, die frontal der ganzen

Klasse gegeben wird, beim ersten Mal mitbekommt. Daniel schreibt oft Buchstaben und Zahlen seitenverkehrt und hat Schwierigkeiten, die Formen im Wahrnehmungsförderungsheft genau aus- oder nachzumalen, ohne die Linie zu überschreiben. Besonders fällt dies bei dreieckigen Formen auf. Daniel dreht dann das Arbeitsheft oder ändert seine Körperhaltung. Er kann die bisher eingeführten vier Buchstaben nicht sicher mit den entsprechenden Lauten in Verbindung bringen, kennt aber die zum Buchstaben gehörende Lautgebärde. Addition und Subtraktion im Zahlenraum bis 5 beherrscht er recht sicher, verwechselt allerdings die beiden Rechenarten, wenn sie in gemischten Aufgaben vorkommen. Sind in dem Wahrnehmungsförderungsheft Aufgaben zu lösen, die eine bestimmte Reihenfolge betreffen, z. B. drei Bilder in der richtigen Reihenfolge ordnen, so wird Daniel vor große Probleme gestellt. Er braucht lange, bis er den Sinn der Aufgabe versteht und kann sie auch dann nicht lösen. Rhythmisches Klatschen oder rythmische Bewegungen zum Singen oder zur Musik auf Cassette fallen Daniel ziemlich schwer, obwohl er immer mit viel Begeisterung dabei ist. Gibt man ihm mehrere Aufträge hintereinander (z. B. Jacke aufhängen, Schuhe ausziehen, Aufgabenheft aufs Pult legen, in den Sitzkreis setzen), so kann er sie nicht in der richtigen Reihenfolge ausführen, obwohl sie sich täglich in der gleichen Form wiederholen. Ändern sich tägliche Abläufe, so braucht Daniel besonders lange, um sie zu verstehen.

Am auffälligsten sind jedoch Daniels Schwierigkeiten im sprachlichen Bereich. Er spricht sehr laut (man kann fast sagen, er schreit die Wörter heraus) und dysgrammatisch (mittelschwere Form vgl. Wirth, 1983, S. 278) mit einer ausdrucksarmen Sprachmelodie. Er stammelt, wobei Auslassungen, Angleichungen (z.B. Eibenbahn) und Ersetzungen durch eigensprachliche Lautformen auftreten (ebd., S. 225ff.).

Für Daniels Lernverhalten lieferten die Ergebnisse des Verfahrens 'Diagnostik mit Pfiffigunde' qualitativ gute Erklärungsmöglichkeiten, die sich aus der normalen Unterrichtsbeobachtung nicht ergeben hatten. Es wurden komplexe Zusammenhänge besonders in Bezug auf Daniels Körperschema deutlich. Da von den drei basalen Wahrnehmungsbereichen, auf die das Körperschema aufbaut, der taktile und vestibuläre Bereich unauffällig sind, kann bei Daniel von einer Störung der kinästhetischen Wahrnehmung ausgegangen werden. Auswirkungen des gestörten Bereiches zeigen sich in Bezug auf seine Persönlichkeitsbildung und auf sein schulisches Leistungsvermögen. Sie können insbesondere erklären, warum

- Daniel Buchstaben so oft vertauscht,
- er Formen im Wahrnehmungsförderungsheft schlecht ausmalen kann,
- er besonders Dreiecke nicht gut nachmalen kann und

- ihm Reihenfolgen aller Art Schwierigkeiten machen (im Rechnen Subtraktion im Wechsel mit Addition, Arbeitsaufträge in der richtigen Reihenfolge ausführen, sich auf veränderte Abläufe einstellen).

Daniels schlecht ausgebildetes Körperschema *beeinträchtigt* besonders seine *Bewegungskoordination*. Sowohl in der Auge-Hand-Koordination als auch in der grobmotorischen Koordination, der feinmotorischen Koordination der Hände und des Mundes sind schwerwiegende Ausfälle zu beobachten. Im auf das Körperschema aufbauenden Bereich der Praxie zeigt Daniel ebenfalls leichte Schwächen. Zum Aufbau von Daniels Körperschema sind psychomotorische und rhythmische Übungen sicherlich gut geeignet. Sie können über den Aufbau von Daniels Körperbewußtsein positiv auf sein Selbstbild und *Selbstbewußtsein* wirken und ihm möglicherweise zu mehr Selbständigkeit verhelfen. Hier ist ebenfalls ein vordringlicher Förderbedarf offensichtlich.

Die Ausbildung der *Lateralität* erfolgt sowohl über den Gleichgewichtssinn als auch über die kinästhetische Wahrnehmung. Da im Bereich Gleichgewicht bei Daniel keine Auffälligkeiten zu beobachten waren, ist anzunehmen, daß Probleme bei Daniels Lateralitätsentwicklung ebenfalls von seiner gestörten kinästhetischen Wahrnehmung herrühren können. Im visuellen Wahrnehmungsbereich wirken sich diese Probleme in der Raum-Lage-Wahrnehmung aus. Eine Förderung dieses Bereiches sollte daher im kinästhetischen Bereich – am Körper orientiert– ansetzen, und *auf Daniels Stärken, der vestibulären und der taktilen Wahrnehmung, aufbauen.* Eine Verbesserung von Daniels Lateralitätsentwicklung hat insofern gute Chancen auf Erfolg, als die *grundlegende Hirnentwicklung schon stattgefunden hat.* (Es finden sich keine Auffälligkeiten im Bereich Seitendifferenzen, Mitbewegungen und nur vereinzelt im Bereich Bilateralintegration.)

Die Schwierigkeiten bei der Bildung seines Körperschemas beeinträchtigen Daniel möglicherweise auch noch gravierend auf anderer Ebene, nämlich bei seiner *Sprachentwicklung.* Inwieweit seine verzögerte Sprachentwicklung ihrerseits zu einer *verspäteten Dominanzentwicklung* beigetragen hat, muß Hypothese bleiben, relativ sicher ist aber erwiesen, daß eine intakte *kinästhetische Wahrnehmung Voraussetzung zum Aufbau symbolischer Repräsentationen,*wie es Sprache ist, unerläßlich ist. Auf die Bedeutung des *Körperschemas für die Sprechfähigkeit* und den Einfluß beeinträchtigter Bewegungsabläufe auf einen gleichmäßigen *Sprachfluß* wurde schon hingewiesen. Besonders wichtig erscheint es mir jedoch, sich nochmals klar zu machen, wie sehr die Sprachentwicklung durch die *Verbindung einer auditiven Gedächtnisschwäche mit einer Praxie* beeinträchtigt wird. Bei einer Förderung des auditiv-sprachlichen Bereiches kann versucht werden, von Daniels *Stärke, dem vestibulären System auszugehen*, da hierüber evtl. auch der *benachbarte auditive Bereich* positiv beeinflußt werden kann. Eine Förderung des sprachlichen Bereichs sollte sich auch Daniels gut entwickelte Fingermotorik zu Nutze machen, da Übungen zur *Fingergeschicklichkeit positiven Einfluß auf die Sprachentwicklung haben können.*

Im auditiven Bereich ist besonders das Gedächtnis zu fördern, damit Daniel lernt, den Buchstaben auch die richtigen Laute zuzuordnen. Dabei kann sein gutes visuelles Gedächtnis unterstützend wirken. Eine Förderung der auditiven *Figur-Grund-Wahrnehmung* trägt möglicherweise dazu bei, daß sich Daniels *schreiende Art zu sprechen* normalisiert. Da Lautdifferenzierungen Daniel anscheinend weniger Probleme machen[1] und auch das grobe Richtungshören intakt ist, könnte es sich bei seiner gestörten Figur-Grund-Wahrnehmung um ein Problem der auditiven Aufmerksamkeit (evtl. mit verursacht durch seine schwache Muskelspannung) in Verbindung mit *leichten* Schwächen in der Lautdifferenzierung und im Richtungshören handeln. Eine genaue audiometrische Untersuchung ist wegen der Bedeutsamkeit dieser Fähigkeit für die Sprachentwicklung allgemein, aber auch für das 'Mitbekommen' verbaler Anweisungen im Unterricht, angeraten.

Daniels visuelle Raum-Lage-Wahrnehmung kann mit Hilfe seiner guten taktilen und vestibulären Wahrnehmung gefördert werden. Der visuelle Bereich wird auch von einer Förderung des Körperschemas profitieren (Verbesserung der Koordinationsfähigkeit und der Raum-Lage-Wahrnehmung).

Nach der Auswertung und Interpretation der Ergebnisse der 'Diagnostik mit Pfiffigunde' entwickelten wir die nötigen

Fördermaßnahmen für Daniel:

Für Daniel ist die Förderung seines Körperschemas von vorrangiger Bedeutung. Die folgenden Übungen zum Körperschema beziehen sich auf die Stellung seines Körpers und auf seine Körperformen und können im Morgenkreis durchgeführt werden.

Eine *Schülerin* nimmt unter einem Bettuch eine bestimmte Stellung ein. Diese wird von Daniel ertastet und nachgeahmt. Auch das Gelenkmännchen Jonny kann bestimmte Stellungen vormachen, die Daniel nachmachen soll.

---

[1] Bei der Durchführung des in Kap. 4.4.8 erwähnten Lautdiskriminierungstests nach *Breuer/Weuffen* (1993) zeigte Daniel nur eine Unsicherheit, und zwar in der Aufgabe, bei der sich die Endlaute unterscheiden – Satt – Sack.

Seine *Körperformen* kann Daniel erfahren, indem er seine Konturen mit einem Ball umrollt. Oder indem er die Rolle des Teiges in der folgenden Geschichte übernimmt:

Zwei Kinder kneten als Bäcker den Teig. Dann formen sie ihren Teig zu einem Lebkuchenmann (der muß nun seine Augen schließen, denn die Augen bekommt er erst zum Schluß). Noch ist der Teig locker (Muskulatur entspannt). Dann wird der Teig in den Ofen geschoben (gezogen) und in der warmen Ofenluft gebacken (SchülerInnen pusten Daniel an einer Stelle an, er muß sagen, wo er jetzt gerade gebacken wird). Durch Anheben der Körperteile testen die Bäcker, ob der Teig schon gebacken ist (Muskeln kontrahieren). Aus dem Ofen gezogen, wird der Lebkuchenmann mit einem Pinsel (weicher Staubpinsel) mit Zuckerguß bestrichen (von Daniel verbalisieren lassen, wo er bestrichen wird). Zum Schluß wird er mit Rosinen verziert (Druckpunkte wieder benennen lassen) – vgl. ISB, 1992, S. 174.

Zur Förderung der <u>Mundmotorik</u> darf Daniel die Gummibärchengymnastik machen.

Daniel bekommt ein Gummibärchen in den Mund und muß dessen Beine, Arme, Bauch und Rücken mit der Zunge betasten. Er muß es im Mund drehen und nur seine Beine herausgucken lassen und das alles, ohne daß es ihm aus dem Mund fälllt.

Zusammen mit einer anderen SchülerIn kann er den Autopusteführerschein machen.

Ein leichtes Plastikauto muß mit einem Klistierball (Handmotorik) oder mit einem Strohalm (Mundmotorik) durch eine Landschaft mit Hindernissen (Brücken, etc.) gepustet werden.

Zur Kräftigung von Daniels Mundmuskulatur eignet sich das Knopfspiel, das er mit einer PartnerIn spielen kann.

Zwei Knöpfe sind durch einen Faden verbunden. Jedes Kind nimmt einen Knopf so in den Mund, daß es ihn nur mit den Lippen festhält. Ziel des Spiels ist, dem anderen den Knopf aus den Lippen zu ziehen.

Als weitere Partnerübung bietet sich eine Ballmassage an. Als 'Gebender' wird Daniels Handmuskulatur, als 'Nehmender' sein Körperbewußtsein gestärkt. Während all dieser Übungen kann der Morgenkreis mit den anderen SchülerInnen fortgeführt werden.

In Verbindung mit dem Körperschema wird die Mundmotorik in den Mitmachgeschichten von *Gisela Röttgen* (1995) gefördert. Eingebettet in eine Tiergeschichte wird die Mundmotorik durch das Erzeugen verschiedenster

Tierlaute und das Körperschema durch das Nachspielen der Körperhaltung der Tiere geübt. Manche Bewegungsformen werden auch in Form von Fingerspielen nachgeahmt. Die Geschichten können von der ganzen Klasse oder mit verteilten Rollen gespielt werden. Für Daniel ist besonders bedeutsam, daß sie gezielt dem handelnden Spracherwerb dienen. Sie motivieren die Kinder zu sprachlichen Äußerungen und helfen, ihren Wortschatz zu erweitern durch die Verbindung des gesprochenen Wortes mit der eigenen Handlung.

Daniels Auge-Hand-Koordination kann mit Hilfe seines guten vestibulären Systems durch Balancierübungen verbessert werden.

Das Doppelblatt einer Zeitung wird der Länge nach zu einem Stab aufgerollt. Nun kann Daniel einen Luftballon auf dem waagerecht gehaltenen Stab balancieren und diesen dabei an beiden oder nur an einem Ende festhalten. Der Luftballon kann auch auf dem Stabende gehalten werden (vgl. Zimmer, 1996, S. 57).

Die Förderung von Daniels auditivem Gedächtnis kann unter Einbeziehung seiner guten vestibulären Wahrnehmung erfolgen. Bei der folgenden Übung wird zusätzlich noch das Einhalten von Reihenfolgen geübt.

Auf den Fußboden sind mit Kreppband schachbrettartig Quadrate geklebt. Ein 'Weg' wird vorgesprochen und muß von Daniel auf dem Band balancierend zurückgelegt werden, z. B. „Erst zwei nach links, dann drei nach rechts", usw.

Im nächsten Beispiel werden auch Reihenfolgen geübt, diesmal müssen akustische Informationen mit visuellen in Verbindung gebracht und behalten werden.

12-15 Memory-Karten (entweder mit Bildern, Buchstaben oder Zahlen) werden in einem regelmäßigen Rechteck offen ausgelegt und dann mit einem Karton verdeckt. Drei Begriffe, Buchstaben oder Zahlen werden vorgesprochen, die Abdeckung wird entfernt und Daniel soll die entsprechenden Karten in der richtigen Reihenfolge herauslegen.

Nicht nur der Morgenkreis, sondern auch der Musikunterricht bietet viele Möglichkeiten zur Übung der auditiven Wahrnehmung. Das Richtungshören und die auditive Figur-Grund-Wahrnehmung wird beispielsweise beim Suchen des Instrumentenpartners oder beim Durchschreiten einer Geräuschgasse mit geschlossenen Augen gefördert. Im folgenden Spiel ist es wichtig, seinen eigenen Namen (Figur) vor dem Hintergrund der gleichzeitig ertönenden anderen Namen zu hören. Außerdem wird das auditive Gedächtnis in Verbindung mit dem visuellen Gedächtnis geschult, indem man sich die weitergegebenen Gegenstände zu merken versucht.

Alle SchülerInnen stehen in einem Kreis, jede merkt sich den Namen ihrer rechten NachbarIn. Dann verteilen sich alle im Raum. Die LehrerIn gibt nun nacheinander verschiedene Gegenstände ihrer rechten NachbarIn (der aus dem Kreis) weiter und benennt dabei den Gegenstand, z. B. „Daniel, ich gebe Dir einen wunderschönen Ball". Daniel gibt nun den Ball mit dem gleichen Text an seine rechte KreisnachbarIn weiter, usw. Inzwischen hat die LehrerIn aber schon den nächsten Gegenstand nach demselben Muster weitergegeben und das Spiel setzt sich fort. Am Ende werden alle Gegenstände eingesammelt und Daniel soll sich erinnern, was er (*sie*) alles in den Händen hatte (vgl. Seidl-Jerschabek, 1996, S. 134 f).

5. Ausblick und 'Pfiffigunde allein'

Die hier beschriebenen Fördermaßnahmen mit der ganzen Klasse oder speziell für Daniel sind beispielhaft für eine Fülle von Möglichkeiten zur gezielten Förderung von Kindern mit Integrationsstörungen. Cárdenas (1996[4]) selbst gibt in ihrem Buch zu jedem Förderbereich umfangreiche Literaturangaben. Mir kam es vor allem darauf an, zu zeigen, daß solche individuellen Fördermaßnahmen bei einer entsprechenden Struktur des Unterrichts durchaus in den normalen Alltag einzubauen sind, ohne daß zusätzliche Förderstunden nötig sind. Es ist allerdings fraglich, ob das hier dargestellte Unterrichtskonzept auf alle Eingangsklassen einer Schule für Lernbehinderte übertragbar ist, da der mit der Durchführung des Konzeptes verbundene Zeitaufwand sehr hoch ist. Dies betrifft sowohl die Entwicklung der individuellen Fördermaßnahmen als auch die Durchführung des Beobachtungsverfahrens selbst. Hier wird oft schon als Hinderungsgrund genannt, man habe ja gar nicht die personellen Möglichkeiten, um ein solches Verfahren überhaupt durchführen zu können, da man nicht im Team arbeite. Eine Möglichkeit, das Problem zu lösen, ist, die Geschichte von Prinzessin Pfiffigunde so umzugestalten, daß sie auch von einer LehrerIn gespielt werden kann. Die Lebendigkeit der Geschichte leidet naturgemäß, da die Kamera möglichst oft an einem festen Platz stehen muß, damit das Ganze alleine zu bewältigen ist. Ein Beispiel für diese Spielmöglichkeit möchte ich dennoch geben, um allen Mut zu machen, ihren eigenen Weg zur Prinzessin Pfiffigunde zu suchen!

Die Nummern beziehen sich auf die Beobachtungssituationen, wie sie in dieser Arbeit verwendet wurden und werden nun in der Reihenfolge ihres Vorkommens in der veränderten Geschichte aufgelistet.

Pfiffigunde allein

Die Nummern beziehen sich auf die Beobachtungssituationen, wie sie in dieser Arbeit verwendet wurden und werden nun in der Reihenfolge ihres Vorkommens in der veränderten Geschichte aufgelistet.

Nr.	RAHMENHANDLUNG/BEOBACHTUNGSHILFEN	Kameraeinstellung
1	Beobachtung ohne Kamera, da eine lange Zeit zum Beobachten vorhanden ist und man solche Beobachtungen auch im Sportunterricht beim Umziehen machen kann.	
3, 5-7	Beobachtungssituationen am Tisch durchführen.	Naheinstellung
8, 8a	Ohne Kamerabeobachtung, Ergebnis in die Kamera sprechen.	s. o.
11-13	Bei Nr. 13 Tastbox auf den Tisch stellen.	s. o.
14	Übergang zum Weitwinkel.	
15, 16, 9, 10, 17, 18, 19	Alles geschieht auf dem Weg zum Riesen.	Weitwinkel
2	„Zeigt dem Riesen, wie groß ihr im Sitzen seid!"	s. o.
4	„Zeigt dem Riesen, wie stark ihr seid!"	s. o.

21, 22, 24	wie üblich.	s. o.
28, 25	„Die Hexe bewacht das Drachenschloß, ihr müßt sie einschläfern, dann findet ihr unter ihr Zauberplätzchen. Dann krabbelt ihr zu ihr (sicherheitshalber) , damit sie denkt, ihr wäret Drachenkinder." Ritter holen sich die Zauberplätzchen.	s. o.
29	„Das Drachentor geht erst auf, wenn es klingelt. Legt Euch solange schlafen, um Euch auszuruhen!"	s. o.
30, 31	Es klingelt, weiter wie üblich.	s. o.
20, 21a	Hinter dem Drachentor erscheint ein Wärter. „Was, ihr wollt herein? Löst mir erst mal zwei Rätsel!" – Arbeit am Tisch.	Naheinstellung
27	„Zeigt mal eure Geschenke für die Drachen! Das für den Drachenvater muß noch fertig werden!"	s. o.
23	„Jetzt brauche ich noch Ausweise."	s. o.

Literatur

Ayres, A. J.: Lernstörungen, Springer-Verlag, Berlin, 1979

Ayres, A. J.: Bausteine der kindlichen Entwicklung, Springer-Verlag, Berlin, 1984

Brand, Ingelind, Breitenbach, Erwin, Meisel, Vera: Integrationsstörungen, Edition Bentheim, Würzburg, 1995

Brand, Ingelind: Förderung integrationsgestörter Kinder im Schulunterricht, in: Doering, W. und W., Sensorische Intergation, 3. Auflage, Borgmann-Verlag, 1996, S. 49-86

Breitenbach, Erwin: Unterricht in Diagnose- und Förderklassen, Klinkhardt-Verlag, Bad Heilbrunn, 1992

Breitenbach, Erwin: Material zur Diagnose und Therapie auditiver Wahrnehmungsstörungen, Edition Bentheim, Würzburg, 1995

Breitenbach, Erwin: Auf neuen Pfaden zu alten sonderpädagogischen Prinzipien, in: Zeitschrift für Heilpädagogik, Heft 10, 1996, S. 408-418

Breuer, Helmut, Weuffen, Maria: Leseschwierigkeiten am Schulanfang, Beltz-Verlag, Weinheim, 1993

Brüggebors, Gela: Einführung in die Holistische Sensorische Integration, Teil 1, Borgmann-Verlag, Dortmund, 1992

Brüggebors, Gela: So lernen Kinder besser, Rowolt-Taschenbuch-Verlag, Reinbeck, 1996

Cárdenas, Barbara: Diagnostik mit Pfiffigunde 4. Auflage, Borgmann-Verlag, Dortmund, 1996

Gillessen, Wolfgang, Werkmeister, Elke: Spielend besser sehen, in: Heitkämper, Peter (Hrsg.), Mehr Lust auf Schule, S. 145-155, Junfermann-Verlag, Paderborn, 1995

ISB, Hrsg.: Musik- und Bewegungserziehung, Würzburg, 1992

Kesper, Gudrun, Hottinger, Cornelia: Mototherapie bei sensorischen Integrationsstörungen, Ernst-Reinhard-Verlag, München, 1994

Kiese-Himmel, Chr.: Taktil-kinästhetische Wahrnehmung, in: Pediatrics and related topics, Jg. 34, 1995, Heft 2, S. 135-144

KJG, (Hrsg.): Knackfrosch, KJG-Verlagsgesellschaft, Düsseldorf, 1994

Meimberg, Christel: Inseln der Ruhe, Eigenverlag, Bielefeld, 1992

Milz, Ingeborg: Neuropsychologie für Pädagogen, Borgmann-Verlag, Dortmund, 1996

Röttgen, Gisela: Spielerlebnisse zum handenden Spracherwerb, Borgmann-Verlag, Dortmund, 1995

Röttgen, Gisela, Müllenbruch, Margit: Ort und Richtung, Borgmann-Verlag, Dortmund, 1997

Seidl-Jerschabeck, Gabriele: Spiele zur Förderung der auditiven Wahrnehmung, in: Rohde-Köttelwelsch, Esther (Hrsg.), Sehen, Spüren, Hören, Borgmann-Verlag, Dortmund, 1996, S. 131-140

Tischler, Björn: Musik aktiv erleben, Diesterweg-Verlag, Frankfurt/M, 1995

Ullmann, Edwin: Teilleistungsstörungen, in: Unterrichten und Erziehen, Heft 1, 1995, S. 56-59

Zimmer, Renate: Kreative Bewegungsspiele, Herder-Verlag, Freiburg, 1996

Sigrid Bergsch

Pfiffigunde an einer Schule für Geistig Behinderte: Hilfe bei 'Grenzfällen' und Förderbedarfserstellung

Hintergrund

Die Diagnostik mit Pfiffigunde führte ich an der Sonderschule für geistig Behinderte, Christophorusschule in Düren durch.

Die Schüler werden uns nach Durchführung des VO-SF [1] zugewiesen und durchlaufen in ihrer Schulzeit Unter-, Mittel-, Ober- und Werkstufen. Die Schüler verbleiben mindestens zwei Jahre in jeder Stufe. Nur in Ausnah-

---

[1] Erläuterung des Begriffs VO-SF s. Text von Susanne Pietsch (Glossar).

mefällen wechselt ein Schüler innerhalb einer Stufe seine Klasse. Die Klassenzusammensetzung ist heterogen, d.h., daß sowohl schwerstbehinderte Schüler als auch Schüler aus dem sogenannten Mittelbereich sowie die sogenannten Grenzfälle zur Lernbehinderung in einer Klasse unterrichtet werden. Zur Einschätzung des Förderbedarfs für den einzelnen Schüler erhält die Schule zum Beginn einer Schullaufbahn das sonderpädagogische Gutachten, das im Rahmen des VO-SF vor Schulbeginn erstellt sein sollte. Der festgestellte Förderbedarf wird jährlich überprüft.

Zum Schuljahr 97/98 wurde an unserer Schule zusätzlich eine Vorstufenklasse eingerichtet, in der ich eingesetzt wurde. Fünf Schüler sollten ihr erstes Schuljahr in dieser Klasse verbringen; ein weiterer Schüler befand sich bereits im zweiten Schuljahr.

Ich brauchte zunächst sechs Monate, um den Entwicklungsstand der Schüler vage einschätzen zu können, da die personelle Situation wenig diagnostische Möglichkeiten zuließ.

Die Einschätzung der Schüler basierte in dieser Zeit auf Beobachtungen und Videoaufnahmen aus der Unterrichtssituation und bei sensorischen Spielangeboten – und aus dem, was ich den Akten bezüglich der Gutachten zu den VO-SF entnehmen konnte. (Für zwei Schüler lagen allerdings keine Gutachten vor). Die Beobachtungen in Unterrichtssituationen gestalteten sich schwierig und verlangten von mir kaum zu leistende Gedächtnisleistungen, weil ich als Aktive im Unterrichtsgeschehen selbst nicht in der Lage war, Beobachtetes zu dokumentieren.

Videoaufnahmen machte ich mal mehr – mal weniger. Hierbei mußte die Kamera mit Stativ ihren festen Platz haben und zwar so, daß die Schüler nicht darüber fallen konnten.

Als Akteurin im Unterricht konnte ich die Kamera nicht gleichzeitig handhaben. Die Schüler bewegten sich mehr oder weniger zufällig im Aufnahmebereich.

Gute Fortschritte durch Videoaufnahmen erzielten wir in der Diagnostik mit Jan, einem schwerstbehinderten Schüler im zweiten Schuljahr. Dies war aber nur möglich, weil eine Praktikantin im Rahmen ihrer ersten Staatsprüfung für das Lehramt für Sonderpädagogik ihre Hausarbeit 'Zur Bedeutung der Beziehung im Rahmen kommunikativer Förderung von Kindern mit schwerer geistiger Behinderung – aufgezeigt am Beispiel von Jan -' schrieb, für die zunächst einmal eine umfassende Diagnostik erforderlich war. Hierbei konnten durch die engagierte Arbeit der Praktikantin und ihrer guten Zusammenarbeit mit mir gezielt Entwicklungsniveaus mittels Videoaufnahmen ermittelt werden und ausgehend von dieser präzisen Einschätzung konnte Jan dort abgeholt werden, wo er stand und erhebliche Entwicklungsfortschritte machen.

Leider entsprach/entspricht dies nicht der Alltagssituation. Selbst bei der Arbeit mit Jan hatte ich oft ein schlechtes Gewissen, weil aufgrund der personellen Situation fünf andere Schüler 'zu kurz kamen.'
Die statisch aufgenommenen Videobänder für diese Schüler waren für eine Diagnostik unzureichend, gaben allerdings Gelegenheit zu Bewegungsanalysen und eine gute Grundlage für die Elternarbeit ab.

Die Gutachten für die VO-SF, die ich zur Einschulung erhielt, enthielten bezüglich der Diagnostik lediglich Verhaltensbeobachtungen, Berichte aus den Kindergärten und – teilweise – medizinische Gutachten.

Es ist nicht festgelegt, wie ein Gutachter methodisch vorgeht, um die optimalen Fördermöglichkeiten für ein Kind festzustellen. Diese freie Handhabe birgt die Gefahr einer unpräzisen Beurteilung – teilweise war schon aus den Elterngesprächen und den Kindergartenberichten eine Diskrepanz ersichtlich, der im einzelnen Fall genauer nachgegangen werden mußte.
Einen hohen informativen Gehalt hatten für mich die Berichte aus den Kindergärten. Sie waren jedoch z.T. sehr positiv geschrieben und widersprachen meinen Beobachtungen aus Unterricht und Videoaufnahmen, so daß ich Konkretes doch immer wieder in den einzelnen Kindergärten erfragen mußte, was sich insgesamt über ein halbes Jahr hinzog. Hier wäre es sinnvoll, schon vor der Einschulung ein Video aus dem Kindergarten zu erhalten, wie es von einem Kindergarten der Lebenshilfe hier in Düren schon einmal angeregt wurde.
Ihnen könnte man aufschlußreiche Einsichten zur Sozialkompetenz und zum Bewegungsverhalten entnehmen. So stellt sich z.B. die tatsächliche Sozialkompetenz eines Schülers, erworben in 2-3 Jahren Kindergartenzeit, sicher auf den im Kindergarten erstellten Videoaufnahmen anders dar als in der – mehr oder weniger langen Eingewöhnungsphase zu Beginn seiner Schulzeit.
Die Frage 'wo steht der einzelne Schüler – wo hole ich ihn ab ?' stellte sich für mich während des ganzen ersten Schuljahres und brachte mir ein Gefühl der Unzulänglichkeit.
Nach den ersten sechs Monaten vertiefte ich mich in das diagnostische Material unserer Lehrerbibliothek. Ich verglich die vorhandenen Materialien miteinander und strich einiges als 'personell nicht zu bewältigen', 'nicht schüleradäquat aufgrund Testsituation oder Leistungsdruck', 'nicht schüleradäquat aufgrund verbaler Basis', 'nicht umfassend genug'.

Nach zweijähriger Teilnahme an einer berufsbegleitenden Fortbildung in Anlehnung an das Bobath-Konzept[2] mittels bewegungsanalytischer Selbst-

---

[2] Parallelen zwischen der Diagnostik mit Pfiffigunde und dem Bobath-Konzept sind vor allem zu erkennen bzgl. der Bedeutsamkeit des Bewegungshandelns und der Auswertung motorischen Verhaltens

erfahrung, Fallbesprechungen, Bewegungsanalysen anhand von Videoaufnahmen und den theoretischen Grundlagen mit der Diplomtherapeutin und Bobath-Lehrtherapeutin Frau Gisela Ritter, der Ergotherapeutin und SI-Lehrtherapeutin DVE Frau Brigitte Rüller u.a. fand ich die gängigen Testverfahren unzureichend, um zu den genannten Förderbereichen erste Ansätze zum einzelnen Schüler zu sehen, ohne sie und mich durch Testsituationen unter Leistungsdruck zu setzen.

Dem ersten Eindruck zufolge, den ich von den sechs Schülern hatte, ging ich davon aus, daß der Schwerpunkt einer Förderung im motorischen und sensorischen Bereich liegen müßte. Einzelfördersituationen mit jedem Schüler mit Videoaufnahmen, um – wie in der Fortbildung in der Situation des Krankengymnasten möglich – motorisches oder sensorisches Verhalten abzufragen, waren personell nicht zu leisten.
Meine Kollegin Frau Weise-Küppers und ich stellten bei der anschließenden Auswertung der Videoaufnahmen aus der 'Diagnostik mit Pfiffigunde' fest, daß die o.a. Fortbildungsmaßnahme für die Diagnostik auswertungsspezifisch einen großen Stellenwert hatte, denn die hierfür erforderlichen Kenntnisse gehörten nicht zum Ausbildungsrepertoire von Sonderschul- oder Fachlehrern.

Ich entschied mich schließlich für die 'Förderdiagnostik nach Haupt/Fröhlich' für einen schwerstbehinderten Schüler, M-PAC (Pädagogische Analyse und Curriculum der Sozialentwicklung von mongoloiden Kindern)[3] für zwei Kinder mit Down-Syndrom (s. S. 276 f) und den MOT 4-6 (Motoriktest für 4-6 jährige Kinder)[4].

Die Leiterin der Lehrerbücherei, Frau Weise-Küppers, schlug mir vor, mich mit dem Buch 'Diagnostik mit Pfiffigunde' zu befassen und es auf seine Verwendung für meine Klasse hin zu überprüfen.
Hier fand ich mein Anliegen – ohne Leistungsdruck sensorisches und motorisches Verhalten von Kindern in einer Einheit festzustellen – wieder. Durch die o.a. Fortbildung hatte ich die Bedeutung von Motorik und Sensorik für die diagnostische Arbeit und für die Entwicklung von Förderplänen erkannt und fand die Zusammenhänge in dem Buch 'Diagnostik mit Pfiffigunde' wieder. Hierzu schreibt auch N. Sommer-Stumpenhorst: „Wir kennen inzwischen die Bedeutung der Motorik viel besser als vor zehn Jahren und dennoch wird die Motorik in der sonderpädagogischen Diagnostik viel-

---

[3] H.C. Günzburg, Verlag: SEFA (Publications) LTD. Zu bezeihen bei Lebenshilfe Detmold e.V.

[4] R. Zimmer und M. Volkamer, Beltz Test.

fach übersehen, obwohl wir auf diesem Weg sehr viel darüber erfahren könnten, wie denn Lernprozesse strukturiert werden. Dazu muß man neben der impliziten Theorie zur **Motorik** auch eine Theorie der **motorischen Entwicklung** im Hinterkopf haben. Wenn ich die Theorie der motorischen Entwicklung, z.B. daß nur bei gesundem Gleichgewicht Koordination möglich ist und diese wiederum Automatisierung ermöglicht, nicht kenne, dann werde ich an der Motorik alles Mögliche überprüfen, ohne damit zu einem brauchbaren Ergebnis zu kommen" [5]. Für dieses Problem schien 'Pfiffigunde' eine Lösung zu sein.

Außerdem schien dieses Verfahren allen Kindern offenzustehen (bei den verschiedenen Behinderungsformen und unterschiedlichen Ausprägungen: von Schwerstbehinderten bis zu Grenzfällen zur Lernbehinderung in einer Klasse), ohne – dank der spielerischen Komponente – Frustration durch Versagen zu erzeugen. Eine lediglich spielerische Teilnahme von Schülern ohne das Ziel von Wertungen schien ebenfalls möglich, so daß aber Bewegungsanalysen zu konkreten Situationen für diese Schüler möglich werden. Desweiteren schien diese Diagnostik einigen Unterrichtsprinzipien der Sonderschulen für geistig Behinderte zu entsprechen (Rhythmisierung, kleine Schritte, Wiederholung und Vertiefung, handelndes Lernen). Vorteilhaft fand ich auch die Durchführung in einer Kleingruppe, was unsere Schüler häufig zu Leistungen durch Nachahmungslernen bringt und zusätzlich den Leistungsdruck einer Testsituation mindert.

---

[5] N. Sommer-Stumpenhorst: 'Standardisierte Verfahren zur Feststellung des sonderpädagogischen Förderbedarfs in den Bereichen Verhalten und Sprache' in 'Feststellung des sonderpädagogischen Förderbedarfs bei ausländischen Kindern' - Dokumentation einer Fachtagung vom 08. - 10. Mai 1995 in Soest, herausgegeben vom LANDESINSTITUT FÜR SCHULE UND WEITERBILDUNG; S. 95

Erste Durchführung mit drei Schülern

Vorbereitung

Die Durchführung sollte gemeinsam mit Frau Weise-Küppers stattfinden, die ihre Erfahrungen aus unserer Durchführung der 'Diagnostik mit Pfiffigunde' als Dozentin der heilpädagogischen Fakultät der Universität Köln in ihren Seminaren vermitteln wollte.

Die StudentInnen des Seminars sollten in den fünf für die Durchführung geplanten Einheiten hospitieren (nachdem unsere Durchführung bekannt war, meldeten sich zusätzlich Lehramtsanwärter zur Hospitation).

Da die Schüler Hospitationen sowie das Aufzeichnen durch die Kamera aus dem Unterricht gleichermaßen gewohnt waren, konnte ich davon ausgehen, daß sich dies nicht als störend erweisen würde.

Geplant war, daß Frau Weise-Küppers die Rolle der Pfiffigunde – ich die Kameraführung übernahm. Dies basierte auf der Überlegung, eine den Schülern nicht aus dem Alltag bekannte Person werde sich in den Rollen den Schülern überzeugender und glaubhafter darstellen, so daß diese sich eher in die Szenen hineinversetzen können, als wenn die ihnen bekannte Klassenlehrerin ihnen etwas vorgespielt hätte. Während der Durchführung stellte sich dann allerdings heraus, daß einer der beteiligten Schüler, Kevin, nicht mitarbeitete wie gewohnt – er war oft auf die Ansprache durch seine Bezugsperson angewiesen.

Ich gab das Buch 'Diagnostik mit Pfiffigunde' den Eltern in Umlauf und legte ihnen ein Schreiben zur Unterzeichnung vor:

Liebe Eltern,

wir würden gern mit unseren Schülern ein kindgemäßes Verfahren zur Beobachtung von Wahrnehmung und Motorik, 'Diagnostik mit Pfiffigunde' durchführen.

Es handelt sich hierbei um eine spielerische Art, Kinder zum Zeigen ihrer Leistungen zu ermuntern, wobei man feststellen kann, wie die Kinder in den Bereichen von Händigkeit, Schreibmotorik, Wahrnehmung, Gedächtnisleistungen, Körperschema etc. entwickelt sind.

Diese 'Tests' sollen in der Gruppe stattfinden und mit Video aufgezeichnet werden.

Abgesehen von den Ergebnissen für unsere Schüler soll der entstandene Videofilm am Seminar Stolberg und an der Universität Köln, Heilpädagogische Fakultät, als Lehrmaterial für künftige Sonderschullehrer eingesetzt werden.

Hierzu brauchen wir ihr Einverständnis:

✂ ✂ ✂ ✂ ————————————————————————

Ich bin damit einverstanden, daß der o. a. Videofilm für Lehrzwecke genutzt wird.

—————————————————————
Unterschrift

Alle Eltern unterzeichneten den Elternbrief.

Ich bestellte die 'Sparausgabe für drei Ritter' und begann mit dem Basteln der restlichen Materialien.
Die Planungsphase hatte relativ viel Zeit in Anspruch genommen, so daß wir mit der Durchführung erst zum neuen Schuljahr beginnen konnten.

Beschreibung der Schüler

Janine:

Zum Schuljahr 1997/98 erhielt die Klasse drei weitere Schüler, unter ihnen Janine.
Die Widersprüchlichkeit der verschiedenen Berichte in Janines Gutachten war unübersehbar.
Laut Gutachten zum Verfahren zur Feststellung eines sonderpädagogischen Förderbedarfs bei ihr widersprach die Aussage einer Schwerbehinderung von 50 % mit starken Gleichgewichtsproblemen
1. der Auswertung von Zihler (lt. MZT betrug die Entwicklungsdifferenz nur 8 Monate),
2. dem nicht verbalen Intelligenztest SON mit einem IQ von 90 bei einem Entwicklungsrückstand von einem Jahr und
3. meinen Beobachtungen.

Die Diagnose lautete: Hyperkinetisches Syndrom, Entwicklungsretardierung, Mikrozephalus.
• Bei einer Untersuchung **1995** zeigte Janine 'keine Hinweise auf eine motorische Störung' -
• während sie **1997** bei Übungen zur motorischen Entwicklung für das Gutachten beim Fuß – an – Fuß – Vorwärtsgehen, beim Stehen auf einem Bein, beim Balancieren auf Zehenspitzen etc. 'versagte'.

(Eine ähnliche Diskrepanz zeigte sich später bei den Ergebnissen zum 'MOT 4-6' und denen aus der 'Diagnostik mit Pfiffigunde' – Pfiffigunde schien hier eher in der Lage, die tatsächlich möglichen Leistungen Janines 'hervorzulocken').
• Eine Magnetresonanztomographie des Schädels aus dem Jahr 1995 war unauffällig, optische und akustische Wahrnehmung waren lt. Kindergartenbericht nach Kiphard auf dem Stand einer Sechsjährigen (Janine war zu diesem Zeitpunkt 7 Jahre alt).
• Das medizinische Gutachten vom gleichen Zeitraum sprach allerdings von deutlichen Störungen der Grob- und Feinmotorik, 'massiven Problemen im Bereich der Visuomotorik' und von Wahrnehmungsstörungen 'ohne medizinisch erkennbare Ursache'.

Im Gutachten von Mai 1997 wurden keine Fördermöglichkeiten aufgezeigt; es wurde lediglich der Förderort bestimmt. Diese Bestimmung des Förderorts resultierte nicht aus einer fachlich fundierten Begründung – auf die Widersprüche im Gutachten wurde nicht eingegangen – sondern orientierte sich lediglich an der diagnostizierten Hyperkinese und den daraus erwachsenen Lernschwierigkeiten und dem Wunsch der Mutter, 'Janine in einer Schulform unterzubringen, die eine ganztätige Betreuung und Förderung ermöglicht' (möglich an einer Sonderschule für geistig Behinderte). Von Seiten des Kindergartens wie auch der Sprachtherapeutin war der Mutter vor Schulaufnahme das Aufsuchen einer Erziehungsberatungsstelle und eine Beschulung in einer Sonderschule für Lernbehinderte empfohlen worden.
Stattgegeben wurde dann allerdings im VO-SF dem Wunsch der Mutter nach einer Ganztagsbeschulung.

Meine Beobachtungen Janines entsprachen eher den positiv verfaßten Berichten aus den Gutachten. Es stellte sich sehr bald heraus, daß wir Janine an unserer Schulform trotz Differenzierungsmöglichkeiten im kulturtechnischen Bereich nicht gerecht werden würden.
Es wurde ein Förderplan für Janine erstellt, der für unsere Schulform primär auf psychomotorische Interventionen bezüglich ihrer Hyperkinese und Ermutigung der Mutter bezüglich therapeutischer Maßnahmen abzielte.

Mit der Sonderschule für Lernbehinderte, Cornetzhof (Nachbarschule), wurde eine zweiwöchige Teilnahme am Unterricht der ersten Klasse in Begleitung von ZDL oder Pflegekraft unserer Klasse geplant, was zunächst als Probezeit gedacht war.
Im Anschluß daran fand ein Gespräch mit den beteiligten Lehrkräften statt, in dessen Verlauf sich herausstellte, daß die Teilnehmer sich darüber einig waren, Janine sei nicht geistig behindert.
Nach diesem schulübergreifenden Teamgespräch mit positiver Resonanz nahm Janine ohne Sonderbetreuung jeweils an den ersten beiden Unterrichtsstunden der Sonderschule für Lernbehinderte teil. Ein Antrag auf erneute Eröffnung des Verfahrens zur Feststellung des Förderbedarfs war unumgänglich (Abgabetermin für einen möglichen Wechsel zur Sonderschule für Lernbehinderte zum nächsten Schuljahr war der 20.12.1997).

Aus diesem Grund änderten wir die im vergangenen Schuljahr vorgesehene Gruppenzusammensetzung für die erste Durchführung der 'Diagnostik mit Pfiffigunde' und sahen Janine vor, um mit den Ergebnissen aus der Diagnostik den Antrag begründen zu können.
Außer Janine sollten noch Dieter und Kevin teilnehmen.

Dieter:

Dieter war in seinem ersten Schuljahr der leistungsstärkste Schüler der Klasse gewesen, stand aber jetzt hinter Janine zurück. Im Schuljahr 1996/97 war er in die Vorstufenklasse aufgenommen worden. Bei ihm liegt eine seltener auftretende Chromosomenabberation, die Trisomie 8, vor. Trisomie 8 kann u.a. mit geistiger Behinderung einhergehen, muß aber nicht. Viele 'Trisomie- 8- Fälle' werden gar nicht oder erst im Erwachsenenalter diagnostiziert, da sie vollkommen unauffällig verlaufen. Die Trisomie 8 kann charakterisiert sein durch faziale Fehlbildungen sowie durch schwere Anomalien der Knochen und Gelenke. Bis auf wenige 'Fälle' sind die mentalen Defizite nicht sehr ausgeprägt. Der IQ schwankt zwischen 12 und 94 mit einem Durchschnitt von 45 bis 75.

Dieter zeigte sich in seinem ersten Schuljahr als hochsensibler Schüler mit schwer einschätzbaren Intelligenzleistungen. Entgegen dem Kindergartenbericht war sein Arbeitsverhalten in der Regel nicht langsam. Er hatte in der Schule einen hohen Ehrgeiz, den Anforderungen zu entsprechen, arbeitete infolgedessen aber zu schnell, nachlässig und fehlerhaft. Der Leistungsdruck, unter den er sich selbst stellte, verhinderte, das zu zeigen, was er wirklich konnte, wobei er eine klare Einsicht in sein 'Versagen' hatte. Es zeigte sich, daß seine psychische Verfassung unter dieser Situation litt; seine Versagensängste hätten zunächst ein Unterrichtsangebot unterhalb seiner intellektuellen Fähigkeiten erfordert.

Dieter reagierte während der Anfangszeit hochempfindlich auf Äußerungen von Mitschülern, er sei 'doof', oder von Kindern auf dem Spielplatz des Heimatorts, er sei 'behindert'.

Eine Verschlechterung seiner psychischen Verfassung äußerte sich in Ordnungszwängen, die er auch auf seine Mitschüler übertrug (z.B.: wer auf dem Tisch saß, wurde heruntergeworfen, weil Auf-dem-Tisch-Sitzen 'falsch' war). Dieter näßte und kotete ein.

Außerdem versuchte er sein 'Versagen' dadurch zu kompensieren, daß er seinen Mitschülern gegenüber ständig Überlegenheit demonstrieren mußte. Das Ausmaß seiner Aggressivität hierbei gegenüber seinen Mitschülern machte aufgrund seiner körperlichen Überlegenheit Maßnahmen zum Schutz der Mitschüler erforderlich.

Seine Schwierigkeiten wurden noch verstärkt durch die rechtsseitige Hypotonie im Rumpfbereich, infolge derer Dieter altersentsprechenden feinmotorischen Anforderungen nicht entsprechen konnte. Längere feinmotorisch-ausgerichtete 'Sitzungen' gestalteten sich für ihn mühsam (er 'hängte' sich in die Schultergelenke oder 'hielt sich fest', indem er eine Körperhälfte unter Schiefhaltung des Kopfs verkrampfte), eine korrekte Ausführung mußte scheitern – nichtsdestotrotz wurden sie ihm aber abverlangt, was zu einem Kreislauf von Versagen und Aggression führte.

Zum Schulhalbjahr 1996/97 stellte ich bei der jährlichen Überprüfung des sonderpädagogischen Förderbedarfs u.a. folgende Förderschwerpunkte fest:

- Kurze, täglich wiederkehrende, für ihn selbst überschaubare Arbeitseinheiten
- positive Verstärker in Form von Lob, wenn er eine Arbeit gründlich statt schnell und nachlässig erledigt
- zur Stabilisierung im rechtsseitigen Rumpfbereich grobmotorische Übungsangebote bei der Morgengymnastik (verbunden mit dem morgendlichen 'Brain-Gym')
- großflächiges Malen an der Tafel
- bei feinmotorischen Arbeiten am Tisch auf die Sitzhaltung achten: kein Unterarmstütz, damit er sich nicht in die 'Gelenke hängt', sondern die Rumpfmuskulatur beansprucht
- auf Schiefhaltung des Kopfs aufmerksam machen

Im zweiten Schulhalbjahr 1996/97 wurde es möglich, Dieter zu Erfolgerlebnissen zu führen, indem er Angebote unterhalb seines Intelligenzniveaus und Leistungsvermögens erhielt.

- Angebote im feinmotorischen Bereich, vor allem graphomotorische – wurden in sehr kurzen Lerneinheiten – angepaßt an seine körperliche Leistungsfähigkeit – eingefordert.
- Er erhielt für seinen Arbeitsplatz ein Kissen mit negativem Sitzwinkel – durch den anderen Haltungshintergrund verbesserte sich seine Sitzhaltung.
- In projektorientiertem Unterricht konnte Dieter sein handwerkliches Geschick und eine gute Strukturierung auch bei komplizierten Handlungsabläufen demonstrieren.
- Den von der Sprachtherapeutin des Kindergartens festgestellten Defiziten im kinästhetischen Bereich, der Lateralitätsbahnung, der grob- und feinmotorischen Koordination wurde durch das tägliche Brain-Gym (kinesiologisches Lernen durch Bewegungsübungen) in der Gesamtgruppe vor dem Unterricht begegnet.
- In dieses tägliche Bewegungsprogramm wurden für Dieter auch spezielle Übungen zur Kräftigung der Rumpfmuskulatur eingebaut.
- In interdisziplinärer Zusammenarbeit mit dem Krankengymnasten wurde gezielt an einer Stabilisierung und Kräftigung des Rumpfbereichs gearbeitet.
- Bei Unterrichtsangeboten im graphomotorischen Bereich erhielt Dieter in der Rhythmisierungsphase im psychomotorisch orientierten Klassen-

nebenraum spezielle Angebote zur Kräftigung der Muskulatur (z.B. rechtshändiges Korbballspiel vom Trampolin aus, Windmühle spielen u.dgl.), außerdem wurde dieser Aspekt auch beim Schwimm- und Sportunterricht besonders berücksichtigt.

- Nachdem Dieter im pränumerischen Bereich gelernt hatte, Reihenfolgen einzuhalten, Farben und Formen zu benennen und zuzuordnen, wurden Arbeitsblätter zur optischen Differenzierung bei Mengen- und Längenvergleichen etc. und Arbeitsblätter sowie didaktisches Material im numerischen Bereich angeboten.
- Eine Durchführung von akustischen Wahrnehmungsübungen zur auditiven Differenzierung für den Leseunterricht war zunächst erforderlich. Das Ganzwortlesen wurde anhand der Zuordnung von Photos der Familienmitglieder geübt.

Dies alles wurde angeboten in kurzen, psychomotorisch rhythmisierten Arbeitseinheiten.

Dieter hatte Erfolgserlebnisse in allen Bereichen, entwickelte sich – unterstützt durch seine Erfolgserlebnisse – im zweiten Schulhalbjahr stetig. In Relation zum Zutrauen in seine Fähigkeiten und der Verbesserung seiner motorischen Fertigkeiten verbesserten sich auch seine Arbeitshaltung, sein Lerntempo, die Arbeitsausführung und die Motivation.

Im Vergleich zum Kindergartenbericht waren bei Dieter jetzt innerhalb kurzer Zeit beachtliche Entwicklungsfortschritte zu sehen.
Die Eltern Dieters schlugen eine Beschulung ihres Sohnes in einer Förderschule (mit u.a. lernbehinderten Schülern) vor. Nach einer Hospitation in der dortigen 1./2. Klasse konnte ich dies nicht befürworten. Im Juni 1997 stellten Dieters Eltern einen Antrag beim Schulamt auf Schulwechsel ihres Sohnes, der jedoch abgelehnt wurde. Hierzu ist zu bemerken, daß zu diesem Zeitpunkt die psychische Verfassung Dieters zwar stabilisiert, aber für einen Schulwechsel mit erneutem möglichen Versagen nicht genügend gefestigt war. Gutachterlich war für Dieter 1996 der Förderschwerpunkt GB festgestellt worden und trotz der erfreulichen Entwicklung ließ sich noch keine eindeutige Aussage zu einer Veränderung des Förderortes machen.

Für mich war es jetzt interessant, festzustellen, wo Dieters Förderbedarf inzwischen anzusetzen war und inwieweit man dem Wunsch der Eltern nach einem Schulwechsel jetzt entsprechen konnte (ein Wunsch, der auch im Klassenteam umstritten war).
Der Antragstellung auf erneute Eröffnung des Verfahrens zur Feststellung des sonderpädagogischen Förderbedarfs muß eine umfassende Begründung beigelegt werden zu den Bereichen:

Schulleistungen, Lern- und Arbeitsverhalten, Sozialverhalten, motorische Entwicklung, Wahrnehmung, bisherige Fördermaßnahmen etc.

Ich plante, die Begründung für die Antragstellung auf VO-SF primär auf die Ergebnisse der 'Diagnostik mit Pfiffigunde' aufzubauen. Ein Vorteil für Dieter bei dieser spielerischen Diagnostik wäre sein Faible für Geschichten, Rollenspiele und seine Phantasie, was ihn möglicherweise davor bewahren würde, wieder Versagensängste zu entwickeln.

Kevin
Der dritte 'Ritter', Kevin, ist trotz seiner oftmals relativ guten spontanen Intelligenzleistungen dem Personenkreis der Schwerstbehinderten zugeordnet. Laut sozialmedizinischem Gutachten von 1995 liegt bei Kevin eine Schwerpflegebedürftigkeit vor.
Er war der Christophorusschule seit 1996 zugewiesen – das VO-SF Verfahren war aber bis April 1997 nicht abgeschlossen, so daß ich zunächst einmal keine Angaben zu Kevins Fördermöglichkeiten hatte und auf meine eigenen Beobachtungen und eine gute Zusammenarbeit mit der Mutter angewiesen war. Mit 3 Jahren hatte Kevins Entwicklungsniveau einem Einjährigen entsprochen.

Ich erlebte Kevin als Kind mit starker psychomotorischer Unruhe und vestibulären Störungen, die sich durch ein unsicheres, meist in Schlangenlinien verlaufendes Gangbild äußerten. Er war ungestüm und konnte weder Kraft noch Tempo kontrollieren, wodurch er oft hinfiel und sich verletzte. Gleichzeitig wies er eine extreme taktile Unterempfindlichkeit auf, wodurch er selbst bei schwersten Verletzungen nur ein Jucken verspürte. Kevins Konzentrationsfähigkeit war im Unterricht auf 5 – 10 Minuten beschränkt.
Er bedurfte der Hilfe bei allen Verrichtungen des täglichen Lebens und war inkontinent.
Kevin war stark regressiv und neigte in Anforderungssituationen zu Schreiverhalten, Hinfallenlassen auf die Erde und Einnehmen einer Embryonalhaltung. Sein Aggressionspotential in Verbindung mit der Hyperaktivität behinderte seine Integration in den Klassenverband. Regeln und Normen im Klassenalltag akzeptierte er nur schwer, bedurfte der Regelmäßigkeiten und klaren Orientierungen. Er wirkte unstrukturiert, griff bei Tisch in die Schüsseln, kippte Getränke um, räumte Schränke und Spielekästen aus und warf alle Spiele durcheinander.
Er schien kaum ein Gefühl für seine Muskeln und Sehnen zu haben, für das, was seine Haut zum Gehirn meldete und für seine Stellung in der Anordnung und Schwerkraft der Dinge; durch das Schielen sah er ungekreuzte Doppelbilder (was sicher auch zu seinem torkelnden Gang beitrug).

Durch die Kombination von Hyperaktivität und – beinahe – taktiler Empfindungslosigkeit hatte Kevin eine äußerst niedrige Hemmschwelle bezüglich des Kraftmaßes und lief ständig Gefahr, sich selbst und andere zu verletzen. Die Kombination von niedriger Frustrationstoleranz und hohem Aggressionspotential führten in der Regel zu Schreianfällen, häufig aber auch zu körperlichen Attacken gegen seine Mitschüler.

Inwieweit Kevin zu einem ruhigeren, selbstgesteuerten Verhalten geführt werden konnte, hing von der Konsequenz seiner jeweiligen Bezugsperson und deren permanenter Aufsicht – aber auch deren liebevollen Einfühlungsvermögens ab. Gleichwohl man den Eindruck haben mochte, daß Kevin nichts aus dem Unterrichtsgeschehen aufnahm, brachte er manchmal überraschend sinnvolle Beiträge zum Unterricht, las mir die Namen seiner Mitschüler vor, die er sich eben mal 'im Vorbeigehen' bei Dieter abgeschaut hatte.

Wie Kevin in der 'Diagnostik mit Pfiffigunde' reagieren würde, war nicht vorhersehbar. Trotz des großen Unterschieds zu den beiden anderen 'Rittern' Janine und Dieter wollte ich ihn gern an der Durchführung teilhaben lassen, um zu überprüfen, wie seine Leistungen, Konzentration und Verhalten sich bei dieser Methodik zeigen.

Eine geplante Wiederholung der Beteiligung Kevins bei einer Durchführung nach ca. einem Jahr müßte allerdings Aussagen zu seiner Entwicklung sowie zur allgemeinen Auswertung von Bewegung und Verhalten anhand der Videovergleiche enthalten.

Damit wäre eine Möglichkeit gefunden, den Förderbedarf auch solcher Schüler gezielter abzufragen, denn ansonsten dürfte Kevin zu den Schülern gehören, die das 'Prädikat"nicht testbar' erhalten.

Bedingungen für die Durchführung

Personelle Ausstattung:
Für die personelle Besetzung erschien es günstig, den Freitag zur Durchführung auszuwählen (an diesem Tag fand auch das Seminar von Frau Weise-Küppers statt, so daß ihre StudentInnen Gelegenheit zur Hospitation hatten). Die Klasse war an diesem Tag besetzt mit zwei Lehrkräften, einer Pflegekraft, einem Zivildienstleistendem, dem Lehramtsanwärter Herrn Müller und Frau Weise-Küppers, so daß eine Durchführung auch dann gewährleistet war, wenn eine der anderen Personen erkrankt wäre.

Räumliche Ausstattung:
Die Klasse hat 3 Räume: Den Klassenraum mit Einbauküche und didaktischem Material, einen Differenzierungsraum mit Sitzbällen und nur drei

Tischen und einen psychomotorisch orientierten Raum, der ebenfalls sparsam möbliert ist. Die beiden leerstehenden Nachbarräume (Logopädie), die wir zunächst in Betracht zogen, waren ungeeignet, weil das unbekannte Material in den Räumen ablenkte.

Die beiden sparsam möblierten Klassenräume schienen uns besser geeignet – während im ersten Raum mit den verbleibenden Schülern der Hauswirtschaftsunterricht stattfinden konnte.

Der Nachteil könnte in diesem Fall aber sein, daß die Schüler Schwierigkeiten haben könnten mit dem 'Verschwinden' der Puppen, wenn die Räume wieder 'normal' genutzt würden.

Da zwischen der jeweiligen Durchführung und dem nächsten Unterricht ein Wochenende lag, gelang den Schülern dieser Wechsel jedoch ohne Schwierigkeiten (als z.B. der Riese sich am Ende einer Einheit wieder in der Höhle schlafenlegte, diese Höhle aber montags wieder aus dem dritten Raum verschwunden war).

Gelegentlich zeigten sich Anzeichen dafür, daß die Schüler glaubten, die Puppen hätten an den Wochenenden in den Klassenräumen agiert.

So entstand eine schwierige Situation beim Unterrichtsbesuch des Lehramtsanwärters, als auf seine Feststellung, die Namensschilder der Schüler seien verschwunden, die Schüler fest davon überzeugt waren, die Hexe habe sie weggezaubert – und mit ihren Erzählungen von der blinden Hexe beim 'falschen' Stundenthema waren und auf das eigentliche Unterrichtsanliegen zurückgeführt werden mußten.

Überlegungen zur Modifikation, die Frau Weise-Küppers und ich anstellten, wurden wieder verworfen, wir wagten den Sprung in's 'kalte Wasser'.

Wir planten, fünf Einheiten durchzuführen. Wieviel Zeit die Schüler für die einzelnen Beobachtungssituationen brauchen würden, ließen wir offen.

Differenzierungsmaßnahmen und Hilfestellungen sollten nur bei Bedarf Verwendung finden und stellten eine hohe Anforderung an das Einfühlungsvermögen und die Flexibilität von Frau Weise-Küppers, zumal sie die Schüler eher 'aus der Ferne' kannte. Gefragt waren hier in erster Linie die Kenntnis der Unterrichtsprinzipien im Unterricht mit geistig Behinderten (Rhythmisierung, Wiederholung und Vertiefung, Lernen in kleinen Schritten etc., die aber z.T. schon durch den Aufbau der Diagnostik gegeben sind), eine gute Intuition und Berufserfahrung.

Anmerkungen zu den Beobachtungssituationen

Kursiv gedruckte Bemerkungen beziehen sich auf den Personenkreis der geistig behinderten Schüler.

Erste Einheit:

Gesamtzeit

Einführung   4 Min.

Das Kinderbuch 'Pfiffigunde' von Babette Cole war bereits eingeführt worden, damit die Schüler mit der Person der Prinzessin vertraut sind, den Drachen als Märchenfigur kennenlernen (später passiert noch häufig die Verwechslung mit 'Dinos') und um die Drachen als 'liebe' Wesen kennenzulernen (einige Szenen sind z.B. für Dieter mit Sicherheit angstbesetzt, da er oft nicht unterscheidet zwischen Realität und Phantasie).

Aus diesem Grund konnte die Einführung relativ kurz gehalten werden.

Nummer   1

Handlung   Ausziehen und Ritterrüstungen anlegen   8 Min.

Kevin hat einen Neurodermitisschub – er kratzt sich unablässig an den Beinen, sobald er die Strumpfhose ausgezogen hat.

Außerdem wird er behindert durch seine Unterhose, die ihm nach Ausziehen der Hose ständig auf die Füße rutscht, bis der Lehramtsanwärter ihm einen Ersatz besorgt. Janine und Dieter ziehen sich in dieser Zeit flüssig um; Kevin würde die Wertung 1 erhalten, obwohl ich dazu neige, diese Situation aufgrund seiner Handicaps nicht zu werten – zumal er sich sonst flüssig umziehen kann.

Janine heischt nach Anerkennung für ihre 'Rüstung' bei den Zuschauern.

Übergang   11 Min.

Die Ritter erhalten neue Namen, die ihnen zusätzlich Sicherheit geben (Dieter hat ein wenig Angst vor den Drachen), und die ihr Verständnis für die Rolle in diesem Spiel noch verdeutlichen (wie 'Ritter Fürcht'- mich – nicht' und 'Ritter Angst- vor- nix').

Nummer   2

Handlung   Für Pfiffigunde geradesitzen

Janine sitzt unauffällig, Kevin und Dieter erhalten die Bewertung 2: Kevin sitzt mit Vorliebe im Zwischenfersensitz, wenn er nicht anders angeleitet wird. Hierdurch ist es schon zu Kontrakturen gekommen – er kann die Knie nicht durchdrücken.

Das Warten auf Pfiffigunde dauert ihm zu lange, er legt sich hin.

Janine fragt: „Warum ist <u>das</u> die Pfiffigunde? Kommt die Pfiffigunde auch in echt?"

Sie scheint ein wenig enttäuscht, weil sie schon bis hierhin den Unterschied zwischen Geschichte und Realität nicht erkannt hat und eine 'echte' erwartet.

„Warum kommt die Pfiffigunde nicht in echt?" Sie ist dann aber auch mit der Puppe Pfiffigunde einverstanden.

Relevant für Rückschlüsse auf motorisches Verhalten und deren Ursachen wäre sicher auch ein Vergleich der Sitzhaltung in der Anforderungssituation mit der entspannt bevorzugten Sitzhaltung (z.B. beim Zwischenfersensitz Kevins oder der Überstreckbarkeit der Gelenke von Kindern mit Down-Syndrom).

Dieters Rundrücken war bereits vor der Diagnostik bekannt.

Übergang   16 Min.

Nummer   3

Handlung   Goldstücke auflesen   20 Min.

Kevin kann dieser Aufgabe nicht entsprechen, er beherrscht zwar den Pinzettengriff, wird aber immer unkonzentrierter – dementsprechend ist auch die Hand-Auge-Koordination. *Hier hätten etwa sieben weiter auseinanderliegende Geldstücke den gleichen Effekt bei weniger Frustration des Schülers.* Kevin zeigt aber nicht sein sonstiges Frustrationsverhalten. Er kippt beim Schließen des Deckels zweimal die Münzen aus, fühlt sich aber wohl in der Situation, er legt sich öfter hin.

Dieter und Janine erledigen ihre Aufgabe mit viel Eifer.

Nummer   4

Handlung   **Papier zerknüllen**   **23 Min.**

Dieter und Janine sind unauffällig, während Kevin sich mehr für das Material im Raum interessiert, das er noch nicht kennt. Die Beobachtungssituation wird in Einzelförderung noch einmal mit ihm durchgeführt und hierbei erhält er die Bewertung 0.

Nummer   5

Handlung   **Zauberspruch nachsprechen**   **25 Min.**

Es ist die erste Beobachtungssituation, in der ich erstaunt bin, daß Dieter hier eine bessere Bewertung erhält als Janine – ich fühle mich darin bestärkt, den Antrag auf erneute Eröffnung des VO-SF auch für Dieter zu stellen.

Übergang   **27 Min.**

Nummer   6

Handlung   **Kraft des Zauberstabs aufnehmen**   **32 Min.**

Kevin ist bei jeder neuen Aufgabe wieder konzentriert dabei, verweigert aber diese Aufgabe nach mehrmaligem Versuch. Dieter ist konzentrierter als Janine. Ich mache einen Fehler in der Kameraführung: die Kamera hätte hinter der Kamerafrau erhöht positioniert sein müssen, um auch die Hände der Schüler beobachten zu können.

Abschluß   **erste Einheit**   **33 Min.**

Die Kinder ziehen ihre Rüstungen aus.

7 Tage später:

Zweite Einheit

Einstieg   **37 Min.**

– mit Wiederholung der Ritternamen, die Schüler verwechseln 'Dinos' und Drachen. Die Geschichte, Sinn und Ziel des Unternehmens werden wiederholt, die Schüler erzählen kurz von der letzten Einheit. Kevin spielt mit Teppichfliesen.

Nummer   6

Handlung   **Kraft des Zauberstabs aufnehmen**   **40 Min.**

Die Beobachtungssituation wird wiederholt wegen des Fehlers in der Kameraführung. Die Kamera ist jetzt hinter der 'Fee' positioniert.

Die beiden Brillenträger tragen die Brillen diesmal nicht, weil diese in der letzten Beobachtungssituation reflektiert hatten.

Beobachtungssituationen, die sich bei Brillenträgern auf die Augen beziehen, werde ich in Zukunft grundsätzlich mit und ohne Brille planen.

Janine reibt sich die Augen, äußert: „Mir ist Kraft in den Augen gekommen."

Sie ist fest davon überzeugt, daß die Märchenversion Realität ist.

Kevin ist konzentrierter bei dieser Wiederholung, geht aber mit Kopf und ganzem Körper mit *(hier wäre Hilfestellung durch Fixation des Kopfs erforderlich gewesen).*

Nummer   7
Handlung   Linie auf dem Papier markieren   **43 Min.**

Alle malen konzentriert, Kevin hört auf, als die beiden anderen rufen, sie seien fertig. Kevin hat die Aufgabenstellung nicht verstanden, er malt den Drachen aus, bräuchte hier Sonderzuwendung. Zwischen Janine und Dieter entwickelt sich leider ein Wettbewerb, wer als erster fertig sei. Trotz der Schnelligkeit können sie der Aufgabenstellung entsprechen.

Nummer   8
Handlung   Eigenes Zauberseil herausfinden   **46 Min.**

Die Schüler fahren die Zauberschnüre zunächst von der Perle ausgehend mit den Fingern in der Luft nach. Kevin kann allerdings nicht umhin, die Zauberschnüre anzufassen, findet aber sein Schnurende auf Anhieb, ohne mit den Fingern nachzufahren.

Nummer   9
Handlung   Über den Baumstamm balancieren   **51 Min.**

Die Aufgabe ist für Kevin auch mit Handführung nicht zu bewältigen. Trotzdem hat er den Ehrgeiz, es unbedingt bis zum Schluß durchzuführen.

Er trägt seine Strumpfhose wegen der Neurodermitis, hat dadurch zuwenig Haltungssicherheit.

Janine zeigt sich bemerkenswert gleichgewichtssicher.

Übergang   **56 Min.**

Nummer   10
Handlung   Brustschwimmen   63 Min.
Frau Weise Küppers 'schwimmt' mit jedem Schüler einzeln
mit (Aufgabenverständnis durch Nachahmung).
Kevin 'schwimmt' 2 Runden (ausgeführt werden sollen hät-
te es im Stehen).

Übergang   67 Min.
Die Schüler haben die Zauberschnüre in der Hand, Kevin
spielt damit, steckt sich seine Schnur in den Mund. Es gibt
eine Übungsphase für alle.
Kevin bewegt die Zauberschnur immer noch im Mund,
Janines Zauberschnur muß entknotet werden, die Zauberschnüre sollten für die Schüler an einem 'sicheren' Ort
aufbewahrt werden, bevor sie wieder zum Einsatz kommen, oder wie empfohlen, in der Tasche mitgenommen
werden.

Nummer   11
Handlung   Krokodil verzaubern   70 Min.
Dieter gelingt die Finger-Daumen-Opposition gut, wohin-
gegen im medizinischen Gutachen vom gleichen Zeitraum
'feinmotorische Bewegungen in Form von Finger-Daumen-
Opposition schwierig durchzuführen sind'.
Kevin gelingt die Finger-Daumen-Opposition gar nicht.

Nummer   12
Handlung   Schleife oder Knoten binden   75 Min.
Kevin spielt mit dem Krokodil. Seine Zauberschnur ist zer-
rissen, ein Ende aber noch brauchbar. Von ihm wird lediglich verlangt, die Zauberschnur um das Krokodil zu schlin-
gen, da bekannt ist, daß Knoten- und Schleifebinden seinem Entwicklungsstand noch nicht entsprechen, selbst die
Anordnung der Zauberschnur um das Krokodil herum bedeutet für ihn eine Anforderung (*sollte evtl. in die Bewer-*
tungskriterien einfließen). Janine und Dieter zeigen den
Ansatz zum Schleifebinden, ein Anlaß, dies in der Klasse
zu üben – und bereits in der darauffolgenden Woche können beide Schleifebinden.
Dieters Zauberschnur reißt beim Versuch, den Knoten
festzuziehen (*die Schnüre könnten für geistig behinderte*

Kinder etwas kürzer sein und damit übersichtlicher im Um-
gang, das Material müßte strapazierfähiger sein, man
könnte etwas dickere Schnüre nehmen).

7 Tage später:
Dritte Einheit

Einstieg	**Wiederholung des zuletzt Erlebten**	**76 Min.**
Nummer	**13**	
Handlung	**Stoffstückpaare suchen**	**84 Min.**

Kevin und Janine haben Mühe, die Stoffstückpaare nicht
sehen zu können, sie ziehen sie immer wieder hinaus, um
sie anzusehen und dann wieder hineinzustecken; vor allem bei Kevin fällt auf, daß 'Fühlen und Sehen Eins sind'
(die Hyperkinese bedingt die visuelle Wahrnehmung als
bevorzugten Wahrnehmungskanal, aber auch vielen anderen unserer Schüler fällt es schwer, sich auf einen geforderten Wahrnehmungskanal zu beschränken, *so daß es*
bei einer Wiederholung angebracht wäre, den Schülern
vor Durchführung der Beobachtungssituation die Stoffe
zum Anfassen zu geben, damit sie zumindest eine Vorstel-
lung haben.
Außerdem könnte man diesen Schülern zusätzlich die Augen verbinden, für Schüler wie Kevin kann man die Auswahl der
Stoffe reduzieren auf zwei bis drei stark unterschiedlich
strukturierte Stoffe. Sollte trotzdem kein Stoffpaar gefun-
den werden, könnte einer Enttäuschung vorgebeugt wer-
den, indem die Schüler als zusätzliche Wahrnehmungs-
möglichkeit vor der Suche hinter dem Vorhang die Stoffe
sehen <u>und</u> fühlen dürfen.

Übergang   **85 Min.**
Die Anleitung zum Basteln der Zauberlandkarte fehlte im
Anhang, so daß ich nicht sicher war, eine korrekte Ausfüh-
rung zu haben.
Frau Weise-Küppers läßt Kevin das Loch zeigen und füh-
len.
Es gibt eine Übungsphase für alle Kinder: das Schauen
ohne Loch.

Nummer	**14**	**92 Min.**
Handlung	**Zauberlandkarte**	

Es gibt Probleme beim Filmen wegen des Mindestabstands von drei Metern, was von mir bei der Wahl der Räume nicht berücksichtigt worden war; ich hätte für diese Beobachtungssituation einen größeren Raum wählen müssen.

Kevin bleibt nicht stehen, sondern bewegt sich in der Übungsphase zum Auge von Frau Weise-Küppers hin. Der Lehramtsanwärter hält ihn an den Schultern.

Die Streckung der Arme beim Schauen fällt den Schülern ebenfalls schwer, auch hier leistet der LAA Hilfestellung. Die gesamte Aufgabe erweist sich als schwierig für unsere Schüler – sowohl von der Aufgabenstellung als auch von der Ausführung her, obwohl Frau Weise-Küppers sie mit der Übungsphase schrittweise aufbaute. Es ist für geistig behinderte Schüler auf jeden Fall Assistenz erforderlich.

Übergang	**93 Min.**

Nummer	**15**	**94 Min.**
Handlung	**Zeichen merken und wiedererkennen**	

Die Überprüfung zur Auswertung ist in diesem Fall schwierig, weil die Farbpunkte durch die Kamera in dieser Distanz schlecht zu erkennen sind. Zu berücksichtigen ist hier zusätzlich reflektierendes Licht.

Dieter hatte zwar gesagt, er habe das Zeichen gesehen; bei der Überprüfung anhand der Videoaufzeichnung zeigte sich jedoch, daß er nicht durch das Loch der Zauberlandkarte geschaut hatte.

Man hätte den Schülern das jeweilige Zeichen noch einmal ohne die Aufgabenstellung aus Nummer 14 zeigen sollen, um hier in der Überprüfung des visuellen Kurzzeitgedächtnisses sicher zu sein, daß ein Nichterkennen nicht evtl. auf fehlerhafte Ausführung bei Situation Nummer 14 zurückzuführen ist.

Nummer   16
Handlung   **Scheibe auf Strich vorwärtsschieben**   **95 Min.**
Auffälligkeiten in der Gleichgewichtsreaktion gibt es hier nur bei Kevin.

Nummer   17
Handlung   **Auf jedem Bein mehrmals hüpfen**   **97 Min.**
Kevin ist nicht in der Lage, der Aufgabenstellung zu entsprechen, geht aber hochmotiviert mit und streckt dabei immer wieder ein Bein in einer Aufwärtsbewegung des ganzen Körpers von sich, versucht, die Wand als Stütze zur Hilfe zu nehmen – *Ansätze zum Hüpfen sind erkennbar, scheitern aber an Gleichgewichtsreaktionen – könnte ein Bewertungskriterium sein.*

Übergang   **98 Min.**

Nummer   18
Handlung   **Vom Berg springen im Schlußsprung**   **99 Min.**
Kevin sucht die Hand von Frau Weise-Küppers, springt aber dann allein.

Übergang   **100 Min.**
Sammlung/Warten (Konzentration für die Aufgabenstellung).

Nummer   19
Handlung   **Kinder nähern sich im Zehengang**
        dem Riesen   **102 Min.**
Kevin kann der Aufgabenstellung nicht folgen, bewältigt aber die Aufgabe, nachdem Frau Weise-Küppers es ihm vormacht. *Nachahmung scheint ein wichtiges Element zu sein bei der Durchführung der Diagnostik mit geistig Behinderten.*
Auffällig ist hier nur Dieter (Gleichgewichtsverhalten).

Nummer   20
Handlung   **Die Kinder helfen dem Riesen**
        bei einer Aufgabe   **109 Min.**
Kevin will wieder ausmalen und darf dies auch, da er mit dieser Aufgabe überfordert wäre. Auch Dieter und Janine wollen bei dem Bild mit Würfeln die Würfelpunkte ausmalen, wie sie es aus Aufgabenstellungen aus dem Unterricht

kennen, werden aber wieder zur eigentlichen Aufgabe zu-rückgeführt. Dieter zählt die Würfelpunkte ab zum Ver-gleich.
Zur Vereinfachung wird ihm auf dem Arbeitsblatt Reihe für Reihe mit einem leeren Blatt aufgedeckt. Für Schüler wie Kevin müßten die Abbildungen vereinfacht werden.
Dieter bewältigt diese Aufgabe nicht innerhalb des vorge-gebenen Zeitrahmens von vier Minuten, während Janine eine 1 in der Bewertung erhält. *Der Zeitrahmen müßte vergrößert werden.*

Nummer   21
Handlung   Der Riese flüstert den Rittern etwas zu   **114 Min.**
Wieder ist die räumliche Situation schlecht vorüberlegt: Nebengeräusche auf dem Flur (die es allerdings in jeder Klasse gibt), erschweren das Hören.
Das im Raum stehende Sofa eignet sich für Kevin schlecht, da er es sonst für Ruhephasen zum Hinlegen nutzt.
Das Hören ohne Blickkontakt fällt ihm schwer, mit dem rechten Ohr hört er nichts, er legt sich hin. Es ist für mich nicht einsehbar, ob er tatsächlich nicht hört oder einfach lustlos ist.
Für Kinder wie Kevin wäre es hochmotivierend, wenn der Riese den Drachenkindern statt des Spielzeugs Süßig-keiten/Salzgebäck   gestohlen hätte. Essen ist für geistig *behinderte Kinder ein realitätsnahes Medium, vor allem, wenn es sich um die Lieblingssüßigkeit des jeweiligen Kin-des handelt – und es erhöht die Motivation.*
Dieter hört im Gegensatz zum Vermerk des medizinischen Gutachens ausgezeichnet, was anschließend bei einer Untersuchung durch den Hals – Nasen – Ohren – Arzt bestätigt wird.

Nummer   22
Handlung   Die Ritter warten mit verbundenen
**   Augen**   **117 Min.**
Janine und Kevin gelingt es nicht, die Augenbinde zu tra-gen (Hyperkinese). Es ist erforderlich, daß die Augen der Schüler von einer Vertrauensperson zugehalten werden. Aufgrund dieser und anderer Beobachtungen aus der Dia-

gnostik biete ich in der Klasse passende Übungsspiele an. Janine gelingt es mittlerweile, eine Augenbinde zu tragen und sich ausschließlich auf ihr Gehör zu konzentrieren.

Nummer	**23**	
Handlung	**Die Ritter malen sich Ausweise**	**121 Min.**

Dieter malt einen Kopffüßler, Janine zeichnet sich altersentsprechend, Kevin malt Kreise und Striche, aus denen er sich erkennt.

Nummer   **24**
Handlung   **Rückwärts balancieren**

Kevin nimmt an Nummer 24 und 25 nicht teil, er ist mit Toilettenmaßnahmen beschäftigt. *In der zeitlichen Planung bei der Durchführung mit kontinenzunsicheren geistig behinderten Schülern müßte man alternativ Wartezeiten und Personal eingeplant haben, die man mit der Restgruppe überbrückt, so daß Toilettengänge oder Säuberungsaktionen berücksichtigt werden.*

Im Gegensatz zum Verhalten bei der Durchführung des MOT 4-6 haben die Schüler bei der 'Diagnostik mit Pfiffigunde' keine Schwierigkeiten – Janine und Dieter erreichen die Bewertung 0 (Gleichgewicht <->Psyche -> 'Piffigunde' ist für die Schüler weniger leistungsorientiert – setzt psychisch weniger unter Druck).

Nummer	**25**	
Handlung	**Auf die blinde Hexe zukrabbeln**	**124 Min.**

Es gibt keine Auffälligkeiten.

Nummer	**26**	
Handlung	**Die Ritter werden von der Hexe mit**	**128 Min.**
	Plätzchen gefüttert	

Janine erreicht hier die Wertung 2 bezüglich des STNR – ich werde diesbezüglich den Krankengymnasten sprechen.

7 Tage später:
Vierte Einheit

Einstieg
Wiederholung des zuletzt Erlebten, die Kinder erzählen von einem Unterrichtsbesuch des Lehramtsanwärters, für

den die blinde Hexe ihre Namensschilder weggehext habe.

Nummer	**27**	
Handlung	**Aus den Plätzchen wird Kunst**	
	für den Drachenvater	**135 Min.**

Kevin zerreißt das Plätzchen sofort (er zerreißt zwanghaft alle Folien oder zerdrückt z.B. Kunststoffbecher – Kunststoff scheint eine Faszination auf ihn auszuüben). Eine weitere Teilnahme Kevins ist nicht möglich.

Dieter arbeitet sehr konzentriert, ich beobachte Mitbewegungen der Zunge.

Dieter und Janine haben bei den drei Aufgaben keine Schwierigkeiten.

Wir waren hier überrascht von den Leistungen der beiden Schüler – wir hatten sie eher unterschätzt und mit erforderlicher Hilfestellung oder Modifizierung gerechnet.

Nummer	**28**	
Handlung	**Einschläfern der Wächter**	**141 Min.**

Dieter fürchtet sich vor den Wächterpuppen – im ersten Moment will er sich verstecken. Später überwindet er seine Angst, indem er selbst eine Handpuppe in die Hand nimmt und in die Rolle des Wächters schlüpft. *Eine gute Möglichkeit, den Schülern eventuelle Ängste zu nehmen und zu verdeutlichen, daß es sich lediglich um ein Spiel handelt.* Ansonsten gibt es keine Auffälligkeiten.

Überleitung		**144 Min.**
Nummer	**29**	
Handlung	**Die Ritter geben vor, zu schlafen**	**146 Min.**

Es gibt keine Auffälligkeiten.

Nummer	**30**	
Handlung	**Die Drachen werden abgeschreckt**	**148 Min.**

Es gibt keine Auffälligkeiten.

Nummer	**31**	
Handlung	**Die Ritter schlüpfen durch's**	**150 Min.**
	Drachenschloßtor	————

Janine und Dieter erreichen beide die Bewertung 1.   **2,5 Std**

Auswertung

Im Profilbogen <u>Janines</u> zeigt sich, daß sie in fast allen Bereichen unauffällig ist. Zweifelhafte Bewertungen gibt es im visuellen Bereich, so daß der Mutter Janines das Aufsuchen eines Augenarztes anzuraten ist.
Auditive Gedächtnisleistungen leiden möglicherweise unter der niedrigen Aufmerksamkeitsspanne, der die Hyperkinese zugrundeliegt. Zudem ist das bevorzugte Wahrnehmungsorgan hyperkinetischer Kinder – wie bereits erwähnt – das Auge (aus diesem Grund war auch die Beobachtungssituation zur taktilen Wahrnehmung nicht auszuwerten).
Es besteht Förderbedarf für eine differenziertere Wahrnehmung.

Dem erneuten Antrag auf Eröffnung des VO-SF wurde stattgegeben, der Kollege, der für das Gutachten zuständig war, schloß sich den ausführlichen Begründungen aus der 'Diagnostik mit Pfiffigunde' an.

<u>Dieter</u> erreicht im Bereich der Feinmotorik die Bewertung unauffällig. Im grobmotorischen Bereich zeigt er Auffälligkeiten der Muskelspannung. Hierbei und auch bei den Auffälligkeiten im Gleichgewicht handelt es sich primär um Übungen in Verbindung mit Höhe (z.B. über einen Balken zu balancieren). Außerdem hat die jahrelange schlechte Sitzhaltung aufgrund der Hypotonie mittlerweile zu einem Rundrücken geführt (Beobachtungssituation 2).

Bei der Überprüfung der Seitendifferenz zeigt sich eine leichte Asymmetrie der Arme (links höher), die allerdings auf die behinderungsspezifische Verwachsung an der Schulter zurückgeführt werden könnte, da Dieter bei Überprüfungen der Seitendifferenz der Beine und des Gesamtkörpers ansonsten unauffällig ist.
Bei 10 Übungen zur Handdominanz wird fünfmal die linke Hand gewählt – es fällt auf, daß die rechte Hand bevorzugt nur im graphomotorischen Bereich eingesetzt wird.
(Tatsächlich bestätigt die Mutter meine Vermutung: laut Untersuchung des Orthopäden hängen Auffälligkeiten in der Seitendifferenz und grob- und feinmotorische Auffälligkeiten mit dem behinderungsspezifischen Schulterblatthochstand zusammen. Es wurde außerdem festgestellt, daß die Gliedmaßen auf der Seite des Hochstands kürzer sind).
Bemerkenswert sind die Bewertungen im Bereich der Gedächtnisleistungen. Hier bestätigte sich, was ich bereits im Unterricht beobachtet hatte: die Merkfähigkeit bezüglich des einmal Erlernten ist gut (war bereits im Zeugnis vermerkt), steht aber in Diskrepanz zu den Leistungen des Kurzzeitgedächtnisses, weshalb er oft den Eindruck von Vergeßlichkeit oder 'Schusseligkeit' macht. Wird er erinnert, schüttelt er den Kopf über sich

selbst. Diese festgestellte Diskrepanz wird durch die Ergebnisse von fünf Beobachtungssituationen der Diagnostik bestätigt.

Da Dieters Selbstzutrauen mittlerweile gefestigt war, beschloß ich, zusätzlich zu Janine auch für ihn einen Antrag auf erneute Durchführung des VO-SF zu stellen und ihn für die Sonderschule für Lernbehinderte vorzuschlagen, war mir jedoch in Teilbereichen (z.B. bzgl. Kurzzeitgedächtnis) unsicher. Andererseits war eine eindeutige Zuordnung zum Personenkreis der geistig Behinderten bisher nicht erfolgt – im medizinischen Gutachten von 1996 wird lediglich von einer geistigen Retardierung gesprochen.

Eine endgültige Abklärung noch offenstehender Fragen konnte im Rahmen der schulischen Möglichkeiten nicht erfolgen, weshalb ich den Eltern Dieters die Durchführung einer Intelligenzdiagnostik durch eine Diplom-Psychologin vorschlug.
Diese Tests brachten folgendes Ergebnis: 'Anhand der Kaufmann-Assessment Battery for children (K-ABC) wurde .... die Intelligenz geprüft und das Niveau seiner Fertigkeiten. Die Gesamtintelligenz ist im Vergleich zur Altergruppe unterdurchschnittlich (SW = 72), womit er im Lernbehinderten-Bereich liegt. ......
Aufgrund der Befunde ist eine Versetzung auf eine Lernbehinderten-Schule zu empfehlen ....'
Ich schlug für Dieter vor, ihm die Möglichkeit für den Besuch seiner Klasse zu erhalten bei einer Vormittagsbeschulung in der Sonderschule für Lernbehinderte. So hat Dieter die Möglichkeit einer optimalen Förderung: vormittags im Bereich des Lernangebots der Sonderschule für Lernbehinderte – nachmittags könnte er bei uns weiterhin Sondermaßnahmen erhalten. Sollte er wieder Versagensängste entwickeln und auf frühere Verhaltensweisen zurückgreifen, könnte er wieder ganztägig bei uns beschult werden – der Schnitt, sein 'Versagen' an der anderen Schulform wäre damit für ihn reduziert. Ähnlich verhält es sich mit Janine, für die der 'Sprung' zur Sonderschule für Lernbehinderte aus psychosozialen Gründen evtl. nicht möglich sein könnte.
Inzwischen sind für Dieter und Janine die Bestätigungen vom Schulamt da, daß dieser Vorschlag für beide Kinder gefahren wird. Nach einem Jahr muß dann die Situation erneut überprüft werden.

Kevin nahm an den ersten drei Einheiten der Diagnostik teil. Bei ihm zeigte sich eine Präferenzdominanz rechts, was für das weitere Vorgehen im Unterricht von Bedeutung ist. Ansonsten haben sich die bisherigen Beobachtungen aus dem Unterricht bestätigt – Kevin gehört zu den stark beeinträchtigten Schülern, die durch ihre Auffälligkeiten bereits mitteilen, wie ihre Bedürfnislage im Wahrnehmungsbereich ist.

Bei der 'Durchführung 2' mit Anna, Christian und Simon wollten Janine und Dieter – vor allem aber Kevin – immer wieder mit teilnehmen, woraus ich schließe, daß die Durchführung der Diagnostik großen Spaß gemacht hat. Erstaunlich war Kevins hohe Frustrationstoleranz, die langen Konzentrationsspannen und die Fähigkeit, sich durch die starke Rhythmisierung des Geschehens immer wieder neu motivieren zu lassen. Er 'liebte' Pfiffigunde, gab 'sein Bestes' und hatte Spaß bei der Durchführung.

Seine Beteiligung gab mir einige Anregungen zur Modifikation (s.o., kursiv gedruckt) für die Durchführung 2 mit Anna, Christian und Simon:

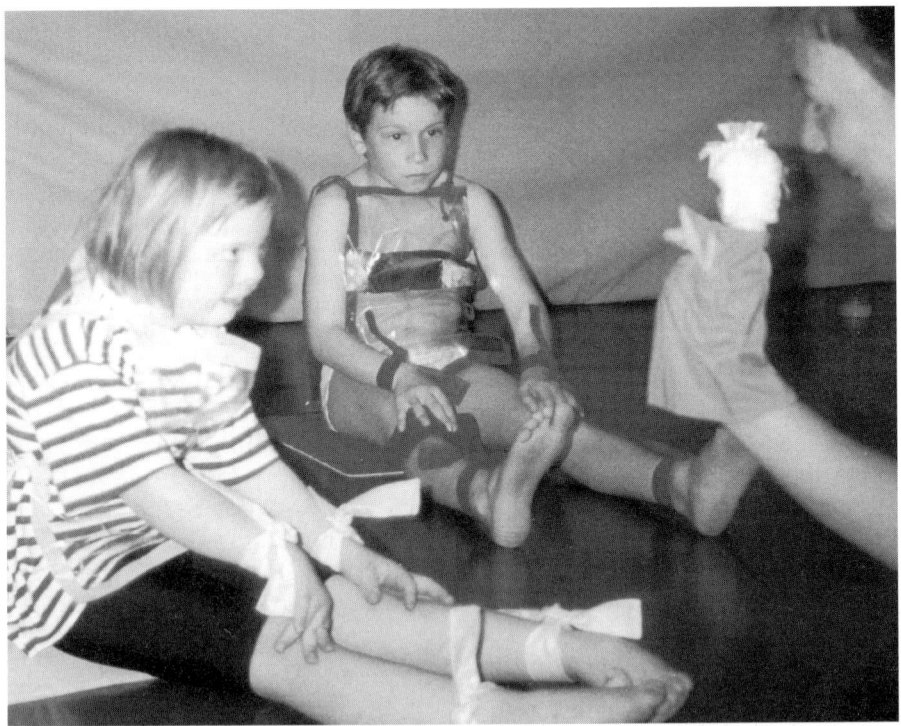

Simon und Anna werden von Pfiffigunde begrüßt, der Langsitz ist bereits wieder gelockert, Annas Beine sind innenrotiert

Zweite Durchführung mit drei Schülern

Modifikationen in der Durchführung

Prinzipiell soll bei der Berechnung des Zeitrahmens das Arbeitstempo der Schüler berücksichtigt werden.
Zu 6 (Augenmotorik)
Der Kopf wird jeweils von meiner Hand leicht am Kinn fixiert, damit es den Kindern möglich ist, nur die Augen zu bewegen. Die Situation wird von Christian ohne Brille wiederholt.

Zu 7 (Figur- Grund – Wahrnehmung)
Kopiervorlage vergrößert auf DIN A 3, die mittlere Spindel hat in der Farbe des Kindes ihren Weg schon gefunden (wg. Aufgabenverständnis), dieser Weg kann zuerst nachgemalt werden.
Wenn die Aufgabe im Sinne der Figur – Grund -Wahrnehmung nicht richtig gelöst wurde, gebe ich trotzdem unter Hand – Auge – Koordination eine 0, wenn diese stimmte (Ausmalen).

Zu 8 (Zauberseile finden)
Ich nehme drei Zauberseile für alle drei Kinder.
Jedes Kind soll zunächst nur zeigen, wo sein Seilanfang ist. Sollte ein Kind sein Seil nicht finden, wird der Schwierigkeitsgrad verringert, indem ein leistungsstärkeres Kind das erste Seil zieht, so daß für die beiden anderen Kinder nur noch zwei Seile zu finden sind.
Die Seile sind so wegzulegen, daß sie in der nächsten Beobachtungssituation schnell wieder greifbar sind.

Zu 12 (Krokodil durch Knoten oder Schleife fesseln)
Wenn man in der glücklichen Lage ist, die Voraussetzungen der Kinder in diesem Bereich zu kennen, sollte man den Knoten oder die Schleife nicht verlangen, wenn es schon eine Anforderung ist, das Zauberseil unter dem Krokodil durchzuführen und oben beide Enden wieder in der Hand zu haben; die Aufforderung sollte dann nur lauten: 'Umwickel' das Krokodil mit dem Zauberseil.'

Zu 13 (Taktile Differenzierung)
Ich biete jeweils nur zwei oder drei Stoffpaare mit gut differenzierbarer Struktur an und lasse sie erst befühlen, ehe ich anfange.
Schüler, die diese Aufgabe nicht lösen können, können sich die Stoffpaare auch ansehen, um es dann erneut zu versuchen, damit sie auch ein Stoffpaar mitnehmen können (kann dann nicht in die Bewertung für ausschließlich taktile Differenzierung einfließen, sondern gäbe auch Informationen zum visuellen Kurzzeitgedächtnis).

Zu 14/15 (visuelle Merkfähigkeit)
Nach der jeweiligen Ausführung werden die Symbole dem Kind noch einmal gezeigt.

Zu 20 (Raumlage)
Für das Finden der Symbole sollten einfachere Abbildungen in geringerer Menge verwendet werden.
Für Schüler, die Erfahrung mit Aufgabenstellungen zur Raumlage haben, habe ich die einzelnen Reihen im Querformat vergrößert. Eine Reihe (Noten) kommt auf das erste Blatt zum Üben und Erklären, es folgen jeweils zwei Reihen auf einem Blatt. Die Blätter hefte ich zusammen, so daß für das Kind ein kleines Buch entsteht, das es dem Riesen geben kann.
Für Schüler, die aus dem Unterricht noch keine Erfahrung mit Arbeitsblättern dieser Aufgabenstellung haben, ist es besser, zunächst anhand von Elementen eines Farb- und Form- Zuordnungsspiels zu erklären, was gemeint ist.
Je nach Entwicklung kann man hierbei zunächst

rot   gelb   gelb   rot   blau

nehmen. Durch eine größere Distanz zu den anderen Formen wird die erste Form kenntlich gemacht als die, der zuzuordnen ist. Hierbei handelt es sich erst um die Aufgabenstellung, etwas Gleiches zu finden – im Bedarfsfall wäre dieser Vorspann erforderlich, um sicherzugehen, daß die Aufgabenstellung verstanden wurde. Die Hinzunahme farblicher Symbole ist einfacher, diese Stufe wäre aber nicht bei jedem Schüler erforderlich. Die nächste Stufe wäre dann

ohne Farbunterschiede.

Die handelnde Ausführung anhand des Zuordnungsspiels kommt Schülern dieser Schulform mehr entgegen als die Ausführung auf einem Arbeitsblatt, führt aber in kleinen Schritten auf die Arbeitsblätter hin. Anschließend sollen die Schüler diese Aufgabenstellung auf folgenden Arbeitsblättern anwenden, die sich zunächst einmal an den Symbolen aus dem Zuordnungsspiel orientieren (die erste Aufgabe dient noch dem Aufgabenverständnis, etwas Gleiches zu finden, da man nicht mit jedem Schüler mit Zuordnungsspielen beginnt).

Die Anordnung der folgenden Symbole (ob einzeln auf jeweils einem Blatt, zu zweit auf einem Blatt angeordnet, gesammelt zu einem Heftchen oder als ein Blatt mit mehreren Symbolleisten) zuzüglich der Noten aus 'Diagnostik mit Pfiffigunde', S. 185) muß von der individuellen Bedürfnislage des Kindes ausgehen und dementsprechend angepaßt werden.

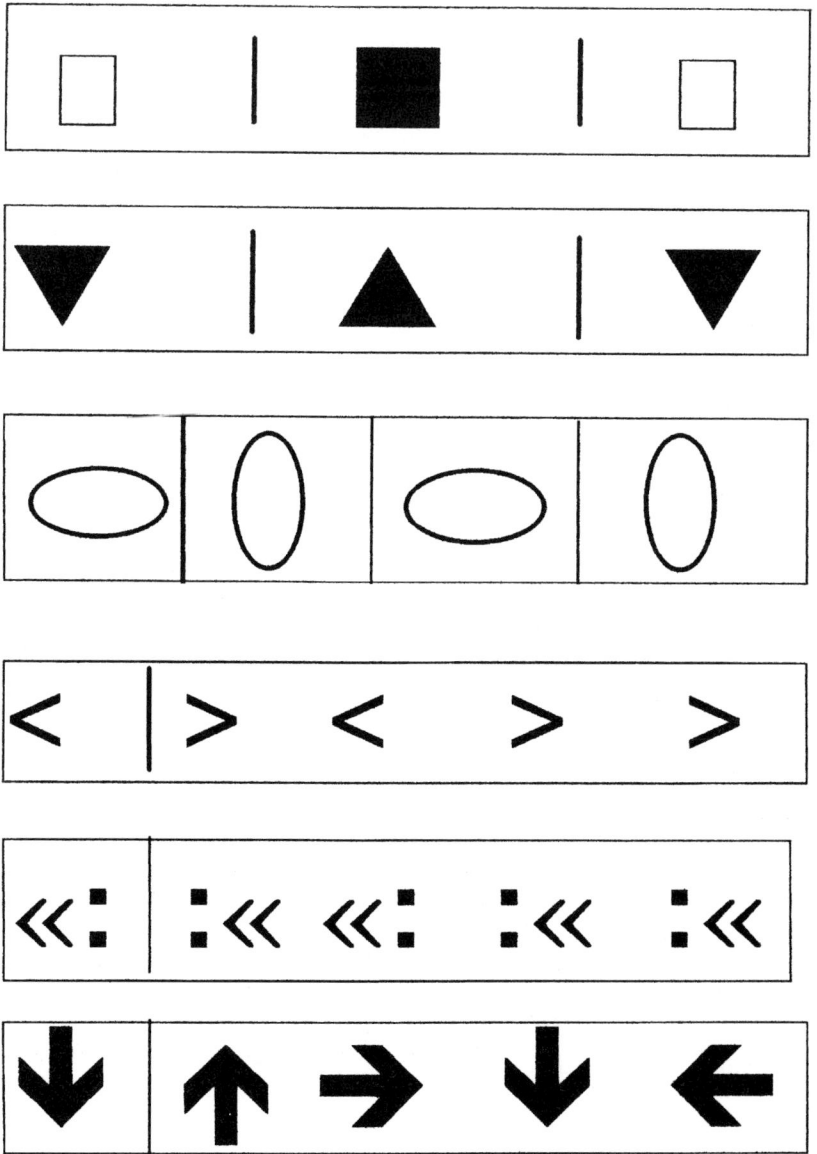

Zu 21 (Hörprüfung)
Zunächst einmal, damit die Kinder verstehen, was 'Flüstern', 'Hören' und 'Wiederholen' ist, flüstere ich ihnen direkt am Ohr den Namen des Riesen zu und lasse ihn wiederholen. Aus ca. zwei Metern Entfernung flüstere ich noch einmal und frage, was das Kind verstanden hat, ehe ich die vorgegebene Entfernung einnehme.
Ich frage die geratenen Gegenstände und die jeweilige Farbe noch einmal bei jedem Kind einzeln ab nach der Hörprüfung zur Unterstützung der Merkfähigkeit.

Zu 27 (Visuelle Figur – Grund – Wahrnehmung, Aufgabe 2)
Die Tiere werden auf DIN A 4 vergrößert, die Schüler sollen die Tiere ausmalen, die sie erkennen, wir benennen die Tiere gemeinsam, dann kann ich für den Drachenvater die Tiere, die in den Plätzchen versteckt sind, aufschreiben, damit er sie auch erkennt.
Hierdurch kann eine Benachteiligung nichtsprechender oder sprachgehemmter Schüler vermieden werden.

Zu 27 (Visuelle Figur – Grund – Wahrnehmung, Aufgabe 3)
Wenn die Kinder möglicherweise die Aufgabenstellung nicht verstanden haben, zeige ich ihnen ganz kurz ein vorgezeichnetes 'Kunstwerk'.

Beschreibung der Schüler

Simon ist ein zehnjähriger Schüler der Sonderschule für Lernbehinderte (das Alter ist mir erst nach der Durchführung bekannt). Von seiner Klassenlehrerin war angefragt worden, ob man Simon möglicherweise einmal 'auf den Zahn fühlen' könne, sie wisse sein Schulversagen nicht einzuschätzen.
Simon kommt einige Male in unsere Klasse. Er scheint sich wohlzufühlen. Ich stehe vor dem gleichen Problem wie eingangs aus der Vorstufenzeit beschrieben: Gezielte Beobachtungen/Abfragen sind nicht möglich. Simon verhält sich angepaßt, zeigt keine augenscheinlichen Auffälligkeiten. Er wirkt aufgeweckt und unseren Schülern überlegen. Bei der Wahl didaktischen Materials scheint er sich zu unterfordern – er nimmt Material, das wir in der Förderung der schwerstbehinderten Schüler einsetzen. Bei Anforderungen fällt er im Vergleich mit unseren Schülern positiv auf.
Ansonsten hält er sich still im Hintergrund.
Simon zeigt 'auf den ersten Blick ' keine Auffälligkeiten.

Der Weg der Drachenschnur wird gesucht

<u>Christian</u> und <u>Anna</u> sind im zweiten Schuljahr in der Klasse. Mit ihnen hatte ich den M/PAC bereits durchgeführt.
Beide lagen über dem Einschätzungs-Index für gleichaltrige Kinder mit Down-Syndrom.
Kinder mit Down-Syndrom sind in der Regel hypoton mit überstreckbaren Gliedern. Die Hypotonie bezieht sich auch auf die Mundmotorik. Der Gaumen ist häufig 'gotisch', also zu hoch, um bestimmte Konsonanten zu bilden. Anna spricht viel in Vokalen – falls sie spricht. Möglicherweise durch häufige Verständigungsschwierigkeiten hat sie oft eine Sprachhemmung, vor allem in unbekannten Situationen. Wenn sie sich 'geprüft' fühlt, verweigert sie sich häufig völlig. Ich hoffe, hier über das Puppenspiel etwas über Annas mundmotorische Fähigkeiten, auditive Wahrnehmung und Sprachverständnis zu erfahren.
Im M/PAC erreicht Anna zwei Punkte, Christian die altersentsprechenden drei Punkte.
Der PAC unterscheidet zwischen Bewegungsfähigkeit unter dem Begriff 'Selbsthilfe' und Grobmotorik unter dem Begriff 'Beschäftigung'. Unter 'Bewegungsfähigkeit' erreicht Anna fünf, Christian vier Punkte. Bei der Feinmotorik erfüllt Anna die volle altersentsprechende Punktzahl, während Christian einen Punkt darüber liegt. Die Wertung im grobmotorischen

Bereich wird von Christian mit voller Punktzahl erfüllt, Anna erreicht nur 90% der Punkte – eine Einschätzung, die meinen Beobachtungen aus dem Unterricht widerspricht.

Im Bereich der Selbständigkeit (beim Anziehen) liegen beide über der Altersnorm.

Unter 'Spielen' erreichen beide drei Punkte mehr, als es der Altersnorm entspricht – eine gute Voraussetzung für die Durchführung der 'Diagnostik mit Piffigunde'.

Der Komplex 'Wahrnehmung' ist nicht aufgeführt und kann bei der 'Diagnostik mit Pfiffigunde' ermittelt werden.

Ein spezifisches Verhalten vieler Schüler mit Down-Syndrom ist ein ausgeprägter eigener Wille, der sich in der Schule häufig in Leistungsverweigerung ausdrückt. Dies ist auch bei Christian und Anna so – tatsächlicher Leistungsstand ist am besten in spielerischen Situationen abzufragen. So hoffe ich auf die spielerische Komponente der Diagnostik mit Pfiffigunde, um gezielte Abfragen bezüglich Wahrnehmung und Motorik möglich zu machen.

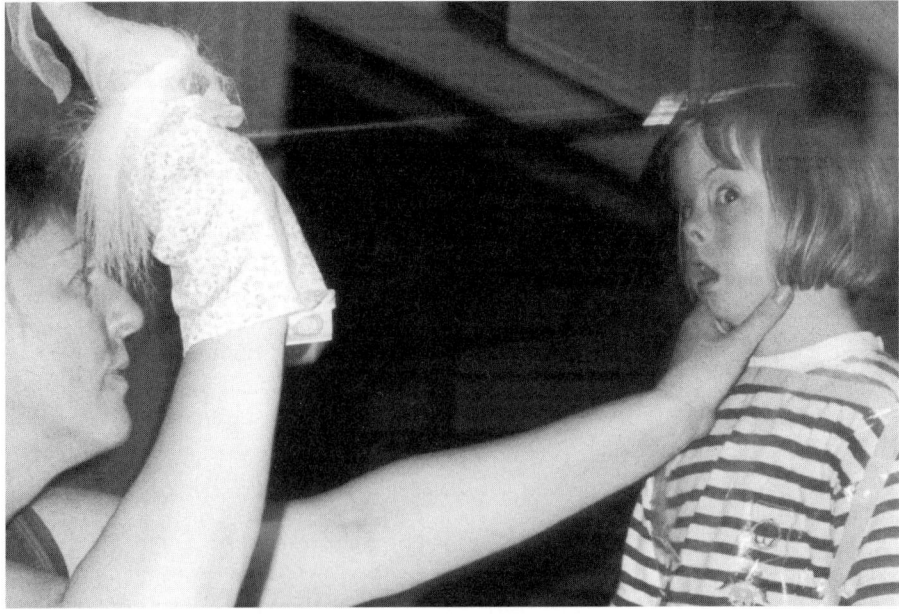

Anna schaut der Spitze des Zauberstabs nach, der Kopf wird leicht am Kinn fixiert

Bedingungen für die Durchführung

Zeitlicher Rahmen:

Einige Übergänge in der Durchführung 1 waren nicht mitgeschnitten worden, so daß man etwas mehr als die 'Nettozeit' von 2.5 Std. rechnen müßte, was allerdings wieder ausgeglichen wird von einigen Unterbrechungen durch hereinkommende KollegInnen.

Trotzdem war die Kürze der Durchführung für uns erstaunlich gewesen – ebenso wie die Konzentrationsfähigkeit der Schüler. Statt der geplanten fünf Einheiten wurden nur vier Einheiten in Anspruch genommen.

Für die Durchführung 2 wollte ich die Einheiten in einem einwöchentlichen Block durchführen. Geplant waren zwei oder drei Einheiten.

Personelle Ausstattung:

Da in der Durchführung 1 beim Schüler Kevin klar zu erkennen war, daß er auf die Durchführung durch eine Bezugsperson angewiesen war, plane ich diesmal, selbst zu spielen, Frau Weise Küppers soll die Kameraführung übernehmen. Um zeitlich ungebunden zu sein, weise ich zusätzlich die Pflegekraft der Klasse, Frau Töller, in die Kameraführung und die Inhalte der Diagnostik ein. Zur Hilfestellung für die Schüler (wichtig z.B. auch bei Toilettengängen) stehen ein Praktikant/Hauptschule und eine Praktikantin/ Berufsfachschule für Kinderpflege zur Verfügung.

Räumliche Ausstattung:

Für die Durchführung 2 möchte ich die große Turnhalle nutzen. Sie hat den Vorteil, groß genug zu sein auch für Filmaufnahmen wie in Beobachtungssituation 15 oder 17 erforderlich. Ein weiterer Vorteil ist, daß Unterbrechungen durch KollegInnen unterbleiben. Ein Nachteil ist die durchgängige Belegung der Turnhalle durch Klassen, für andere Klassen fällt der Sportunterricht aus, wenn ich die Turnhalle mehrmals innerhalb einer Woche belege, außerdem fließt dieser Aspekt erschwerend in die Terminplanung mit ein. Die Geräusche, die in den Klassen vom Flur oder der Nachbarklasse bei der Hörprüfung stören, treten in der Turnhalle nicht auf, es stellte sich allerdings nachträglich heraus, daß man den Hausmeister hätte fragen müssen, ob die Klimaanlage nicht abzuschalten sei. Ein weiterer Vorteil: Langbank und Kästen müssen nicht zur Klasse getragen werden.

Anmerkungen

Das Puppenspiel hat mir sehr viel Freude gemacht. Da ich jetzt in beiden Rollen gewesen war – der Puppenspielerin und der Kamerafrau – kann ich beide Rollen beurteilen: Als Kamerafrau hatte ich wesentlich mehr Eindrücke von der Durchführung. Als Puppenspielerin konzentrierte ich mich so stark auf den Ablauf, daß ich im Nachhinein nicht viel zum Verhalten der Schüler zu sagen wußte. Andererseits wußte ich während der Durchführung in der Rolle als Puppenspielerin, wann Hilfestellungen erforderlich waren, wann ich den Ton modulieren mußte oder wo die Grenze der Leistungsfähigkeit von Anna oder Christian tatsächlich erreicht war. Frau Töllers Kameraführung war einwandfrei – leider stand ich manchmal bei der Aufnahme wichtiger Szenen im Weg und hörte ihre Aufforderung zum Seitenwechsel nicht.

Schülern im Grenzbereich wie Janine, Dieter oder Simon gelingt es leichter, der Märchenlogik zu folgen. Von Christian und Anna kamen häufig nach einer Situation bei der Wiederholung 'Ahas' als Zeichen, daß sie jetzt den Zusammenhang verstanden hatten. Frau Weise-Küppers hatte in ihrer Rolle auf die Schüler überzeugend und glaubhaft gewirkt, die Schüler kommunizierten mit den Puppen, während bei meiner Rolle als Puppenspielerin die Schüler auch immer wieder die Kommunikation mit mir suchten. Es fiele den Schülern wahrscheinlich leichter, der Märchenlogik zu folgen, wenn sie nicht zwischen den Rollen Lehrkraft – Puppenspielerin hin- und hergerissen wären. So gibt es Vor- und Nachteile für beide Verfahren – für welches man sich entscheidet, hängt sicher auch von schülerbedingten Faktoren ab und sollte situationsabhängig entschieden werden.

Wesentlich für das Verstehen der Märchenlogik bei geistig Behinderten scheint die Wiederholung des zuletzt Erlebten zu sein, eine ständige Rückführung auf das Hauptanliegen (Unterrichtsprinzip Wiederholung und Festigung).

Ein Unterrichtsprinzip der Sonderschule für geistig Behinderte ist die Variation der Inhalte zu einem bestimmten Ziel, damit die Schüler durch immer wieder neu variierte Lernangebote ein Unterrichtsziel erreichen können. Mehrere Beobachtungssituationen zu einem Item (z.B. Gleichgewicht, das in mehreren Beobachtungssituationen angeboten wird) entsprechen diesem Unterrichtsprinzip und können den Schülern noch während der Durchführung einen Lernzuwachs bringen.

Die gesamte Durchführung der Diagnostik beträgt dieses Mal zwei Stunden in zwei Einheiten (es entfallen zwei Wiederholungen zur jeweils nächsten Einheit).

In diesen zwei Stunden ist zusätzlich der Besuch der Schüler zum Schluß bei der Drachenmutter einschließlich dem Abgeben der Geschenke beinhaltet.

Die Einheiten werden auch durch die Tatsache kürzer, daß sich mir durch die Videoauswertung der Durchführung 1 der Ablauf eingeprägt hatte und hierdurch der Gesamtablauf flüssiger war.

Die zwei Stunden erwiesen sich vor allem im Hinblick auf Simon als effektiv:

Auswertung für Simon

Simon ist zunächst einmal verkrampft, versteht die Situation trotz der spielerischen Atmosphäre als Leistungsanforderung. Nachdem er aber festgestellt hat, daß er den anderen Schülern überlegen ist und er den Anforderungen entsprechen kann, löst er sich.

Dies entspricht dem Bild, das ich auch aus den Beobachtungen aus der Klasse von ihm hatte: er war still, zurückhaltend und eher beobachtend; wenn didaktisches Material selbst ausgewählt werden konnte, nahm er sich das Material, das wir in der Regel für die Förderung der Schwerstbehinderten bereithalten.

Bei den Übungen zum 'Brain-Gym' in der Klasse – unserer morgendlichen Gymnastik, ergaben sich 'auf den ersten Blick' keine Förderansätze.

Auffälligkeiten in bestimmten Beobachtungssituationen:

Nummer 5: Auditives Kurzzeitgedächtnis (verbale Erfassungsspanne, sequentielle Speicherung)

Simon kann den drei-, vier- und den fünfsilbigen 'Zauberspruch' nachsprechen, den sechssilbigen Spruch kann er sich nicht merken und vertauscht die Silben. Etwas Unsicherheit zeigt er schon beim fünfsilbigen Wort. Er umfaßt zwar den Umfang des Gesprochenen, aber die sequentielle Speicherung gelingt ihm nicht.

Nummer 6: Augenmotorik, Hand-Auge-Koordination

In der Beobachtungssituation zur Hand-Auge-Koordination fallen ganz leichte Schwierigkeiten auf. Während Simon beim fremdbewegten Stift kaum visuomotorische Probleme hat (er zwinkert zweimal mit dem linken Auge), kann er dem eigenbewegten Stift der Spitze zunächst nur zögernd folgen. Außerdem überkreuzt er mit dem mit der rechten Hand gegriffenen Stift nicht die Körpermittellinie nach links, das Anhalten exakt vor der Körpermittellinie ist auffällig. Dies steht allerdings im Widerspruch zu Beobachtungssituation 3 (der Unterschied zu Beobachtungssituation 3 liegt in der Kameranähe – evtl. spannt Simon sich in einer so offensichtlich beobachteten Situation mehr an, was möglicherweise eine Erklärung sein könnte).

Nummer 7: Hand-Auge-Koordination, Visuelle Figur-Grund-Wahrnehmung

Simon braucht ein wenig Hilfe, um den ersten Drachen zu finden, beim zweiten Drachen verliert er die Spur ganz (ein Schnurweg war bereits

vorgemalt, die anderen beiden sollten von den Kindern gefunden werden).
Da Simon in Beobachtungssituation 8 (eigenes 'Zauberseil' herausfinden)
bei der Figur-Grund-Wahrnehmung als auch beim fremdbewegten Stab bei
der Augenmotorik keine Schwierigkeiten zeigt, könnte man aufgrund der
Ergebnisse in Nummer 4 und Nummer 7 davon ausgehen, daß eine fehlende Übereinstimmung zwischen Hand- und Augenbewegungen vorliegt.

Nummer 12:   Handmotorik

Die '2' in der Feinmotorik könnte hier eher auf mangelnder Anleitung zur
Selbständigkeit beruhen.

Nummer 15:   Visuelles Kurzzeitgedächtnis

Simon wählt die Scheibe mit dem Symbol, das dem ähnlich ist, was er sich
merken sollte, während die anderen beiden Kinder (geistig behindert) sich
das richtige Symbol gemerkt haben.

Nummer 20:   Raumlage

Simon hat von 7 Lösungen 6 Richtige, braucht dafür allerdings bedeutend
länger als die vorgegebene Zeit von vier Minuten, da er sehr zögernd
arbeitet und immer wieder ermutigt werden muß. Im regulären Zeitrahmen
würde er die '2' für diese Leistung erhalten.

Nummer 21:   Hörprüfung

Simon hört auf seinem bevorzugten rechten Ohr gut, auf dem linken Ohr
muß das Wort wiederholt werden.
Bevor er sich allerdings jetzt gleich einer audiologischen Untersuchung
unterzieht, sollten weitere akustische Spiele mit ihm durchgeführt werden,
um zu überprüfen, ob in einer anderen Situation die Hörfähigkeit des linken Ohrs mit dem des rechten Ohrs identisch ist.

Nummer 27:   Visuelle Figur-Grund-Wahrnehmung

Bei dem Aussortieren der Küchengeräte braucht er zunächst etwas Hilfe,
hat evtl. die Aufgabenstellung nicht richtig verstanden.
Bei Aufgabe 2 kann er nicht alle versteckten Tiere herausfinden, was möglicherweise auch daran liegen kann, daß ihm die Tiere nicht bekannt sind.

Nummer 28:   Homolaterales Schlafmuster

Simon zeigt den Ansatz eines homolateralen Schlafmusters, wenn er den
Kopf auf der rechten Seite hat. Hat er die Gesichtsseite links, ist das linke
Bein überstreckt.

Die Bewegungen, die Simon nachmacht, sind richtig und geschmeidig, aber langsam.

Bewertung

Die Bewertung der **Muskelspannung** ist überwiegend unauffällig. Zweimal erreicht er hier die Bewertung + 1 für einen erhöhten Muskeltonus, was evtl. auf seine situationsbedingte Angespanntheit zurückzuführen ist.
Mitbewegungen zeigt er bei grobmotorischen Aktivitäten, bei feinmotorischen Aufgaben zeigen sich keine Auffälligkeiten. Die starke Streckung z. B. der <u>linken</u> Hand könnte auf assoziierte tonische Reaktionen hinweisen. Um dies genau abzuklären, wäre ein Krankengymnast zu befragen.
Simon zeigt deutliche **Asymmetrien der Arme** – im Gegensatz zu den Beinen. Wie im oberen Abschnitt wird der <u>linke</u> Arm gestreckt, höher gehalten, 'festgehalten'. Da in den Beobachtungssituationen zur Bilateralintegration durchgängig mit '0' zu werten war, besteht bei einer Seitendifferenz die Möglichkeit für ein sog. Hemisyndrom. Dies müßte durch einen Krankengymnasten abgeklärt werden.

Die Bewertung in der **Hand-/Graphomotorik** ist in 9 Beobachtungssituationen mit '0' anzusetzen – in nur einer mit '2' – ein eindeutiges Zeichen dafür, daß er das Schleifebinden nicht erlernt hat, aber kein Anzeichen für Schwierigkeiten der Feinmotorik.

Die **Hand-Auge-Koordination** erreicht zweimal die Wertung '1' und weist auf einen Förderbedarf hin.

In den drei Beobachtungssituationen zum **auditiven Kurzzeitgedächtnis** erreicht er einmal die Wertung '1'.

Auffällig ist die **Präferenzdominanz** der <u>linken</u> Hand in allen Situationen, in denen er nicht am Tisch sitzt. Die rechte Hand bevorzugt er für graphomotorische Aufgaben, während er in allen anderen Situationen die linke Hand wählt.

Probleme bei der **Figur-Grund-Wahrnehmung**, also im **visuellen Bereich** und auch im **auditiven Bereich** sind erkennbar, in beiden Bereichen treten auch Schwierigkeiten bei Gedächtnisleistungen auf.

Insgesamt ist die linke Seite immer wieder auffällig: bei der Hörprüfung, der Präferenzdominanz (Kinder mit einem 'diskreten' Hemisyndrom benutzen zum Schreiben häufig die andere Hand – ein Linkshänder würde in diesem Fall mit der rechten Hand schreiben, obwohl er spontan mit links greift), beim monokularen Sehen überkreuzt er mit der rechten Hand die Mittellinie, um nicht mit dem linken Auge zu sehen, bei der Aufgabenstellung zum homolateralen Schlafmuster streckt er das linke Bein, wenn es gebeugt sein sollte, während er das rechte Bein leicht beugt, wenn es gebeugt sein sollte, zusätzlich fällt die linke Seite des Oberkörpers wieder auf bei der Seitendifferenz und den Mitbewegungen, bei starken visuellen Anforderungen zwinkert er mit dem linken Auge.

Das Aufsuchen eines Krankengymnasten (besser wäre Neurologe) ist empfehlenswert, um dies abzuklären.

Außerdem wäre eine Ergotherapie sinnvoll, bei der die Hand-Auge-Koordination und die erkennbaren Wahrnehmungsstörungen im visuellen und auditiven Bereich abzuklären und gegebenenfalls zu therapieren wären.

Leider ist die Situation bezüglich Ergotherapie in Düren sehr ungünstig. Eine Anbindung an die Christophorusschule für spezielle Förderangebote in dieser Richtung (ähnlich wie bei Janine und Dieter im umgekehrten Fall – eine Kombination von Fördermöglichkeiten in Christophorusschule und Cornetzhofschule, s.o.) wäre wahrscheinlich eher praktikabel .

Die Wertungen sind unter folgenden Aspekten zu sehen:

1. daß es sich hierbei um ein Verfahren zur Beobachtung von Wahrnehmung und Motorik <u>fünf- bis achtjähriger Kinder</u> handelt und Simon bereits 10 Jahre alt ist,
2. daß einzelne Anforderungen modifiziert waren, damit sie auch von geistig Behinderten zu leisten sind (z. B. war für Simon die Vorlage für Beobachtungssituation 20 auf vier Blätter im Querformat vergrößert aufgeteilt mit je zwei Blättern vergrößerter Leisten und einem Übungsblatt mit nur einer Leiste),
3. war der zeitliche Rahmen orientiert am Arbeitstempo der geistig behinderten Mitschüler.

Das Ergebnis dieser Diagnostik wird eine erneute Antragstellung auf VO-SF von Simons Klassenlehrerin/Sonderschule für Lernbehinderte sein, mit dem Ziel, den adäquaten Förderort für Simon zu finden, ggf. zusätzlicher Besuch an der Sonderschule für geistig Behinderte.

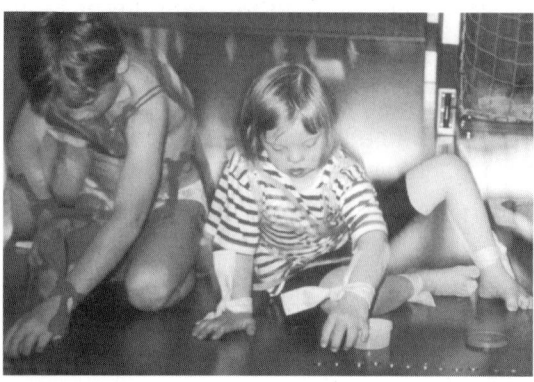

Simon und Anna sammeln die Geldstücke auf, Simon mit der linken! Hand

Auswertung für Anna und Christian

Weitere Vorschläge zur Modifikation sind kursiv gedruckt.

Auffälligkeiten in den Beobachtungssituationen:

Nummer 2:   Muskelspannung (Langsitz)

Anna sitzt in der Anforderungssituation unauffällig und erhält die Wertung 1. Sobald sie von Pfiffigunde angesprochen wird, verändert sie ihre Sitzhaltung, die Beine sind innenrotiert. *(Eine Beobachtung von Sitzverhalten in entspannten Situationen ohne Anforderungscharakter in die Wertung mit aufzunehmen wäre interessant, um Rückschlüsse oder Zusammenhänge wie bei Kevins Zwischenfersensitz zu erkennen und einen konkreteren Förderbedarf festzustellen).*

Nummer 5:   Auditives Kurzzeitgedächtnis
(verbale Erfassungsspanne,
sequentielle Speicherung)

Beide Schüler können das dreisilbige Wort wiederholen, die Qualität ist unterschiedlich – jeder der beiden Schüler spricht das Wort so, wie es seinen behinderungsspezifischen Fähigkeiten entspricht. Im Vergleich mit der Beobachtungssituation zur Mundmotorik stellt sich heraus, daß in diesem Bereich die Grenzen der beiden Schüler liegen – die wiedergegebenen Silben sind – für das Sprachvermögen der Schüler – korrekt wiedergegeben, so daß die Bewertung der auditiven Differenzierung unauffällig ist. Eine Bewertung fällt hier leichter, wenn das Sprachverhalten der Schüler bekannt ist.

Christian wartet vom zweiten Wort an nicht ab, bis ein Wort zuende gesprochen ist, sondern spricht gleich mit. Die Aufforderung, abzuwarten, gelingt ihm kaum. Anna möchte gar nicht sprechen – wie auch in der Klasse in Anforderungssituationen. 'Pfiffigunde' nähert sich ihrem Mund und fordert sie auf, ihr die Worte in's Ohr zu flüstern. Anna spricht jetzt laut und deutlich.

Beide können jeweils nur die Endungen der Worte speichern – ein wichtiger Hinweis für das Verbalverhalten von LehrerInnen und Eltern. Hierdurch wird auch ersichtlich, warum diese beiden Schüler den Einzelszenen der Spielhandlung erst dann folgen, wenn sie sie erlebt haben und sie kurz wiederholt werden.

Anna wiederholt mehr Silbenenden als Christian, eine Leistung, die ich gern hätte in die Bewertung mit einfließen lassen (z.B.: kann eine Endung nachsprechen – Wertung 4, kann mehr als eine Endung nachsprechen – Wertung 3. Auch in anderen Wertungen könnten differenziertere Beobachtungen ein-

fließen, so daß der Förderbedarf konkreter wäre.) Einfacher nachzusprechen wäre für diese Schüler die von Susanne Pietsch in 'Sonderpädagogischer Förderbedarf für Lernbehinderte' vorgeschlagene Wortfolge.

Nummer 6: Augenmotorik, Hand-Auge-Koordination

Beide Schüler haben Mühe, sowohl der fremd- als auch der eigenbewegten Zauberstabspitze zu folgen. Christian ist bereits in augenärztlicher Behandlung und hat kürzlich eine Brille bekommen.
Anna blinzelt, sie erfüllt mehrere Bedingungen – eine augenärztliche Überprüfung wäre angebracht.

Nummer 7: Hand-Auge-Koordination, Visuelle Figur-Grund-Wahrnehmung, Graphomotorik

Die Haltung des Stiftes zeigt keine Verkrampfung an – im Gegenteil, die Schüler fassen den Stift eher etwas zu weit oben und sehr locker. Es gelingt beiden im Ansatz, eine Linie mit dem Stift zu markieren. *Daneben malen sie die Drachen aus – das, was sie zuletzt im Unterricht gemacht haben. Hierbei sind Schwierigkeiten der Hand-Auge-Koordination nicht zu erkennen, so daß in diesem Bereich eine Wertung, die sich auf die Lösung der Aufgabe bezieht, zu einer falschen Bewertung führen würde – die Schwierigkeiten bestehen primär in der Figur-Grund Wahrnehmung.*

Nummer 8 Augenfixationsfähigkeit, visuelle Figur-Grund-Wahrnehmung

Anna erhält die Wertung 1, sie löste ihre Aufgabe zwar mit Zögern, fand aber das richtige Seil. Christian fand sein Seil auch dann nicht, nachdem nur noch zwei Seile auf dem Tuch lagen.

Nummer 9: Gleichgewicht, Muskelspannung

– ist bei Christian nicht überprüfbar, er konnte nicht selbständig über die Langbank gehen. Er zeigt sonst eine 2 unter dem Item Gleichgewicht nur noch in der Beobachtungssituation mit verbundenen Augen.

Nummer 11: Handmotorik, Mitbewegungen

Christian und Anna gelingt die Finger-Daumen-Opposition nicht.

Nummer 12: Handmotorik

Da beide Schüler noch beim Erlernen des Öffnens und Schließens der Knöpfe sind, erspare ich ihnen den Versuch des Knotens und Schleifebindens und lasse sie nur das Krokodil umwickeln.

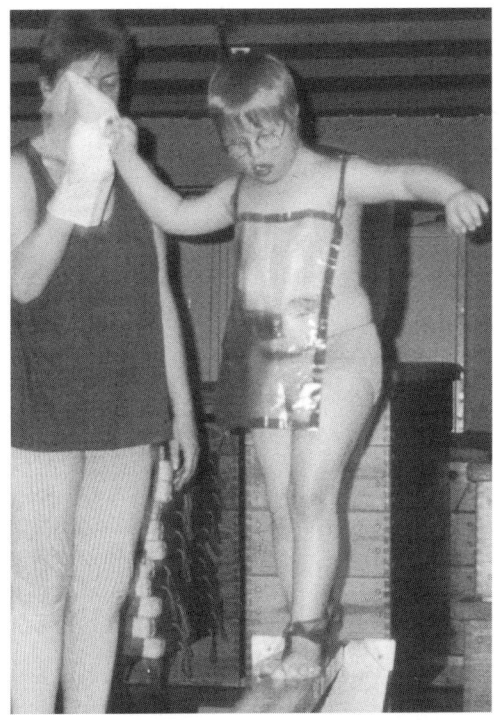

Christian balanciert mit Hilfe der Fee auf der Langbank

Nummer 13:   Taktile Differenzierung

Anna erfüllt die Anforderung sofort. Eine Wiederholung in der Klasse wäre ratsam, um auszuschließen, daß es sich nicht um ein Zufallsergebnis handelt.

Nummer 14:   Monokulares Sehen

Die Beobachtungssituation zum monokularen Sehen mit Trichter und Rohr war für die Schüler eindeutig besser zu verstehen im Vergleich zur Zauberlandkarte und auch motorisch besser zu bewältigen. Leider hatte ich einen einfachen Trichter verwendet, den die Schüler schlecht fassen konnten. Die Hand rutschte jeweils zum Trichterende und verdeckte die Sicht. *Ein Trichter mit Henkel wäre auf jeden Fall angebracht.*
Für eine Verwendung der Zauberlandkarte sollte dies fest installiert sein (s.o.).

Nummer 17:   Muskelspannung, grobmotorische Koordination

Christian zeigt Ansätze zum Hüpfen ähnlich wie Kevin in Durchführung 1. Anna hüpft 3 Hüpfer.

Nummer 19: Mitbewegungen

Christian hat keinen Bewegungsplan, er kann die Füße erst etwas vom Boden heben, nachdem ich es ihm mit Schwung (zum Hüpfen übergehend) vormache.

Zunächst jedoch krampft er die Zehen ein. (*Vermerke zu den Wertungen bezüglich Mitbewegungen der Füße, z.B. Zehenkrallen, was Christian in mehreren Anforderungssituationen macht, sollten in die Wertung mit einfließen*).

Anna erhält die Wertung 1. Sie macht ihren Zehengang gut, aber mit leicht innenrotierten Beinen.

Nummer 20: Raumlage

Für Anna und Christian müssen die modifizierten Arbeitsblätter verwendet werden, gewertet werden fünf Symbolleisten (die erste Leiste dient nur dem Übergang vom Zuordnungsspiel zur eigentlichen Aufgabe) + die Symbolleiste mit Noten aus der 'Diagnostik mit Pfiffigunde'. Von den 6 möglichen Lösungen war für Christian eine Leiste nicht zu bewältigen (Leiste mit Eiern), er würde damit die Wertung 1 erreichen. Bei Anna ist es ebenso, ihr war die Lösung der vierten Leiste nicht möglich. *Die Wertung müßte hier differenzierter sein.*

Nummer 21: Hörprüfung

Annas offensichtliche Probleme, das Flüstern zu hören, erstaunen mich. Ich bitte die Logopädin, mit Anna die auditive Wahrnehmung zu überprüfen und zu filmen. Hier zeigt sich das gleiche Verhalten wie in der Klasse: Es ist nicht einsehbar, ob Anna gerade keine Lust hat oder tatsächlich schlecht hört. Bei Händeklatschen unter dem Tisch oder Zurufen ihres Namens während einer Beschäftigung reagiert sie erst nach Wiederholungen. Leider gehört die schlechte Reaktion auf Sprache, wenn etwas von ihnen verlangt wird, zum Verhaltensrepertoire der meisten Kinder mit Down-Syndrom, so daß eine Abklärung schwierig ist (hierin liegt auch die Gefahr, Hörschäden bei Kindern mit Down-Syndrom zu 'übersehen'). Bei Kim-Spielen in der Klasse zur auditven Wahrnehmung bestätigt sich allerdings immer wieder eine Distanz von zwei Metern, wie auch schon bei der Diagnostik.

Christian wirkt zunächst fast taub, er wiederholt immer nur das von mir zuletzt gesagte laute Wort 'Wand'. Erst beim Einsatz von Süßigkeiten stellt sich heraus, daß er bei einer Distanz von fünf Metern auf beiden Ohren ein geflüstertes Wort wiederholen kann.

Nummer 23:   Körperschema

Christian malt einen Kopffüßler, Anna malt nicht gegenständlich.

Nummer 24:   Gleichgewicht, Vestibuläre Wahrnehmung

Beide Schüler setzen nicht Fuß hinter Fuß (unter 7 Jahre), haben aber sonst keine Schwierigkeiten beim rückwärts Balancieren oder der Drehung.

Nummer 25:   Bilateralintegration

Anna krabbelt an den 'Plätzchen' vorbei, muß eine Drehung machen und zurückkrabbeln. In dieser Situation (abgelenkt) krabbelt sie nicht kreuzkoordiniert, sondern geht kurz dazu über, Beine und Arme parallel zu bewegen. So zeigt sich auch die Gesamtwertung der Bilateralintegration: Mit viermal Wertung 0, fünfmal Wertung 2.

Nummer 27:   Visuelle Figur-Grund-Wahrnehmung

Anna und Christian haben jeweils drei von fünf Lösungen richtig bei der ersten Instruktion. *Ich halte dies für diese Schüler schon für eine besondere Leistung und würde gern in die Wertung Zahlen für das Erkennen von 0 – 3 Teilen differenzierter aufführen, z. B. Wertung 3 für drei richtige Lösungen, Wertung 4 für zwei Richtige, Wertung 5 für einen richtigen, Wertung 6 für Nichtfinden richtiger Lösungen.*

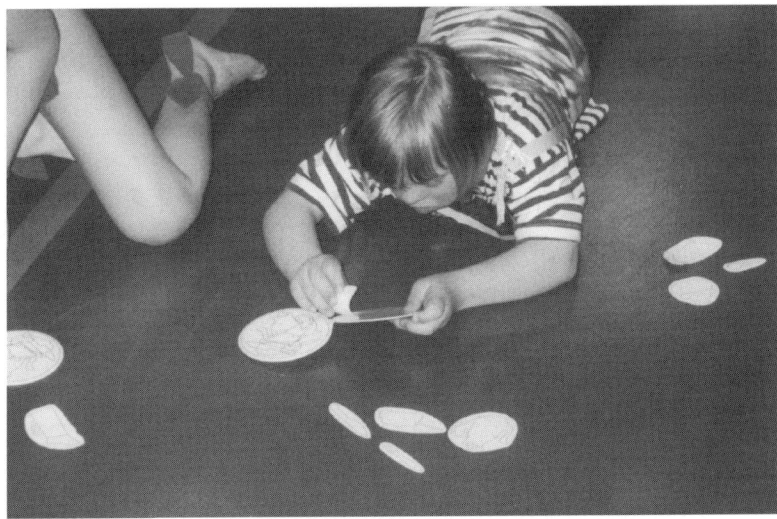

Anna sortiert ihr 'Kücheninventar'

Bei der zweiten Instruktion malt Anna drei von fünf Tieren mit sehr viel Eifer ganz aus, Christian malt drei Tiere mit Strichen an und benennt 'Hund, Eichhörnchen, Kaninchen füttern' (*Nachteil für die Schüler: das Tier Pinguin ist wahrscheinlich nicht bekannt, ein Pferd wäre sicher einfacher zu entdecken gewesen, weil es bekannt ist*).

Bei der dritten Instruktion finden beide alle sechs Bälle und malen sie aus.

Nummer 28:   Homolaterales Bewegungsmuster

Anna läßt das homolaterale Muster erkennen, sie dreht sich auch häufig, während Christian eine halbhockende Stellung einnimmt und nicht davon abzubringen ist – also nicht bewertet werden kann.

Nummer 30:   Mundmotorik

In diesem Bereich besteht ein deutlicher Unterschied zwischen Anna und Christian.

Christian bewegt seine Zunge zwar stockend, kann aber alle geforderten Bewegungen ausführen. Anna kann die Zunge nur in Richtung Kinn bewegen, Kreisbewegungen sind nicht möglich. Bei Richtung Nase hebt sie den Kopf. Diese Leistungen sind eindeutig, denn sie ist motiviert und beginnt schon mit den Bewegungen der Zunge und dem Aufblasen, als Simon noch an der Reihe ist – es liegt also nicht an Lustlosigkeit.

Diese Differenz in der Mundmotorik deckt sich mit der Differenz im sprachlichen Ausdruck der beiden. Für Anna besteht dringender Förderbedarf.

Nummer 31:   Körperschema

Beide Schüler haben erhebliche Abweichungen – Anna nach unten, Christian nach oben hin. Diese Beobachtung deckt sich mit Beobachtungssituation 23.

Bewertung

Die Auswertung der Videoaufnahmen zu Anna und Christian führe ich mit Frau Weise-Küppers aus und stelle fest, daß eine Auswertung zu zweit bedeutend effektiver ist. Frau Weise-Küppers beobachtet Gegebenheiten, die mir nicht aufgefallen wären und umgekehrt. Außerdem neige ich durch den Bezug zu den Schülern zu mangelnder Objektivität, so hätte ich Anna einige Male positver bewertet.

Eine Bewertung aus den Profil- und Beobachtungsbögen der 'Diagnostik mit Pfiffigunde' für beide Schüler fülle ich aus und bitte die Mütter der Schüler um ein Gespräch zu den Ergebnissen aus dem M/PAC (überdurchschnittlich) und der 'Diagnostik mit Pfiffigunde' (verglichen mit 'normalen' 5 – 8 jährigen Kindern erreichen diese Schüler häufig die Wertung 2). So hebt für die Eltern das eine das andere auf.

Bei diesen Schülern geht es mir nicht darum, einen Ist – Stand zu bewerten im Vergleich mit 'normalen' Werten, denn sie werden immer Menschen mit Down-Syndrom bleiben mit den ihnen eigenen Vorzügen und Eigenheiten.

Wesentlich ist für mich, festzustellen, wo für die Schüler lebensbedeutsame Ziele verwirklicht werden können, indem ich genau weiß, wo das Förderangebot anzusetzen ist.
Beispiel: Bei Anna war bisher nicht abgeklärt, ob die Ursache für ihr geringes Sprachvermögen an einer Dyspraxie, der Mundmotorik oder der auditiven Wahrnehmung liegt. Die Sprache als Kommunikationsmittel ist aber für jeden Menschen lebensbedeutsam, so auch für Anna und ihre Eltern, und ebenso bedeutsam ist es, die Ursache für eine verbale Schwäche zu finden. Nach der Durchführung der Diagnostik scheint der Förderschwerpunkt hier im auditiven Bereich und in der Mundmotorik zu liegen.
So spare ich eingehendere Überlegungen zur Bewertung, sondern lasse die Beobachtungen aus den einzelnen Beobachtungssituationen in die Förderbedarfsplanung für das nächste Schuljahr einfließen – ich nutze in diesem Fall also die 'Diagnostik mit Pfiffigunde' als Förderdiagnostik.

Die Ergebnisse bezogen auf Förderbedarf

Krankengymnastik:
Anna erreicht bzgl. ihrer Muskelspannung nur einmal die Wertung -2, dreimal -1 und einmal die Wertung 0. Hier hat sich die wöchentlich mehrfache Krankengymnastik in der Schule und zuhause positiv ausgewirkt.
Christian erreicht dreimal die Wertung -2, einmal -1 und einmal die Wertung 0. *Bezüglich seiner Muskelhypotonie besteht ein Mehrbedarf an Krankengymnastik.*

Nicht integrierte Reaktionen:
– fallen bei beiden Schülern nicht auf, ebenso verhält es sich mit Mitbewegungen.

Gleichgewicht:
Christian erreicht viermal die Wertung 0, einmal die Wertung 2 bei Beobachtungssituation 9, in der Anna die Wertung 1 erreicht, was anzeigt, daß *ein Förderbedarf bezüglich des Gleichgewichts besteht, wenn es um Balancieren in Verbindung mit Höhe und geringer Auflagefläche für den Fuß geht.*

Grobmotorische Koordination:
Christian zeigt einen Förderbedarf im einbeinigen Hüpfen an, sowie generell bei der Fußmotorik.

Seitendifferenz/Asymmetrien:
– bei Christian unauffällig, Anna erreicht einmal die Wertung 1, einmal die 2 >>>*Krankengymnastik.*

Handmotorik/Graphomotorik:
Bei beiden sollte das Kürzerfassen des Stiftes geübt werden.

Auge/Hand-Koordination, feinmotorische Koordination:
Beide haben einmal 0, Christian einmal 1 und Anna einmal 2. *Förderbedarf ist hier ersichtlich bei Aufgaben, die an einer Linie entlang führen, wie Schneiden mit der Schere oder malen mit dem Stift.*

Mundmotorik:
Förderbedarf im logopädischen Bereich – beide sind bereits in logopädischer Behandlung, dies betrifft auch auditive Gedächtnisleistungen bezüglich der verbalen Erfassungsspanne (Umfang des reproduzierten Materials).

Bilateralintegration:
– ist bei Christian unauffällig, *für Anna könnten die Bewegungen aus Beobachtungssituation 28 mit in das morgendliche Brain-Gym Programm mit aufgenommen werden.*

Figur – Grund – Wahrnehmung:
Bei beiden Schülern besteht Förderbedarf.

Auditive Wahrnehmung:
Für Anna sollten weitere Hörspiele durchgeführt werden.

Lateralität:
Die Präferenz- und Leistungsdominanz ist bei beiden Schülern rechts, was im Unterricht zu berücksichtigen ist.

Ergebnis des Elterngesprächs

Die Eltern können beim Ansehen des Videos wichtige Hinweise geben, z.B. zu sprachlichen Äußerungen der Schüler; so war mir nicht aufgefallen, daß Anna beim Erraten des Spielzeugs den richtigen Kassettennamen gewählt hatte, so daß ich hier die Wertung ändern mußte.
Annas Eltern sind nicht überzeugt davon, daß Anna in einigen Beobachtungssituationen die Leistungen eigenständig erbracht hat (bezüglich der

Figur-Grund-Wahrnehmung). Tatsächlich könnte die Praktikantin in Beobachtungssituaton 27, Aufgabe 1 und 3 mehr Hilfestellung gegeben haben als für die Diagnostik förderlich – aus der Videoaufnahme geht dies nicht hervor, weil die Kamera von Kind zu Kind schwenkt. Die Leistung in Aufgabe 2 (3 Tiere) löste sie auf jeden Fall selbständig, da ich neben ihr saß.

Annas Mutter machte darauf aufmerksam, daß beim Herausfinden des eigenen Zauberseils es sich auch um ein Zufallsergebnis gehandelt haben könne, wie möglicherweise schon in der Beobachtungssituation zur taktilen Differenzierung. Die Ergebnisse aus diesen Situationen müßten überprüft werden.

Ich erfahre, daß die kniende Haltung tatsächlich Christians Einschlafposition ist, so daß er zwar der Aufgabenstellung entsprochen hat, es aber in meinem Sinn zur Überprüfung des homolateralen Schlafmusters durch die Formulierung der Aufgabe gar nicht konnte.

Insgesamt waren aber die Eltern überrascht vom Leistungsvermögen der Schüler – vor allem von der langen Konzentrationsfähigkeit.

Christians Mutter war besonders beeindruckt von den vergleichsweise wenigen Verhaltensauffälligkeiten ihres Sohnes.

Die Mutter von Christian hatte nach der Durchführung der Pfiffigunde einen Lernzuwachs bei ihm beobachten können: er begann zuhause, auf einem Bein zu hüpfen. Gleichzeitig wurde festgestellt, daß die Videoaufnahmen die Kinder zuhause zur Wiederholung animieren können und damit wieder ein Lernzuwachs erreicht werden könnte.

Die Eltern baten um Wiederholung der Diagnostik nach einem Jahr, um Vergleichsmöglichkeiten zu haben und Fortschritte überprüfen zu können.

Die Elternarbeit für Simon wird von der Kollegin der Sonderschule für Lernbehinderte geleistet. Für sie wäre in diesem Fall sicher der Beitrag dieses Buchs über die Elternarbeit mit Pfiffigunde aus der heilpädagogischen Praxis von Hoffritz/Hanke interessant.

Resümee

Wahrnehmungsschulung, Psychomotorik, Hand-Auge-Koordination und feinmotorische Übungen gehören selbstverständlich zum Stundenplan der Sonderschule für geistig Behinderte, sind aber immer orientiert an der Bedürfnislage.

Sind z. B. mehrere Schüler augenfällig gleichgewichtsunsicher, werden Gleichgewichtsübungen in der Psychomotorik geplant. Nicht-augenfälliger Förderbedarf einzelner Schüler kann ohne entsprechende Diagnostik 'untergehen'.

Hier kann die 'Diagnostik mit Pfiffigunde' gezielt Förderbedarf abfragen: Nach den offensichtlichen Problemen Annas bei der Hörprüfung wurden im Gesamtunterricht oder in Kleingruppen zusammen mit Schwerstbehinderten Kim-Spiele zur auditiven Wahrnehmung durchgeführt – ein Beispiel für den Sinn des Einsatzes der Diagnostik mit Pfiffigunde an einer Sonderschule für geistig Behinderte. Förderbedarf wird konkret und differenziert abgefragt und kann in die Unterrichtsplanung einfließen.

Diagnostik ist für mich dann optimal, wenn nicht unter fragwürdigen Kriterien (wenn möglich noch mit verbal 'unterbelichteten' Kindern ein verbaler Test) Ist-Stand oder 'Defizite' der Schüler in einer eindeutig verunsichernden und entmotivierenden Testsituation abgefragt wird, um lediglich zu werten, sondern wenn es sich um eine 'Förderdiagnostik' handelt. So kann ich bei einer Auswertung der 'Diagnostik mit Pfiffigunde' auf die Ergebnisse aufbauen, wenn ich bei der Bewertung Vermerke im Profilbogen mit einfließen lasse, so daß ich hier gleich einen Überblick habe für die Förderbedarfsplanung.
Bei der Beobachtung von Schülern einer Sonderschule für geistig Behinderte sind 'Behinderungen' augenscheinlicher als z. B. an einer Sonderschule für Lernbehinderte; viele Schwerstbehinderte zeigen ihren Bedarf an Wahrnehmungsförderung an, indem sie durch bestimmte Verhaltensmuster ihre 'Defizite' einzufordern oder ein Zuviel auszugleichen versuchen, so daß hier der Förderbedarf zunächst einmal offensichtlich ist, aber für viele der sogenannten Grenzfälle ist der Einsatz einer Förderdiagnostik ebenso relevant wie für die vielen geistig behinderten Schüler mit leichten Wahrnehmungsstörungen, Mehrfachbehinderungen und/oder 'diskreten' Bewegungsstörungen, die sogar im täglichen Beisammensein übersehen werden können.

So hatte die 'Diagnostik mit Pfiffigunde' für mich einen vielfachen Wert:

- Als Förderdiagnostik für zwei Schüler
- Zur Vorbereitung der Antragstellung auf erneute Eröffnung von VO-SF für drei Schüler
- Zu Bewegungsanalysen eines Schwerstbehinderten in konkreten Situationen
- Zum Hinzulernen
- Zum kollegialen Austausch während der Auswertung der Videoaufnahmen
- Für transparente Elternarbeit

Gleichzeitig trug die Durchführung der Diagnostik bei zu einem schulübergreifenden Konzept, bei dem in Kooperation von Christophorusschule,

Cornetzhofschule und Schulamt den Schülern eine Kombination von Fördermöglichkeiten beider Schulformen (GB und LB) zur optimalen individuellen Förderung geboten werden kann.

Glossar

Brain-Gym: (Gehirngymnastik), Bewegungsübungen aus der Edu-Kinestetik zu den Ansatzpunkten Lateralität, Kreuzen der Mittellinie, Kreuzung der Trennungslinie zwischen oberer und unterer Körperhälfte, zur Auge-, Hand- und Körperkoordination, wird auch eingesetzt bei Lernblockaden.

Bobath-Konzept: Behandlungstechniken zur Tonusregulation und zur Bahnung von Haltungs- und Bewegungsmustern als Hilfe zur Aktivierung der Eigenregulation für cerebral bewegungsgestörte Kinder.

Down-Syndrom: auch Trisomie 21, Chromosomenabberation; individuell verschiedene entwicklungsfähige geistige Behinderung mit unterschiedlichen körperlichen Beeinträchtigungen; bei gezielter, früh begonnener und individuell angepaßter Förderung sind Kinder mit Down-Syndrom lernfähig und sozial gut zu integrieren, u. U. ist auch der Besuch von Regelschulen möglich.

Edu-Kinestetik: eine Methodik, die Lernenden dazu verhilft, durch bestimmte Bewegungen und Berührungen die im Körper verborgenen Potentiale und Fähigkeiten 'herauszuholen'.

Fazial: den Gesichtsbereich betreffend.

Kontraktur: Versteifung der Gelenke in Schonstellung oder Zwangshaltung.

Mikrozephalus: Verkleinerung von Umfang und Inhalt des Schädels im Vergleich zu den altersentsprechenden Größenverhältnissen der übrigen Körperteile.

Trisomie 8: Chromosomenabberation, charakterisiert durch oft schwere Anomalien der Knochen und Gelenke und faziale Fehlbildungen, seltener Mißbildungen der inneren Organe; kann mit geistiger Behinderung einhergehen.

Verzeichnis der AutorInnen und ÜbersetzerInnen

AutorInnen

Bergsch Sigrid	Fachlehrerin, Schule für Geistigbehinderte	Kreuzau	NRW
Bolzmann Anne	Dipl. Sozialpädagogin	Darmstadt	Hessen
Braun-Feldweg Beate	SoL für Geistigbehinderte	Neusitz	Bayern
Cárdenas Barbara	Dipl. Psychologin, Dipl. Pädagogin	Dietzenbach	Hessen
Erb Andrea	Dipl. Sozialpädagogin mit Zusatzqualifikation Motopädagogik	Fulda	Hessen
Fischer Christian	SoL für Lernbehinderte	Sachsen	Bayern
Gast Monika	SoL für Lernbehinderte und Verhaltensgestörte	Dinkelsbühl	Bayern
Hanke Heike K.	Dipl. Pädagogin	Essen	NRW
Hoffritz Silke	Dipl. Heilpädagogin	Dortmund	NRW
Meusel Bettina	Dipl. Sozialpädagogin mit Zusatzqualifikation Motopädagogik	Fulda	Hessen
Meyer Gretel	Dipl. Sozialpädagogin, Montessori-Diplom, Vorklassenleiterin	Hanau	Hessen
Pietsch Susanne	SoL für Lernbehinderten-, Verhaltensgestörten- und Sprachheilpädagogik, Dipl. Pädagogin	Kassel	Hessen
Rothkegel Marion	Lehrerin für Grund, Real- und Hauptschule, Dipl. Sozialpädagogin, Vorklassenleiterin	Petersberg	Hessen
Sanden Ulrike	Dipl. Sozialarbeiterin/-pädagogin; staatlich gepr. Motopädin	Bremerförde	Niedersachsen
Schlinkert Sabine	Dipl. Heilpädagogin	Dortmund	NRW
Weber Katja	Dipl. Sozialpädagogin	Darmstadt	Hessen
Wendeler Karla	SoL für Lernhilfe	Celle	Niedersachsen
Wochele Sabine	Dipl. Sozialpädagogin mit Zusatzqualifikation Motopädagogik	Fulda	Hessen

SoL = Sonderschullehrerin, Sonderschullehrer

Übersetzung

Türkisch
Ufuk Yildiz, Diplomübersetzer
52372 Kreuzau

Hocharabisch
Tarek Salih
52349 Düren

Spanisch
Sabine Schlinkert
44145 Dortmund

Russisch
Olga Gogolin
63128 Dietzenbach

Durchsicht, Veränderungen

Nicola Küpelicilinc
63128 Dietzenbach

Hassan Ait Salah, RAA Kreis Düren
52349 Düren

Ricardo Cárdenas
63128 Dietzenbach

DIAGNOSTIK MIT PFIFFIGUNDE

BARBARA CARDENAS

BARBARA CÁRDENAS (DIPL.PSYCH., DIPL.PÄD.)
RHEINSTRASSE 31, D-63128 DIETZENBACH

E-MAIL: R.B.Cárdenas@t-online.de
http://www.cardenas-pfiffigunde.de
FAX: 06074/835910
TEL. 06074/835901

Barbara Cárdenas
Rheinstraße 31

D – 63 128 Dietzenbach

Absender:

Name, Vorname ....

Beruf, Institution ....

Adresse ....

.... *priv.* ❑ , *dienstl.* ❑

Tel. .... *priv.* ❑ , *dienstl.* ❑

FAX .... *priv.* ❑ , *dienstl.* ❑

e-mail .... *priv.* ❑ , *dienstl.* ❑

Ich habe keinen Zugang zu Ihrer homepage.

❑   Informieren Sie mich daher bitte über die Ausstattung und die aktuellen Preise der verschiedenen Materialkästen zur *'Diagnostik mit Pfiffigunde'*.

❑   Informieren Sie mich daher bitte über Fortbildungsveranstaltungen zur Einführung, Vertiefung und Supervision des Verfahrens *'Diagnostik mit Pfiffigunde'*.

❑   Informieren Sie mich daher bitte über die CD mit den fremdsprachigen Instruktionen der *'Diagnostik mit Pfiffigunde'*.

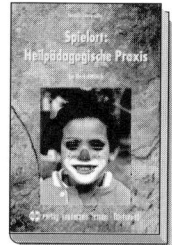